Family on tour

40 inspirierende Reiseerlebnisse
für Urlaubs- und Elternzeit

Europa

Fernreisen

Ganz lange weg

20

08

28

38

02

34

LIEBE LESERINNEN UND LESER, LIEBE WELTENBUMMLER-FAMILIEN UND SOLCHE, DIE ES WERDEN WOLLEN,

in 40 Geschichten um die ganze Welt: Das vorliegende Buch reist mit euch von Grönland bis Südafrika, vom Wilden Westen bis Down Under, von der Ostsee bis ans Mittelmeer. Es erzählt von der Fahrradtour mit Anhänger, von spannenden Städtetrips mit und ohne Buggy, von Outdoor-Abenteuern zu allen Jahreszeiten und sogar von Weltreisen mit Kindern. Auch Familien, die seit vielen Monaten oder gar Jahren als digitale Nomaden unterwegs sind, wollen euch mit ihren Erlebnissen begeistern. Jede Familie erzählt dabei ihre eigene Geschichte, schildert einzigartige Erfahrungen und teilt besondere Reisetipps zur jeweiligen Destination.

Die Arbeit an diesem Buch hat mir gezeigt, dass mit Kindern alles möglich ist. In zahlreichen Interviews und vielen wunderbaren Gesprächen durfte ich teilhaben an den persönlichen Träumen, Wünschen und Zielen, die die Familien jeweils mit ihren Reisen verbinden. Ich wünsche mir, dass die Begeisterung fürs Unterwegssein und die Leidenschaft daran, Neues und Unbekanntes zu entdecken, auch euch, liebe Leserinnen und Leser, inspiriert.

Vielleicht seid ihr bereits eine erfahrene Reisefamilie und findet in unserem Potpourri an Erzählungen noch die ein oder andere neue, außergewöhnliche Idee. Vielleicht seid ihr auch eine frischgebackene Familie und findet in diesem Buch hilfreiche Ratschläge, Ermutigungen und den zündenden Funken, um euch in die Startlöcher zu begeben. Auf jeden Fall könnt ihr aus einer Fülle an Möglichkeiten schöpfen, die für jeden Geschmack etwas zu bieten hat.

Dabei haben alle Geschichten eines gemeinsam: Sie erzählen von einer neuen Entdeckung der Welt – nämlich als Familie. Und von einer grenzenlosen Neugier auf das Leben. Gemeinsam mit meinem Co-Autor Wilhelm Klemm wünsche ich euch schon jetzt viel Spaß bei der Planung eurer nächsten Familienreise!

Europa

»Die Wirkung traf mich beim Loslaufen umso heftiger von innen heraus … es war, als ob ich plötzlich im Sog einer überwältigenden und ungeahnten Freiheit verschwand.«

Stefan Rosenboom
(Tour 20, Grönland)

01 Heimatreise MIT DEM CAMPER

Maximiliane, Philipp und ihre Töchter reisten im Sommer durch die Heimat. Nach sechs Wochen Deutschlandtour mit dem Campingbus hatten sie lange noch nicht alles gesehen – dafür aber wunderbare Landschaften entdeckt.

Alles unter einem Dach: Familie Rubner reiste sechs Wochen mit dem Campingbus durch Deutschland.

MAXIMILIANE UND PHILIPP RUBNER

Philipp (38) und Maximiliane (35) Rubner leben mit ihren Töchtern Lenja (3) und Luisa (1) in Oberbayern. Dort hat sich Philipp als Personalentwickler selbstständig gemacht. Weil er gern in den Bergen unterwegs ist, nutzt er Outdoor-Aktivitäten auch für die Arbeit mit seinen Klienten. Maximiliane ist diplomierte Musiklehrerin und liebt neben dem Singen mittlerweile auch den Bergsport – in ihrem eigenen Tempo. Eine erste Elternzeit hatten sie in Neuseeland verbracht. Für ihre zweite lange Reise mit Kindern machten sie sich auf Entdeckungstour kreuz und quer durch die deutsche Heimat.

»Unser Start war wirklich verrückt«, ruft sich Maximiliane – im Nachhinein vergnügt – die Deutschlandreise in Erinnerung. Kaum hatte die vierköpfige Familie alle Umzugskartons von der Mietwohnung ins neue Eigenheim geschafft und dann dieses Haus für die Abreise gesichert, war der Zündschlüssel des gemieteten Campers verlegt. Eine mehrstündige verzweifelte Suche verlief ergebnislos; Philipp und Maximiliane mussten auf den Ersatzschlüssel zurückgreifen, um endlich die sechswöchige gemeinsame Elternzeit beginnen zu können. Doch schon am Abend bei der Vorbereitung der ersten Übernachtung im Camper stellten sie fest, dass der Motor zum Absenken des Bettgestells kaputt war. Kurzerhand fuhren sie wieder nach Hause, brachten den Camper tags darauf in eine Werkstatt und starteten, noch am selben Tag erneut.

1 Allgäu

Von da an lief aber alles glatt. Fünf Tage Forggensee im Allgäu fühlten sich genau so an, wie erholsamer Urlaub sein sollte. Sie fanden einen wunderbaren Campingplatz, an dem sie gutes Wetter gratis bekamen. Für Maximiliane bekam der See eine besondere Bedeutung: »Wenn ich irgendwo ins Wasser springen kann, komme ich dort so richtig an, fühle mich mit dem Ort auf persönliche Art verbunden.«

Nach Lust und Laune stiegen die vier Oberbayern aufs Fahrrad bzw. in den Anhänger und radelten durch die Voralpenlandschaft. Oder sie unternahmen kleine Wandertouren mit Kinderwagen. Hinter jeder Biegung bot sich ihnen eine neue Kulisse idyllischer Landschaft, eine weite-

Alternativer Campingführer

Die Initiative ist nicht nur Reise- und Genussführer, sondern bietet auch eine Jahresvignette für über 470 idyllische Reiseziele in ganz Deutschland. Camper sind bei den gelisteten Adressen – meist Bauernhöfen – herzlich willkommen und dürfen für 24 Stunden kostenfrei stehen. Es gibt jeweils frische Produkte ab Hof zu kaufen. landvergnuegen.com

re Bühne blühender Alpennatur. Philipp begeisterte die saftig grüne Weite auf der einen und das abwechslungsreiche Bergpanorama auf der anderen Seite: »Den Urlaub in der Natur zu starten, war zum Erholen und Abschalten perfekt.«

2 Oberpfalz

Ober-… was? Hand aufs Herz, wer kennt die Oberpfalz? Maximiliane jedenfalls suchte sie sich ganz bewusst als nächstes Reiseziel aus: Als Regensburgerin wollte sie das Umland ihrer ursprünglichen Heimat besser kennenlernen. Tatsächlich ist die Region zwar nicht der Nabel der Welt, aber immerhin das Zentrum Europas: Nach Berechnungen der Universität München liegt dort zumindest der geografische Mittelpunkt unseres Kontinents. »Sonst ist da nicht viel. Aber genau das ist ja das Schöne«, beteuert die gebürtige Oberpfälzerin. So konnten die Rubners in Ruhe ihren Campingbus abstellen, wo sie gerade wollten, und in der Wildnis schlafen. Sie konnten den Oberpfalzturm auf dem höchsten Punkt des Naturparks Steinwald besteigen. Sie konnten durch die einsamen Wälder streifen und mit den Kindern über die zahlreichen Felsblöcke klettern, die wie meterhohe Würfel zwischen den Bäumen verstreut waren. Und sie konnten in aller Gemütlichkeit zu viert in der Natur unterwegs sein. Das war insgesamt richtig viel – und noch dazu genau das, was sich die Familie gewünscht hatte.

3 Sächsische Schweiz

Eine Woche später und drei Stunden weiter nordöstlich gelangten die Rubners ins Elbsandsteingebirge im Nationalpark Sächsische Schweiz. Die zerklüftete Erosionslandschaft ist eine faszinierende kleine Welt für sich. Spektakuläre Felsformationen strecken sich wie riesige Säulen Richtung Himmel. Kurzerhand schnürten die Rubners ihre Wanderstiefel und suchten die Bastei auf: den bekanntesten Aussichtsfelsen der Region, von dem aus sie einen weitläufigen Blick auf das romantisch geschwungene Elbtal hatten. Zwischen den Felswänden wanderte die dreijährige Lenja hoch motiviert mit und rannte begeistert über die 76 m lange Sandsteinbrücke, die mit sieben Bögen eine tiefe Schlucht überspannte und direkt zum Basteifelsen führte.

Auch eine Kahnfahrt in der geheimnisvollen Kirnitzschklamm unternahmen die vier: Fast lautlos glitt ihr Boot durch das Wasser des angestauten Grenzflüsschens zwischen Deutschland und Tschechien. Links und rechts ragten steile Felswände nach oben. »Wie im Urwald«, flüstert Maximiliane andächtig und erzählt von bemoosten und mit prächtigen Farngewächsen eingefassten Ufern der Kirnitzsch.

4 Harz

Aus der Klamm ging es auf den höchsten Gipfel Norddeutschlands – den Brocken mit 1141 m Höhe. Seine exponierte Lage macht ihn zu einem rauen Berg: Die Spitze steht etwa 300 Tage im Jahr im Nebel, zählt über 150 schneebedeckte Tage und misst im Juli eine Durchschnittstemperatur von 10 °C. Für Philipp und Maximiliane eine willkommene Einladung, sich sportlich zu verausgaben: Philipp machte die Fahrräder startklar, befestigte den Kinderanhänger an seinem Rad und brauste

Die Basteibrücke mit ihren Steinbögen ist in der Sächsischen Schweiz ein markantes Wahrzeichen des Nationalparks.

voran: In etwa zweieinhalb Stunden führte sie der erdige und weiche Weg bergauf durch den Nadelwald bis zum Gipfel mit dem Besucherzentrum Brockenhaus.

Kurz vor dem Ziel bog Philipp auf eine schmale Teerstraße ab, auf der gerade zahllose Wanderer zum Aussichtspunkt pilgerten. Als sie ihn hinter sich schnaufen hörten, bildeten sie ein Spalier nach dem Vorbild der Tour de France und feuerten den Vater auf seinen letzten Metern lauthals an. Der Sportsmann musste lachen, stieg nochmals kräftig in die Pedale und freute sich, oben angekommen, wie ein Schneekönig über den Empfang.

5 Lüneburger Heide

Inzwischen war es Mitte Juli, für die Blütezeit der Lüneburger Heide kamen die Rubners aber leider zu früh. Das lilafarbene Naturspektakel hätte Maximiliane wirklich gern gesehen, doch es findet erst im September statt. Lenja und Luisa war das völlig egal: Sie robbten begeistert am Boden herum und ließen sich die Heidelbeeren buchstäblich in den Mund wachsen. Yummy, wie das schmeckte – ein richtiges Naschkatzenparadies!
Auf einer Kutschfahrt über die Pfade der mit kräftigen Büschen bewachsenen Heidelandschaft bestaunten sie den weitläufigen Nationalpark. Im Erlebniszentrum Undeloh schlemmten die vier auf der idyllischen Terrasse des Cafés fantastischen Kuchen und erfuhren danach in der interaktiven und kindgerechten Ausstellung noch mehr über die Pflanzenwelt.

Ein ausgedehntes und leckeres Frühstück im Grünen – das gehört auf Campingtour am Wittensee zum Alltag dazu.

6 Müritz

Ihre Tour führte sie über die Ostseeküste und Hamburg zum Nationalpark Müritz in der Mecklenburgischen Seenplatte. Dort besuchten sie das weitläufige Bärengehege Müritz: Dies war aus einem Tierschutzprojekt entstanden, das Braunbären aus nicht artgemäßer Haltung rettet und beherbergt. Neben den Braunbären, die sehr gut zu sehen waren, begeisterte auch ein riesiger Spielplatz die beiden Kinder.
Nach sechs Wochen freuten sie sich schließlich auf ihr neues Zuhause in Oberbayern. »Selbst innerhalb Deutschlands haben wir auf dieser Reise unterschiedliche Kulturen entdeckt«, resümieren die beiden. »Die Erfahrungen und Einblicke sind ebenso viel wert wie die Eindrücke, die man von einer Fernreise mitbringt.« ■

Unsere Reisetipps

SÄCHSISCHE SCHWEIZ

Kahnfahrt auf der Kirnitzsch

Anreise z. B. mit dem Bus bis Haltestelle Hinterhermsdorf Erbgericht oder zum Parkplatz Buchenparkhalle. Von dort führt ein Fußweg in ca. 45 Min. zum Anlegesteg, der mitten im Wald und direkt am Fuß der Felswände gebaut ist.
Ostern–Ende Oktober, 9.30–16.30 Uhr, letzte Kahnfahrt 16 Uhr, Familienkarte 10 €, www.hinterhermsdorf.de/obere-schleuse.html

HARZ

Besucherzentrum

Auf drei Stockwerken erfahren Besucher alles Wissenswerte über den Brocken. Im angrenzenden Brockengarten werden 1500 Hochgebirgspflanzen gepflegt.
Auf dem Brocken, Tel. +49 (0) 39 45 55 00 05, tgl. 9.30–17 Uhr. Führungen durch den Brockengarten Mitte Mai–Mitte Okt., Mo–Fr 11.30 Uhr und 14 Uhr. www.nationalpark-brockenhaus.de, brockenhaus@t-online.de

LÜNEBURGER HEIDE

Undeloh

Vom Ortskern aus sind das Heide-ErlebnisZentrum mit Café und der Eingang zum Nationalpark gut ausgeschildert.
Wilseder Straße 23, 21274 Undeloh, Tel. +49 (0) 41 89 81 86 48, tgl. 12–17 Uhr, im Winter bis inkl. April Di/Mi Ruhetag, bei sehr schlechtem Wetter geschlossen. Eintritt frei. heide-erlebniszentrum.de

Kajaktour ÜBER DEN RHEIN

R(h)eines Vergnügen: Phillis und Manuel paddelten mit ihren drei Kindern im Sommer zwei Wochen lang zwischen Bodensee und Basel den Rhein entlang. Ein abenteuerlicher Familienurlaub unter glühender Sonne in der süddeutschen Heimat.

Bei Laufenburg verbrachte Familie Arnu ihren Sommerurlaub und konnte die Paddel gar nicht mehr aus der Hand legen …

PHILLIS UND MANUEL ARNU

Manuel Arnu (44) war mit seinem Kajak schon auf allen Kontinenten unterwegs: durchs Wildwasser von Pakistan und Chile ebenso wie über das Polarmeer von Grönland. Als gebürtiger Badener aus Laufenburg an der Schweizer Grenze hatte er den Wassersport am Rhein früh für sich entdeckt. Phillis (37) fuhr für die deutsche Kajak-Nationalmannschaft, heute arbeitet sie als Osteopathin. Die beiden leben mit ihren drei Kindern in Oberbayern und verbringen jede freie Minute auf dem Wasser. Auf den Touren am Rhein entdeckten Mia (7), Marian (5) und Jonathan (3) ihren Spaß am Paddeln.

1 Paddelrevier Hochrhein

Zwischen Bodensee und Basel liegen 150 km Ferienparadies: »Der Hochrhein ist gespickt mit Abenteuern für Kinder«, schwärmt Manuel. Nicht nur, weil das seine Heimat ist und er quasi auf dem Rhein aufgewachsen ist. Sondern auch, weil der Outdoor-Journalist für sein Leben gern paddelt. »Für einen tollen Familienurlaub muss man nicht durch die Welt jetten«, ergänzt seine Frau Phillis. »Auch in Deutschland sind die Sommer warm genug.« Mit ihren drei Kindern Mia, Marian und Jonathan verbrachten sie in den Sommerferien viel Zeit im Kajak und waren begeistert von der Vielfalt der Grenzregion zwischen den beiden Ländern Deutschland und der Schweiz.

Basecamp Murg

Ihr Zelt stellte die Familie direkt am Rheinufer auf einem idyllischen Naturcampingplatz in Murg auf. Von dort aus unternahmen die vier unterschiedliche Tagestouren. Meist stellte Manuel das Auto morgens am Zielort der Tagesetappe ab und fuhr mit dem Rad zum Zeltplatz zurück. Dort konnten sie dann gemeinsam starten und brauchten abends die beiden Familienkajaks einfach nur ins Auto zu laden. »Uns war es wichtig, dass die Kinder Spaß hatten. Deshalb haben wir die Tagestouren auf maximal 15 km ausgelegt und im Boot immer für gute Laune gesorgt«, erzählt Phillis. Das hieß konkret: Kindersongs vom Bi-Ba-Butzemann bis Pippi Langstrumpf wurden in allen Höhenlagen über den Rhein geträllert. Und zur Stärkung war immer eine große, wasserfest verpackte Tüte Knabbereien griffbereit. Oft hörte man die Kajaks schon von Weitem näher kommen.

Grillfreuden am Rheinufer: Mit reichlich Proviant im Kajak begaben sich die vier Paddler auf erlebnisreiche Tagestouren.

2 Zwischen Bodensee und Schaffhausen

Der Paddeltrupp war mit Sonnenhüten, Schwimmwesten, Neoprenschuhen und Badekleidung ausgestattet. Die östlichste Etappe von Stein am Rhein bis Schaffhausen imponierte Manuel und Phillis landschaftlich am meisten – zum einen, weil sie wegen einiger Stromschnellen technisch ein klein wenig herausfordernd für die beiden Profifahrer war; zum anderen, weil die Fahrt einem Blitzbesuch im Mittelalter glich: Burgruinen, Steinbogenbrücken, mittelalterliche Stadtkulissen und sonnige Weinberge säumten die Uferregion.

Treiben lassen

Da der Rhein nicht direkt aus den Bergen kommt, sondern erst durch den Bodensee fließt, ist die Wassertemperatur in dieser Region angenehm warm. Wurde es zu heiß, hüpften die Kinder der Reihe nach ins Wasser und ließen sich – natürlich mit Schwimmweste – neben dem Boot in der Strömung treiben. Bei einer Fließgeschwindigkeit von rund 5 km/h konnten auch die Eltern immer wieder getrost ihre Paddel ruhen lassen und kamen dennoch vorwärts. Selbst die Wasserqualität war hervorragend: Oftmals sahen die Kinder kleine Fische neben sich herschwimmen und sammelten mittags beim Landgang an den Sand- und Kiesbänken Flussmuscheln und kleine Krebse.

Rheinfall

Auf einer der Etappen hörten sie plötzlich ein lautes Tosen. Sie hatten gerade Schaffhausen passiert und merkten, wie das Wasser immer unruhiger wurde. Hinweisschilder am Ufer machten darauf aufmerksam, dass das Weiterfahren verboten war – denn hier stürzt der Rhein 23 m in die Tiefe. Bei einer Flussbreite von 150 m sausen binnen einer Sekunde rund 600 000 l Wasser in ein breites Becken. Damit ist der Rheinfall einer der größten Wasserfälle Europas. Die vier Paddler kamen rechtzeitig und trockenen Fußes an Land. Auf der Aussichtsplattform staunten Mia, Marian und sogar der kleine Jonathan nicht schlecht, als das Spritzwasser bis zu ihrer Nasenspitze geflogen kam.

3 Laufenburg

Ab dem Rheinfall bei Schaffhausen eignet sich die Strecke durchwegs für Einsteiger und Paddelneulinge. Es sind kaum Sportboote unterwegs, und der Rhein ist immer breit genug, um den Wassersportlern auszuweichen, die beispielsweise auf angebundenen Surfbrettern in den Wellen einzelner Stromschnellen reiten. Auch den Kindern gefiel der Abschnitt rund um Laufenburg besonders: »Den mussten wir – wegen der guten Eisdiele am Ort – gleich zweimal fahren«, lacht Manuel, der auf der deutschen Seite der Grenzstadt aufgewachsen ist. Laufenburg teilt sich nämlich in einen deutschen und einen Schweizer Teil: Beides sind mittelalterliche Kleinstädte mit intaktem historischem Ortskern, die über eine Steinbogenbrücke miteinander verbunden sind. Wuchtige Wachtürme, meterdicke Stadttore, zahlreiche mehrgeschossige Fachwerkhäuser und eine Burgruine auf dem Schlossberg zeugen von einer einflussreichen Vergangenheit.

Heute speist ein Wasserkraftwerk Energie in die Stromnetze der Region – was für jeden Paddler bedeutet: aussteigen. Am

Songs & Süßes

Einfach nur die Landschaft zu bestaunen, wurde den kleinen Kindern oft nach wenigen Minuten langweilig. Sie wollten eben auch etwas erleben, deshalb kramte Manuel sein komplettes Repertoire an Kinderliedern hervor. Und Phillis versorgte alle immer mit gesunden Knabbereien und leckeren Naschereien – wasserdicht verpackt, versteht sich.

Die grünen Schluchten des Murgtals im Südschwarzwald halten an heißen Sommertagen immer ein schattiges Plätzchen für Outdoor-Familien bereit.

Ufer stand ein Handwagen bereit, mit dem Familie Arnu über einen markierten Transportweg die Wehranlage umgehen konnte. Wie ihre beiden Boote dann mittels eines Schräglifts wieder zu Wasser gelassen wurden, dabei sahen Mia, Marian und Jonathan natürlich mit ganz großer Begeisterung zu.

4 Murgtal mit dem MTB

Wurde es wieder einmal Zeit, alle Kleidungsstücke tagsüber trocknen zu lassen, machte sich Familie Arnu auf eine Tagestour mit Wanderrucksack oder Mountainbike im Südschwarzwald. Einer der schönsten Ausflüge war die Fahrradtour ins Murgtal, die an ihrem Zeltplatz startete. Direkt hinter Murg zeigt sich der Schwarzwald als üppig bewaldetes Mittelgebirge, das ebenso schnell an Höhe wie an Wildheit gewinnt. Der Fluss Murg, der in den Rhein mündet, wird flussaufwärts zu einem sprudelnden kleinen Wildbach, der sich seinen Weg durch eine schattige Schlucht bahnt. »Wie im Märchenwald«, schwärmt Phillis von der besonders idyllischen Tour.

Das Märchenschloss, das sie im Hotzenwald fanden und das auf einem sehr schmalen Sporn etwa 90 m über dem Murgtal thront, war die 500 Jahre alte Burgruine Wieladingen. In null Komma nichts hatten die Kinder den Aussichtsturm gestürmt und fühlten sich wie ritterliche Helden. Weit über den Rhein bis in die Schweiz reichte hier der Blick: Herrlich, das alles hatten sie per Boot und Rad aus eigener Kraft erobert … ■

Unsere Reisetipps

SONNIG

Beste Reisezeit

Der Hochrhein ist ganzjährig befahrbar und hat im Sommer Badetemperaturen. Das Wasser ist sehr sauber und die Strömung meist ungefährlich. Schwimmwesten sind für alle Paddler Pflicht.

ERDVERBUNDEN

Campingplatz mit Bootsverleih

Am westlichen Rheinufer von Murg hatte Familie Arnu ihr Zelt als Basislager auf einem Naturzeltplatz aufgeschlagen. Er liegt am Radweg und ist nicht für Wohnmobile geeignet.

Hochrhein-Kanu, In der Au 6, 79730 Murg, Tel. +49 (0) 776 32 17 92 78, April–Okt., www.hochrhein-kanu.de

LUFTIG

Burgruine Wieladingen

Die Ruine mit Aussichtsturm liegt auf einem Felssporn im romantischen Hotzenwald des Murgtals. Sie ist nur zu Fuß erreichbar. Auf der Landstraße L 152 die Abzweigung Lehnhof bei Rickenbach nehmen.

www.burgruine-wieladingen.de

HIMMLISCH

Eiscafé Luca Gelati

Bei sengender Hitze schmolz das leckere Eis schneller, als die Kinder schlecken konnten …

Hauptstraße 9, 79725 Laufenburg, Tel. +49 (0) 776 39 18 87 19

03 An der Ostsee MIT DEM ZELT

Sommerferien am Meer: Mit drei Kindern und einem Tipizelt reisten Stephan und Ulli im Zug von Süddeutschland bis an die Ostseeküste: ein Urlaub zwischen Bodden, Kranichscharen und Hühnergöttern.

Sonnenliegen? Fehlanzeige. Die Ostseeküste mit Boddenlandschaft zeigte sich von ihrer wilden und zumeist auch einsamen Seite.

ULLI HUBER UND STEPHAN HOLZER

Stephan Holzer (47) und seine Frau Ulli Huber (43) sind begeisterte Outdoor-Sportler aus Oberbayern. Sie lieben für ihre Aktivitäten nicht nur die Berge und das Voralpenland, sondern auch das Wasser: Mit Lukas (10), Elias (8) und Nikolai (6) sind sie bereits im Seekajak der Havel gefolgt und von Konstanz bis Basel gepaddelt. Während eines zweiwöchigen Sommerurlaubs an der Ostsee gelangten ihre drei Kinder nun zum ersten Mal ans Meer – und ließen dem jungenhaften Wikingertrieb freien Lauf: Mit Feldstecher und Fahrrädern erkundete die Familie die Boddenlandschaft Norddeutschlands.

1 Ostseebad Prerow

»A G'schau hammma scho griagt«, erzählt Stephan amüsiert von der Anfahrt an die Ostseeküste. Soll heißen: Mit ihrem Gepäck für den Campingurlaub war die fünfköpfige Familie ein Blickfang. Gemäß Abmachung durfte nämlich jeder in seinem Rucksack nur so viel mitnehmen, wie er tragen konnte und wollte – von Schlafsack, Teller, Tasse, Löffel und Klamotten bis hin zu den Legosteinen. So konnten sie auf das Auto verzichten und sich »by fair means« ganz und gar auf die neue Umgebung einlassen. Aus Oberaudorf in Südbayern reisten die fünf mit Zug und Bus einmal quer durchs Land, um zwei Wochen Sommerferien in den Dünen Norddeutschlands zu verbringen. Sie hatten den Nachtzug von München bis Hamburg vorgebucht und fuhren am Morgen mit dem Regionalverkehr über Rostock bis Prerow weiter. Der kleine, aber im Sommer viel besuchte Ort liegt direkt am Nationalpark Vorpommersche Boddenlandschaft. Ein 5 km langer Sandstrand, der streckenweise bis zu 90 m breit und im Sommer mit Strandkörben bestückt ist, lockt Badegäste, Sportler und Naturliebhaber gleichermaßen. Wer nicht gerade ein Sonnenbad genießt, kann mit dem Kajak über die Ostsee paddeln oder mit einem Kite surfen.

Abenteuer am Meer

Lukas, Elias und Nikolai staunten nicht schlecht: Sie erblickten zum ersten Mal in ihrem Leben das Meer! Wow, wie das zischte und brauste, wie der feine, warme Sand unter den nackten Füßen rieselte. Rein in die Badehose und ab ins frische Nass – die drei Bergbuben wurden zu wil-

Auf die schnelle Tour

Stephan, Ulli und die Jungs brachten von zu Hause Fahrradhelme mit und mieteten sich vor Ort Fahrräder. Damit war der Radius auf gemütliche und erholsame Tagesausflüge in naher Umgebung des Zeltplatzes festgesteckt. Breite Waldwege und ein gut beschildertes Radwegenetz machten richtig Laune, über die Halbinsel zu strampeln.

den Wikingern. Mit Netzen und Eimern machten sie sich auf Krebsjagd, herumliegende Algen funktionierten sie zu witzigen Perücken um, und aus dem Treibholz bauten sie eine kleine Schutzhöhle, in der die Strandritter Unterschlupf fanden.

Der Strand ist ein perfekter Abenteuerspielplatz für naturbegeisterte Jungs. Lukas, Elias und Nikolai schreckten auch vor dem kühlen Ostseewasser nicht zurück.

2 Darß-Wald

Stephan, Ulli und die Kinder liebten es, die wilde Westküste der Halbinsel entlangzustreunen. Der Darß-Wald, ein üppiger Bestand aus Kiefern und Buchen, reichte hier bis auf wenige Meter ans Meer heran. Umgefallene Bäume lagen im flachen Wasser, Steine und Wurzeln überzogen den schmalen Strand.

Vogelküste

Kraniche, die jedes Jahr zwischen September und November von Skandinavien kommen, sammeln sich hier in Scharen, um ihre Reise in den warmen Süden anzutreten. Bereits Ende August waren erste Trupps unterwegs: »Wie aus dem Nichts tauchten plötzlich Hunderte von Kranichen über uns auf, ein dunkler Fleckenteppich am Himmel, der fast lautlos über unseren Köpfen schwebte«, beschreibt Ulli dieses Naturschauspiel noch immer beeindruckt. Sie blickte gerade durch das Fernglas, als Lukas ungeduldig an ihrem Ärmel zupfte – da! – das war doch … »ein Adler, das muss ein Seeadler ein!«, rief der Zehnjährige begeistert. Tatsächlich! Die Küste mit ihren unterschiedlichsten Biotopen bietet vielen Vogelarten beste Lebensbedingungen: Neuntöter, Steinwälzer, Seeschwalben und viele mehr konnten die Kinder durch das Fernglas beobachten.

Feuersteine

An einem anderen Tag gab es für die fünf so viel zu entdecken, dass sie vom Sonnenuntergang völlig überrascht wurden. Sie waren am Vormittag mit dem Bus in das Ostseebad Ahrenshoop gefahren, besuchten die markante Steilküste und wollten den 12 km langen Weg zurück zum Zeltplatz wandern. Unterwegs erbeuteten die drei jungen Naturforscher zahlreiche Schätze; schon nach kurzer Zeit waren ihre Taschen voller reicher Beute: Feuersteine. Dass diese dunklen Steine an der Küste massenhaft herumlagen, störte sie nicht im Geringsten. Im Gegenteil – es entfachte ihre pure Entdeckerfreude. Lukas, Elias und Nikolai ließen die Funken sprühen und versuchten vergeblich, ein Feuer zu entzünden.

Wer Hühnergötter fand, war der Held! Hühnergötter? »Das sind Feuersteine mit einem natürlich entstandenen Loch. Früher hat man diese Steine zur Fruchtbarkeit und zum Schutz in die Hühnerställe gehängt«, erklärte Stephan. »Oh ja, die bringen wir Oma für ihren Stall mit!«, rief Nikolai begeistert. Elias sammelte die schönsten Hühnergötter, fischte noch etliche Fischgräten aus dem Sand und bastelte daraus eine wahrlich kriegerische Wikingerkette. Lukas war derweil auf der Suche nach dem »wahren Goldschatz«: Bernstein. Er buddelte sich durch das flache Gewässer und suchte die steilen Klippen ab, wurde aber leider nicht fündig. Am besten sind Bernsteine nach einem Sturm zu finden, der das ockergelbe Gestein an Land spült.

Die Abenddämmerung brach herein, doch die fünf hatten noch 3 km Fußmarsch vor sich. Da huschte vor ihnen plötzlich etwas im Halbdunkel über den Weg. Robinson Crusoe? Indianer Jones? Nein, sie hatten ein Wildschwein aufgeschreckt, das schnell das Weite suchte. Wenig später hielt Nikolai inne und lauschte ins Dickicht hinein. Was war das nur für ein komisches Geräusch … dumpf und unbekannt … irgendwie unheimlich … Äste knacksten im dunklen Wald. Er hielt den Atem an und blickte fragend zu seinem Vater. Natürlich, das Rotwild war auf Streifzug! Der Sechsjährige klammerte sich erschöpft an Stephans Hosenbein und durfte den Rest des Heimwegs auf dessen Schultern sitzen.

Zeltkuscheln mit Mama Ulli, faulenzen und lesen – nach einem erlebnisreichen Tag ist das ein passendes Kontrastprogramm.

Museum im Leuchtturm

Als am nächsten Tag klar war, dass das sonnige Wetter halten und die Weitsicht gut sein würde, nahmen sie mit ihren Leihfahrrädern Kurs auf das Natureum Darßer Ort, ein naturkundliches Museum, das 5 km nordwestlich von Prerow in einem Leuchtturm untergebracht war. Es beherbergte kleine Aquarien, bot einen entstehungsgeschichtlichen Überblick zur Geografie des Naturraums und stellte Flora und Fauna vor. Von dem 35 m hohen Leuchtturm aus blickten die fünf über den Nationalpark und Stephan konnte den Charakter der Boddenlandschaft verständlich erklären: »Bodden sind große Lagunen, die ursprünglich flache Meeresbuchten der Ostsee waren.« Heute sind die teils schlammigen Gewässer vom Meer abgeschnitten und ruhen in der Landschaft. Die Farbe der Bodden brachte Elias auf eine Idee: »Es sieht aus wie das Vanilleeis, das wir gegessen haben!« Tatsächlich erinnerte das schlammige Wasser etwas an das dunkelgraue, optisch etwas fragwürdige, aber geschmacklich sehr leckere Eis, das sie in Prerow entdeckt hatten. Das Ausflugsziel für den Nachmittag stand damit fest. ■

Unsere Reisetipps

GAUMENSCHMAUS

Vanilleeis

Prerow wartet mit zahlreichen Straßencafés und Eisdielen auf. Bei »Hein & Stin«, in einem roten Holzhaus mit reetgedecktem Dach und lauschiger Sonnenterrasse, schmeckte den Jungs das Eis besonders gut.
Waldstraße 11, 18375 Prerow, ab Ende März, tgl. 10.30–18 Uhr, www.heinundstin.de

NASENSCHMAUS

Zelten am Meer

Wer die Nase aus dem Tipi streckt, erlebt die Ostseebrise hautnah: Mit Zelt oder Wohnwagen kann man direkt am Strand stehen. Es gibt auch Mietzelte und Mietwohnwagen.
Camping Regenbogen Prerow, Bernsteinweg 4–8, 18375 Prerow, Tel. +49 (0) 43 12 37 23 70, www.regenbogen.ag/ferienanlagen/prerow.html

MUSKELSCHMAUS

Wassersport

Direkt am Zeltplatz Regenbogen Prerow befindet sich eine Wassersportschule mit Surfschule, Segelbooten und Kanuverleih.
Tel. +49 (0) 38 23 36 94 94, www.wassersportschule-darss.de

Wer mit dem Seekajak über die Wellen will, bekommt Tourenangebote und Leihmaterial bei:
Darßtour, Buchenstraße 11a, 18375 Prerow, Tel. +49 (0) 178 188 66 80, www.darsstour.de

04 Über die Alpen MIT KIND UND RAD

Ein Kleinkind und 15 kg Gepäck zogen Stefan und Barbara im Radanhänger vier Tage lang durch die Chiemgauer Alpen in den Nationalpark Berchtesgaden. Dabei nahmen sie nicht den einfachsten, sondern den schönsten Weg.

Mit dem Mountainbike zogen die Eltern ihre Tochter im Anhänger von Nußdorf bis zum Königssee – bergauf, bergab und querfeldein.

BARBARA UND STEFAN PRASCH

Als Biochemiker, der in der Entwicklung tätig ist, tüftelt Stefan Prasch (36) gern neue Wege aus. Barbara Prasch (32) kümmert sich beruflich um Buchpublikationen und setzt am liebsten eigene Projekte um. In ihrer Heimat Oberbayern wandern, rennen oder biken die beiden in jeder freien Minute die Berge hoch und runter. Für ihre erste längere Moutainbike-Tour mit Tochter Emma (2 ½) nach Berchtesgaden entschieden sich die beiden Sportler deshalb für unbekanntes Terrain: Dank strammer Waden, dem nötigen Biss und Emmas guter Laune wurde der Weg zu einem ebenso herausfordernden wie lustigen Familienausflug durch die Berge.

Tage- und nächtelang arbeitete Stefan die Biketour individuell aus. Dabei hatte Bequemlichkeit keinen Platz: Die Route sollte schön sein und deshalb gern anspruchsvoll. Die Hütten auf dem Weg reservierte Barbara vor – so gab es auch kein Umkehren und keinen Plan B. »Naiv? Nein! Wir gingen einfach davon aus, dass alles klappen würde«, resümiert Stefan im Nachhinein mit einem Augenzwinkern. Und er sollte recht behalten.

❶ Auf die Priener Hütte

Die drei gingen als perfektes Team ins Rennen: Die zweieinhalbjährige Emma freute sich wie ein Honigkuchenpferd, bei dem Spektakel mittendrin dabei zu sein. Sie hatte ihren Logenplatz im Fahrradanhänger, ausgestattet mit Büchern, Spielsachen und Knabbereien. Stefan und Barbara waren konditionell topfit und freuten sich auf die sportliche Herausforderung. Sie wollten sich beweisen, dass Outdoor-Abenteuer auch mit Kind ein tolles Erlebnis waren. Oder besser: mit Kind zum besonderen Erlebnis wurden. Denn drei Paar Augen sehen anders als zwei. Und so nahmen sie sich immer wieder Zeit, die Momente und Orte aus der Perspektive ihrer Tochter zu erfassen.

Urlaub ohne Anfahrt

Das fing beispielsweise damit an, dass sie bewusst auf eine langwierige Anfahrt verzichteten. Der »Wagen«, den sie zu packen hatten, hatte weder viele PS noch einen großen Kofferraum: Emmas Chariot, ein komfortabler Einsitzer auf Alugestänge, wurde vor der Haustür gepackt. Dort ging die Tour auch direkt los. Die erste Etappe

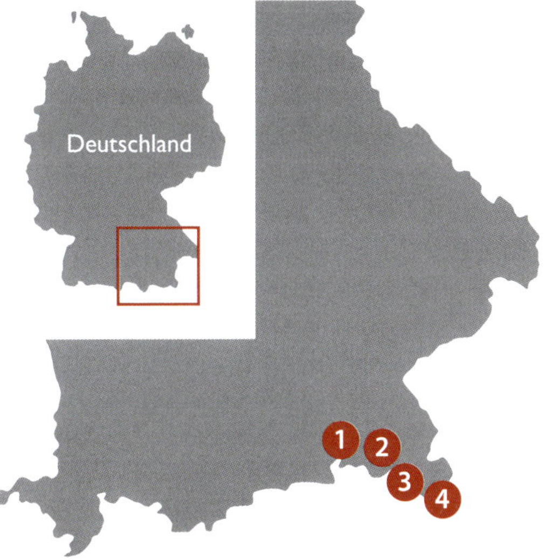

von Nußdorf am Inn führte die Familie bis zur Priener Hütte auf 1410 m Höhe. Die Unterkunft auf dem Geigelstein bietet bayerische Küche in alpinem Ambiente: Ein großer Kachelofen lässt die Stube schon beim Hinsehen warm und gemütlich erscheinen, Eckbänke aus Holz verleihen dem Speiseraum rustikalen Charakter. Mit seinen Kinderbetten, einer Spiel- und Leseecke sowie verschiedenen Gesellschaftsspielen ist die Hütte optimal auf Familien eingestellt.

2 Auf die Winklmoosalm

Gut erholt ging es am Folgetag wieder aufs Rad. Die Sonne lachte der dreiköpfigen Familie für die fordernde Tagesetappe entgegen. Es ging zunächst wieder abwärts durch die Ortschaften Kössen und Reit im Winkl, bis sich unerwartet ein verlockender Anblick bot: der Weitsee östlich von Reit im Winkl. Malerisch in die grüne Hügellandschaft des Chiemgaus eingebettet, erstreckt sich der Badesee vor ihnen. Mit bewachsenen Inselchen und kleinen Badebuchten wirkt er beinahe kanadisch einsam. »Wir konnten nicht anders: Anhalten und Reinspringen war angesagt«, gesteht Barbara lachend.

Badespaß am Weitsee

Bei allem sportlichen Elan und durchschnittlich sechs geplanten Stunden Fahrtzeit pro Tag war ein spontaner Aufenthalt glücklicherweise zeitlich drin. Emma packte ihre Sandschaufel aus und planschte quietschvergnügt. Barbara und Stefan genossen die Einsamkeit der Berge und den weiten Blick aufs sogenannte Dreiseengebiet (Weitsee, Mittersee, Lödensee), das sich ihnen von seiner besten Seite zeigte. Obwohl der See auch mit dem Auto erreichbar ist, war die Umgebung fast menschenleer. Auch bei der Umrundung, die nach dem nassen Vergnügen noch folgen musste, waren die drei von der Stille und der üppigen Landschaft begeistert.

Weltklasse-Kaiserschmarrn

Dann folgte die Auffahrt zur Hochebene Winklmoosalm. Stefan schnaufte nicht schlecht, bis er endlich an der 1160 m hoch gelegenen Traunsteiner Hütte ankam. Die familiäre Unterkunft liegt nur wenige Meter von der österreichischen Grenze entfernt, bietet ein Matratzenlager und einzelne Familienzimmer – und eine großartige Berglandschaft gibt es gratis dazu. Die Rettung für leer gepumpte Oberschenkel und hungrige Bäuche war der hausgemachte Kaiserschmarrn, für den die Hütte über die Grenzen Bayerns hinaus bekannt ist. »Danach ein kühles Bier und die Füße in die Abendsonne strecken … so schmeckt Urlaub!«, erinnert sich Stefan genussvoll.

Reisen »by fair means«

Wer »by fair means« auf Reisen geht, verzichtet – soweit möglich – auf technische Hilfsmittel. Familie Prasch fand die Idee prima, ohne Flugzeug, Bahn oder Auto einfach in den Urlaub zu starten. Mit der Kraft ihrer Muskeln kam sie auf die andere Seite der Berge. Für den Rückweg nutzten die drei das Bayernticket der Deutschen Bahn und gelangten auf recht ökologischem Weg wieder nach Hause.

Der Logenplatz ist hinten … Tochter Emma zeigte sich auf der viertägigen Radtour durch die Berge immer gut gelaunt.

3 Zum Gasthof Hirschbichl

Das große Ziel Berchtesgaden rückte näher. Das war eine gute Motivation, als es am darauffolgenden Tag regnete. Hier zeigte sich jedoch ein klitzekleiner Planungsfehler: Die Praschs hatten an Regenausrüstung gespart. Emma war schon mit Wechselklamotten ausgestattet, als sie in die Hose pieselte und ihren Wagen samt Kleidung unter Wasser setzte. Strumpfsockig wurde sie von Stefan in der Metzgerei in Lofer mit einem Würstchen getröstet, während Barbara den Wagen trocknete.

Geländefahrt mit Jubelschreien

Das Malheur war schnell vergessen: Auf der Weiterfahrt zum Gasthaus Hirschbichl auf 1183 m wurde das Gelände langsam alpin. Emma jubelte und klatschte begeistert, wenn ihr Wagen auf den schmalen Wegen über die Steine holperte oder sie auf kurzen Abfahrten den Hang herabsausten. Je wilder die Fahrt wurde, desto lauter feuerte die Kleine an – was auch den Eltern half, trotz Matsch und feuchten Füßen die Freude am Weiterfahren zu bewahren. Das Gasthaus ist im ehemaligen Zollwachhaus an der Grenze zwischen Bayern und dem Salzburger Land untergebracht und war für die Radler das Tor zum Nationalpark Berchtesgaden.

 4 Ankunft am Königssee

»Berchtesgaden ist für uns das schönste Fleckchen Deutschland«, bringen es Stefan und Barbara einstimmig auf den Punkt. Entsprechend sogen sie die letzte Tagesetappe mit allen Sinnen auf. Von Hirschbichl in den Klausbachgraben zu fahren und zu sehen, wie sich die Landschaft veränderte, waren für sie erhebende Momente. Nach dem satten Grün der weiten Wiesen umgab sie plötzlich eine hochalpine Landschaft, die imposante Gebirgsmassive und einen beeindruckenden Blick auf den Watzmann zu bieten hatte. Binnen weniger Stunden erreichten die drei ihr finales Ziel und standen mit den Fahrrädern am Ufer des Königssees.

Wandern mit Watzmannblick

Den folgenden Tag nutzte die Familie, um die Region zu erkunden. Zu Fuß marschierten Barbara und Stefan, mit Emma in der Kraxe, auf die Archenkanzel, eine mit Holzbänken ausgestattete Aussichtsplattform rund 750 m oberhalb des Königssees. Von dort überblickten die drei den Nationalpark Berchtesgaden, dessen dicht bewaldete Berge sich anmutig und majestätisch in die Höhe streckten. Neben ihnen türmte sich das gewaltige Kalksteinmassiv des Watzmann mit seinem markanten, 2713 m hohen Gipfel auf. Auch den Großteil des Sees hatten sie von hier oben im Blick, ebenso die Wallfahrtskirche St. Bartholomä am Westufer. Sie waren sich einig: Nach insgesamt 133 km Mountainbike-Strecke und 4501 Höhenmeter Anstieg hatten sie eine himmlische Tour hinter sich und waren geradezu im Paradies angekommen. ■

Von der Archenkanzel aus genoss die Familie einen tollen Ausblick über den Nationalpark und hinunter zur Wallfahrtskapelle.

Unsere Reisetipps

WERTVOLLSTER TIPP

Nicht an Ausrüstung sparen

Wasserfeste Jacken und Hosen sowie Wasser abweisende Schuhe sind ein Muss. Radhandschuhe sind besonders im alpinen Gelände wegen der zusätzlichen Dämpffunktion und in höheren Lagen als Kälteschutz zu empfehlen. Sonnenbrille und Sonnenschutz sowie Badesachen dürfen ebenfalls nicht fehlen.

BESTER KAISERSCHMARRN

Traunsteiner Hütte

Die Hütte liegt auf 1160 m auf der Hochebene Winklmoosalm. Reservierungen empfohlen, ganzjährig, Mi Ruhetag.
Dürrnbachhornweg 14
83242 Reit im Winkl,
Tel. +49 (0) 86 40 81 40,
www.traunsteiner-huette.de

SCHÖNSTE AUSSICHT

Die Archenkanzel

Sie ist mit 1346 m der ideale Aussichtspunkt, um vom nordöstlichen Teil des Watzmann-Massivs die Berchtesgadener Alpen und einen Großteil des Königssees zu überblicken. Es führen mehrere ausgewiesene Wanderrouten sowie ein Mountainbike-Weg zum Aussichtspunkt, beispielsweise die »SalzAlpenTour Schönau« von Hammerstiel über den Grünstein und die Kührointalm am Watzmann.
www.berchtesgaden.de/wandern/salzalpensteig/salzalpentour-schoenau

05 Alpsommer IN DEN BERGEN

Kristin und Cornel schätzen die Einfachheit, die sie in der Abgeschiedenheit der Berge erleben. Zusammen mit ihren drei Kindern bewirtschafteten sie schon zum zweiten Mal die Alp Durnan im Schweizer Kanton Graubünden.

Sennen bedeutet Freiheit und Verantwortung zugleich: Die Tage sind arbeitsintensiv, das Lebensgefühl aber unbeschreiblich schön.

KRISTIN FLÜCKIGER UND CORNEL PFISTER

Cornel Pfister (42) und Kristin Flückiger (48) lieben das Leben einfach. Im Sommer verbringen sie vier Monate in den Bergen, den Rest des Jahres lebt die Familie in der Nähe von St. Gallen. Cornel arbeitet in der Begleitung von Menschen mit Beeinträchtigung, Kristin widmet sich der Bildung ihrer Kinder. Die beiden Buben Joa (10) und Auryn (9) besuchen keine öffentliche Schule, sondern lernen zu Hause. Tochter Yula Malena (12) besucht seit Anfang 2018 eine Rudolf-Steiner-Schule. Sie betrachten den Alpsommer nicht als Ferienaufenthalt, sondern als Lernfeld, und erkunden die Welt voller Begeisterung.

3.20 Uhr. Cornel stellt den Wecker ab und stupst seine Frau Kristin wach. Dunkel und kalt schaut die Nacht zum Fenster herein. Weißer Nebel wandert noch über die Weiden, der Tau tropft von den Grashalmen. Die Hütte ist heruntergekühlt, nur unter der Daunendecke ist es wohlig warm. Ein Gähnen, ein Strecken – und rein in die Wollsocken. Cornel schnappt sich die Stirnlampe, während sich Kristin die Haare mit einem Tuch nach hinten bindet und den Jackenkragen hochstellt. Wortlos machen sich die beiden an die Arbeit: Kristin holt die Kühe von der Nachtweide. Cornel bereitet das Melkgeschirr vor, startet das Stromaggregat und stellt die leeren Milchkannen bereit.

Im Stall ist es jetzt wohlig warm. Unter den gleichförmigen und vertrauten Geräuschen des Melkens erwacht langsam der Tag. 180 Liter Frischmilch sind heute das wertvolle Geschenk der Kühe an ihre Älpler. Eine Gegenleistung für alles, was den restlichen Tag über geleistet wird.

1 Alp Durnan

Auf 1824 m Höhe, vor einer Bilderbuchkulisse der Bündner Berge, liegt die Alp Durnan in einer kleinen, offenen Senke. Cornel und Kristin bewirtschaften von Anfang Juni bis Ende September das Weideland mit 26 Kühen, 30 Rindern, vier Eseln, einem Pferd, zwei Ziegen, fünf Hühnern und der Katze Tschintschu. Die Alp besteht aus einer dreistöckigen Hütte mit Küche, Stube und Matratzenlager sowie einem separaten Stall. Der idyllische Bergsee Lai Lung liegt in der Verlängerung der Alp, die nächste Ortschaft Andeer ist rund drei Stunden Fußmarsch entfernt.

Morgenstund'

6.15 Uhr, die Sonne lässt sich blicken. Heute schwingt sich Cornel mit Tochter

Berg & Baden

Ein ausgewiesener Wanderweg führt von Sufers zum Bergsee Lai da Vons (1991 m), dann über das Hochplateau von Caschlera (2182 m) an der Alp Durnan mit Lai Lung und am Lai Ner vorbei hinunter nach Andeer. Vor imposanter Kulisse und mit einem malerischen Ausblick ins Hochtal Hinterrhein ist die Wanderung eine schöne Tagestour mit größeren Kindern. 12,6 km, Gehzeit ca. 5–6 Stunden.

Yula Malena auf den Traktor und bringt die Milch zur Käserei nach Andeer. Die Qualität stimmt: Der »Andeerer Traum« beispielsweise, den das Ehepaar Bienerth in der Sennerei herstellt, wurde 2010 Käseweltmeister. Das Geheimnis? Liebe, Leidenschaft und eine Produktion nach ökologischen Grundsätzen. Bis Cornel zurück ist, reinigt Kristin das Melkgeschirr, bringt die Kühe auf die Tagweide, schaut, ob jedes Tier gesund ist, und prüft, ob der Weidezaun keine Schlupflöcher hat. Danach mistet sie die Ställe aus und kontrolliert die Wassertröge.

Wenn das erledigt ist, sitzt Kristin gern ein paar Augenblicke auf der Holzbank vor der Alp und genießt die Morgensonne. »Die Tage hier oben sind lang und hart.« Die gelernte Kindergärtnerin schaut in die Weite: »Das Arbeiten mit den Tieren, das Unterwegssein in der Natur – beides nährt mich.« Die Familie nimmt sich eine Auszeit zum Arbeiten. Sie hält den Alltagstrott im Tal bewusst an und taucht in eine andere Welt ein. »Auch als Familie wachsen wir zusammen, stärken unser Selbstbewusstsein und lernen einander auch wieder neu kennen.«

Das ist es, was Kristin so sehr an diesen vier Monaten schätzt: Eltern wie Kinder lernen fürs Leben, jeden Tag aufs Neue – sei es beim Umzug der Tiere auf eine andere Weide, beim Errichten oder Reparieren von Tränkstellen, beim Bereiten von Feuerholz, beim Durchstreifen der Weiden, beim Beobachten der Tiere und der Natur. Durchhaltewille ist gefragt, Ausdauer, Flexibilität und Muskelkraft. Jeder trägt seinen Teil dazu bei, dass alles funktioniert. »Eines der schönsten Gefühle ist es, wenn wir am Ende des Sommers den Bauern alle Tiere gesund zurückbringen dürfen«, schließt Kristin.

Bergfamilie

9 Uhr. Auch die beiden Buben sind jetzt aus den Federn geschlüpft. Yula Malena hat schon eine Trainingseinheit mit ihrer Ziege Cicina hinter sich: »Sie kann auf Kommando über Hindernisse springen!« Als Nächstes bringt die Zwölfjährige ihr bei, wie man auf den Hinterbeinen läuft. Joa hat den Frühstückstisch gedeckt und holt das selbst gebackene Brot aus dem Ofen. Auryn schleppt schnaufend einen Korb Feuerholz in die Küche. Jetzt sitzen alle fünf um den Tisch und schlagen sich die Bäuche voll. Es wird viel gelacht, erzählt und geplant.

Cornel möchte heute Ziger zubereiten – einen Frischkäse aus Molke, vergleichbar mit Ricotta – und mit Kräutern aus dem Garten verfeinern. Er muss außerdem eine Wasserleitung reparieren, und wenn noch Zeit bleibt, sollte er dringend Holz für den Ofen hacken. Auryn hat Lust, mit seinem großen Bruder Steinpilze zu suchen. Vielleicht kommen sie auch bei den Alpenrosen vorbei, aus deren Blüten sie Sirup machen könnten. Am Nachmittag wird Kristin mit den Kindern zum nahe gelegenen See laufen. Ein bisschen Pause muss sein, und schließlich steht dort auch ein Holzfloß, das ihre Kinder unbedingt fertig basteln wollen.

Häuslicher Unterricht

Cornel und Kristin sind überzeugt von der Idee des freien Lernens, bei dem die Kinder in den Alltag der Eltern integriert werden. Deshalb haben Joa, Auryn und bis 2018 auch Yula Malena noch nie die Schulbank gedrückt. Dies ist in einigen Kantonen der Schweiz möglich, solange man sich an den kantonalen Lehrplan hält. »Wir haben Lernhefte und Bücher dabei,

Das Leben ist einfach auf der Alp Durnan. Jedes Familienmitglied trägt seinen Teil dazu bei, dass der Alltag funktioniert.

Spielend lernen – so wird das Leben zum Lieblingsfach: Kristin unterrichtet ihre Kinder und ermöglicht ihnen freies Lernen im Alltag. Die Alp erwies sich hier als ideales Klassenzimmer.

vorwiegend wird auf der Alp jedoch aus der Praxis gelernt«, verrät Kristin. Denn: Zählen und Rechnen lernen die Kinder ja auch beim Basteln, Bauen und Baden. Außerdem erleben sie das mögliche Flugverhalten ihrer gefalteten Flieger und lernen beim Aufbau eines Wasserrades Wichtiges über Wasserkraft. Um mit der bloßen Hand zu fischen, mit Keilen einen Stein zu spalten oder ein hölzernes Paddelboot zu bauen, sind Teamgeist, Kreativität sowie präzise Fein- und Grobmotorik notwendig. »Einmal haben wir eine ganze Schar Jungvögel, die aus dem Nest gefallen war, gefunden und großgezogen«, erzählt Auryn begeistert. Wie sollte Unterricht lebhafter und interessanter zu gestalten sein als durch die Lektionen der Natur?

Seelenfrieden

Um 16 Uhr bringen Kristin und Cornel die Kühe zum Melken wieder in den Stall. Die Arme schmerzen diesmal schon nach dem dritten Zehn-Liter-Eimer, den die taffe Älplerin in den Kessel schütten muss. Der Rücken meldet Müdigkeit an vom Pfostenklopfen auf der Weide. Wie gut, dass die Tiere an ihrem gewohnten Platz im Stall angebunden sind. Das bringt für alle Sicherheit und Ruhe. »Ich empfinde Genugtuung und Zufriedenheit. Viel Neues habe ich erlernt – etliches, was ich mir nicht zugetraut hätte«, erklärt Cornel. Es wird wie immer noch bis spät in den Abend dauern, bis das Tageswerk auf der Alp Durnan vollendet ist. Aber der Schlaf, den die fünf in ihrem Matratzenlager finden, wird wie immer etwas himmlisch Friedliches haben. ■

Unsere Reisetipps

ALP FÜR ALLE

ZALP

Kristin und Cornel hatten bis zu ihrem ersten Alpsommer keinerlei Erfahrung als Alpbauern. Sie belegten einen zweitägigen Alphirtenkurs, lernten in der Praxis weiter und fanden hilfreiche Ansprechpartner. Auf der Schweizer Online-Plattform ZALP erhielten sie wichtige Informationen rund um das Leben auf der Alp sowie viele Aus- und Weiterbildungsangebote.

www.zalp.ch

GENUSS FÜR GOURMETS

Käserei Andeer

Die Alp Durnan liefert ausschließlich an die Käserei Andeer, welche die Bio-Rohmilch in schonenden Verfahren zu Gourmetsorten verarbeitet, die weltweit prämiert wurden:

- Andeerer Granit, Hartkäse, 15 Monate gereift, ein Käse zum Genießen nach dem Essen.
- Andeerer Christall, Hartkäse, 9 Monate gereift. Das auskristallisierte »Käsesalz« ist ein Zeichen seiner Qualität.
- Andeerer Traum, Hartkäse, 6 Monate gereift, erzählt vom Traum des Senn: »In Graubünden gibt es weiterhin eine funktionierende Alpwirtschaft mit vielen Alpsennereien.«
- Andeerer Bergrahmmutschli, Halbhartkäse, 4 Wochen alt. Mutschli bedeutet »kleiner Käse«: Er wird mit einem Handsieb aus dem großen Käsekessel gefischt, in kleine Formen gebracht und nicht gepresst.

www.sennerei-andeer.ch

06

Sizilien
DOLCE VITA MIT BABY

Sarah und Thomas sind Sonnenanbeter. Ende September packten sie ihren VW-Bus und verlängerten den Sommer auf Sizilien um fünf Wochen. Der neun Monate alten Frida bekam das Dolce Vita mit Mama und Papa sehr gut.

Italien von seiner wärmsten Seite: Auf Sizilien herrschen auch im Oktober noch angenehme Badetemperaturen.

SARAH UND THOMAS KOTISSEK

Sarah (34) und Thomas (37) Kotissek sind Italienfans mit Leib und Seele. Sie spricht fließend Italienisch und liebt es, frisch gebrühten Cappuccino in der Sonne zu trinken. Er kann sich ebenso für die sportlichen Herausforderungen begeistern und packt gern das Bike und die Wanderstiefel mit ins Gepäck. Gemeinsam haben die beiden Lehrer aus Füssen schon zahlreiche Urlaube in Europas Süden verbracht. Auch Tochter Frida (9 Monate) kam dort früh in den Genuss des Dolce Vita: Unter der Sonne Italiens genoss sie intensive Familienzeit. Die drei erlebten den perfekten Mix aus Erholung, Kultur und Aktivität.

Frida stand in aller Seelenruhe an der Schiebetür des VW-Busses. Sie hatte sich die Plastikbox mit dem Campinggeschirr vorgenommen, die vor ihr auf dem Boden stand. Mit der rechten Hand hielt sie sich an der Trittleiste des Busses fest, mit der linken griff sie einen Teller nach dem anderen und warf ihn zu Boden. Dazwischen erfreute sich der Wonneproppen am lauten Geklapper der Stahltöpfe und schlug die Topfdeckel kräftig zusammen. Fast war die Kiste bereits leer … Da eilte Sarah herbei: Genug gespielt – für Frida rief der Mittagsschlaf, für ihre Eltern eine Küstenwanderung. Während Thomas schnell noch alles aufräumte, schnallte Sarah ihre kleine Frida in einer Tragehilfe auf den Rücken, und sie machten sich gemeinsam auf den Weg.

Familie Kotissek nutzte den Herbst auf Sizilien richtig gut aus: Das Wetter war im Oktober noch sehr sommerlich, die Temperaturen bei 25–35 °C tagsüber sensationell sonnig und nachts angenehm mild. Die meisten Campingplätze haben bis November geöffnet, gleichzeitig sind auf der Insel nur noch wenige Touristen unterwegs. Für den langen Urlaub nahm Thomas zwei Monate Elternzeit; dem stolzen Papa war es wichtig, einmal richtig lang mit Frida zusammen zu sein.

Erst wenige Tage vor der Abfahrt buchten sie ihre Nachtfähre, die sie binnen 24 Stunden von Genua nach Palermo bringen sollte. Nun umrundeten sie die Mittelmeerinsel gegen den Uhrzeigersinn mit ihrem VW-Bus. Ohne Kind hätten sie darin vermutlich des Öfteren wild übernachtet; als Familie zog Sarah jedoch den Luxus von Warmwasser und Stromanschluss auf den Campingplätzen vor. Schließlich mussten sie Frida nach jedem

Zugabe

Sarah und Thomas nahmen die Anfahrt gelassen und starteten ihren Urlaub schon einen Tag vor der Überfahrt nach Sizilien: Unweit der Hafenstadt Genua liegt das beschauliche Cinque Terre. Die fünf idyllischen Dörfchen sind durch einen romantischen Wanderweg verbunden. In Levanto stellt man sein Fahrzeug ab (Übernachten erlaubt) und kann nach der Wanderung mit dem Zug wieder zurückfahren.

Strandtag den Sand aus den Speckfalten waschen und täglich frischen Babybrei mit dem Pürierstab zubereiten.

1 Küstenwanderung Zingaro

Der Wanderweg durch das Naturreservat Zingaro an der Nordwestküste Siziliens war ein schmaler Pfad mit spektakulären Ausblicken. Während Frida in den Schlaf getragen wurde, bestaunten Sarah und Thomas wachen Auges eine mediterrane Landschaft, die sich nach jedem Hügel für ein neues Postkartenmotiv eignete: Unzählige Zwergpalmen überdeckten die warmen Farbtöne des lockeren Erdbodens, unten rauschten die Wellen des türkis glitzernden Meeres an die Klippen. Die Nachmittagssonne stand noch hoch am Himmel, als Frida auf dem Rücken ihrer Mutter erwachte. Sie blinzelte unter dem Regenschirm hervor, den Sarah als Sonnenschutz verwendete, und gab zu verstehen, dass sie Hunger hatte. Die drei nahmen die nächste Abzweigung vom Weg direkt ans Meer.

Zum Abendessen: Sand

Nach wenigen Metern des Abstiegs standen sie in einer einsamen Bucht mit weißem Sandstrand. Aus seinem Rucksack packte Thomas die Kühltasche mit Brei aus, dazu eine Thermoskanne mit heißem Wasser. In null Komma nichts war Fridas Zwischenmahlzeit verzehrfertig. Doch das Interesse der Kleinen galt jetzt etwas anderem: Sie hatte Sand entdeckt – und der schmeckte hervorragend. Mit ihren Händchen patschte sie ausgelassen auf dem Boden herum und kostete genüsslich die Sandkörner. Schnell erkannte sie jedoch, dass Getreidekörner den Hunger besser stillten, und ließ sich überaus bereitwillig füttern.

 Nekropolis von Pantalica

»Sizilien vereint für uns alles, was einen guten Urlaub ausmacht«, erzählt Sarah. Auf ihrer Rundtour hatten sie immer das Meer im Blick und gingen fast täglich baden. Ebenso wanderten sie an den malerischen Küsten und stießen dabei immer wieder auf kulturhistorische Orte, die sie mit Begeisterung besichtigten – so zum Beispiel die Nekropolis (»Totenstadt«) von Pantalica bei Syrakus im Südosten Siziliens. »Wie ein Stück Schweizer Käse«, erinnert sich Thomas an die faszinierende Umgebung rund um eine der größten urgeschichtlichen Fundstätten Siziliens: In der Anapo-Schlucht, die der gleichnamige Fluss geformt hatte, sind rund 5000 Kammergräber in die Felsen geschlagen, die bis ins 13. Jh. v. Chr. zurückgehen. »Unglaublich, so etwas von Menschenhand zu erschaffen.« Auf einem gut befestigten Fußweg stiegen Sarah und Thomas mit Frida auf dem Rücken schließlich 350 Höhenmeter in das Tal hinab und folgten einem vierstündigen Rundweg durch das Höhlen- und Tunnelsystem.

 Badeschlucht Cava grande

Gleich zweimal unternahmen die Kotisseks eine Wanderung in das Naturreservat Cava grande – »weil es dort soooo schön war«, schwärmt Sarah. Der Fluss Cassibile hatte sich hier rund 250 m in die Tiefe gegraben und im Kalkfelsen eine Reihe riesiger Wasserbecken ausgewaschen. Den einstündigen, gut beschilderten Abstieg nahmen Sarah und Thomas von einem Hochplateau aus, das etwa in der Mitte der Schlucht liegt und von der Stadt Avola aus zu erreichen ist. Üppige Macchia, Oleanderbüsche und riesige Platanen spendeten auf dem Weg etwas Schatten.
Schon von Weitem hörten sie das Rauschen der kleinen Wasserfälle, die die Gumpen miteinander verbanden. Die geschichteten und flachen Felsplatten, die das Wasser einsäumen, luden zum Sonnenbaden und zum Reinspringen gleichermaßen ein. Thomas fackelte nicht lange herum: Nach der anstrengenden Wanderung mit Frida auf dem Rücken und der prallen Mittagssonne auf dem Kopf war das eine durchaus willkommene Abkühlung.

4 Cappuccino in Taormina

Was wäre Dolce Vita ohne duftenden Cappuccino – vielleicht sogar mit Ausblick auf das berühmte antike Amphitheater oder den Ätna? Durch seine faszinierende Lage am Berghang bot der Ort Taormina wunderbare Gelegenheiten für eine gemütliche Kaffeepause. Sarah fand das Städtchen an der Ostküste reizend italienisch: »Die süße Altstadt versetzte mich rundum in Urlaubsstimmung.«

Frida gefiel der gepflegte Stadtpark am besten: Dort konnte sie nach Lust und Laune krabbeln, bunte Mosaike auf dem Boden bestaunen und sich an verschiedenen Bronzestatuen hochziehen, die kunstvoll platziert waren. Geschwungene Treppenaufgänge führten zu verschiedenen kleinen Bauwerken, die sich zwischen einer üppigen und vielfältigen Botanik versteckten. Die drei Genießer kehrten zu ihrem Bus in einer Seilbahn zurück; sie verbindet Taormina mit dem am Meer gelegenen Ortsteil Taormina mare und brachte die Familie innerhalb von 2 Min. wieder auf Meereshöhe.

Sonnenkappe für zwei – unter dem Regenschirm blieb die kleine Frida auf jeder Wanderung immer schön im Schatten.

5 Biketour um den Ätna

Nach Pizza, Pasta und Gelato war Outdoor-Action angesagt: Auf einer improvisierten und anspruchsvollen Rundtour an der Westflanke des Ätna konnten sich die beiden Sportler wieder einmal richtig auspowern. Der Ätna ist mit 3323 m der höchste Vulkan Europas und zählt zu den aktivsten Kratern der Welt. Am meisten beeindruckten Sarah und Thomas die Offenheit und Weite des Geländes am Fuße des mächtigen Berges. Über die schwarze Lavapiste zog Thomas den Kinderanhänger bergauf und bergab hinter sich her. Dabei kam er unter der Sonne Siziliens ganz schön ins Schwitzen. An manchen Stellen wuchsen kleine Birken und andere Bäumchen, die für frische Farbtupfer im dunklen Feld sorgten.

So richtig erfrischend wurde dann die Weinverkostung am Abend. Thomas hatte den Bus bei einem idyllischen Agriturismo unweit des Ätna geparkt, sie durften auf dem Gelände des Weinbauers nächtigen. Mit Stolz und voller Herzlichkeit servierte dieser den beiden Eltern nach dem langen Tag einen edlen Tropfen nach dem anderen, während Frida von den frischen Trauben kosten durfte. Das war Urlaub auf Schritt und Biss. ■

Unsere Reisetipps

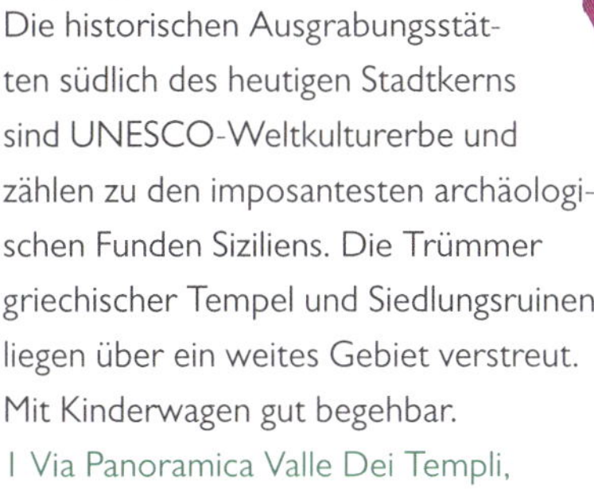

AUSFLUG IN DIE VERGANGENHEIT

Agrigento

Die historischen Ausgrabungsstätten südlich des heutigen Stadtkerns sind UNESCO-Weltkulturerbe und zählen zu den imposantesten archäologischen Funden Siziliens. Die Trümmer griechischer Tempel und Siedlungsruinen liegen über ein weites Gebiet verstreut. Mit Kinderwagen gut begehbar.

1 Via Panoramica Valle Dei Templi,
92100 Agrigento,
Tel. +39 09 22 62 16 57

SCHLAFEN IM SCHLARAFFENLAND

Camping Scarabeo

Der Campingplatz im Süden Siziliens ist in Sachen Erholung kaum zu toppen: Nur ein Holzzaun trennt die Stellplätze vom weißen Sandstrand und dem Meer. Täglich fährt ein Obst- und Gemüseverkäufer durch die Reihen und versorgt die Urlauber mit frischer Ware.

Viale dei Canalotti, Contrada Punta Braccetto, 97017 Santa Croce Camerina (Ragusa), Tel. +39 09 32 91 80 96, mobil +39 338 979 30 62, ganzjährig, www.scarabeocamping.it

Etna Wine

Agriturismo mit großem Weingut, gepflegten Zimmern, Camper-Stellplatz, Restaurant und einer sehr gemütlichen Weindegustation.

Strada Statale 120 km, 191+900
Passopisciaro, 95012 Castiglione di Sicilia,
Tel. +39 09 42 98 30 62,
www.etnawineagriturismo.com

Korsika und Sardinien IM CAMPINGBUS

Sardinien und Korsika überbieten sich gegenseitig an Vielseitigkeit: Wasserfälle und wilde Flusstäler, Bergromantik, fordernde Outdoor-Touren, weiße Sandstrände und klares Wasser. Familie Schön nahm sich zwei Monate Zeit, um die schönsten Gipfel und Buchten zu erkunden.

Die beiden Inseln sind Garanten für einen sonnigen Urlaub: Familie Schön bereiste Korsika und Sardinien mit einem vollgepackten Bus.

KATHY UND PETER SCHÖN

Peter (37) und Kathy (37) Schön führen ein Outdoor-Leben. Er ist E-Commerce-Manager; sie ging nach der Elternzeit wieder ins Marketing bei einem Münchner Actionsports-Unternehmen zurück. Ihre Urlaube verbringen die beiden Wolfratshausener ebenfalls am liebsten draußen: Mit ihrem VW-Bus waren sie während der Elternzeit mit Tochter Nora (damals 6 Monate) an der Küste von Spanien und Portugal unterwegs. Mit zwei Kleinkindern macht das aber doppelt Spaß: Auch Sohn Jakob (1) lernte die Sonnenseite der Welt auf Korsika und Sardinien früh kennen. www.outdoorpashionists.com

Sonneninsel Sardinien

Das Ziel von Peter und Kathy war klar: Sonne. Es stellte sich schnell heraus, dass sie für ihre zweimonatige Familienreise dafür nicht nur die perfekte Destination, sondern auch den perfekten Zeitpunkt gewählt hatten. Sie fuhren Anfang Mai mit ihrem VW-Bus bis Livorno an der italienischen Küste, nahmen die Fähre nach Sardinien und kamen am darauffolgenden Morgen ausgeschlafen auf der viel gerühmten Sonneninsel an.

Viersamkeit

Peter bringt seine persönliche Motivation für die Unternehmung zum Ausdruck: »Vor der Fahrt durfte ich Nora kaum mehr ins Bett bringen. Dafür war sie zu sehr an ihre Mama gewöhnt und hatte zu wenig Zeit mit mir verbracht.« Schon nach kurzer Zeit, der Reise sei Dank, fand er die vertraute Nähe zu seiner zweieinhalbjährigen Tochter wieder. Auch Jakob zeigte auf seine Weise große Freude an der Viersamkeit: Nahezu täglich weckte er den Rest des Busses mit seinem liebenswürdigen Gebrabbel und zufriedenen Babylauten auf.

Gepäckwunder T5

Für die Hinfahrt hatten Peter und Kathy eine Nachtfähre gebucht. Von Wolfratshausen bis Sardinien benötigten sie insgesamt 24 Stunden – das war zwar lang, fanden die beiden, aber auch sehr komfortabel. Einmal angekommen, sollte es mit den Standortwechseln komplizierter werden. Es hieß: jeweils einen Vormittag lang packen, meist unter lautem Gewusel der beiden Kleinkinder und mit dem Druck, alles Gepäck wieder im VW T5 California Beach unterzubringen.

Da waren nicht nur ein Surfbrett, zwei Mountainbikes mit einem Doppelsitzer-Anhänger, ein Laufrad sowie diverse Tragesysteme für die Wanderungen zu verstauen, sondern auch: eine Campingausrüstung mit transportabler Kochplatte, Tisch und (Kinder-)Stühlen; Baby- und Kleinkindutensilien samt Töpfchen und faltbarem Planschbecken; flexible Hängesysteme, Küchenboxen und literweise Wasservorräte. Nicht zu vergessen die Badesachen mit Sonnen-

schirm und Strandmuschel sowie ausreichend Klamotten für alle erdenklichen Aktivitäten. Jeweils in vierfacher Ausführung. Irgendwie klar, dass das Packen vor Ort gut strukturiert werden musste. Kathy und Peter teilten sich fortan die Aufgaben: eine/r hütete die Kinder, während der/die andere in aller Ruhe packen konnte.
Immerhin: Alles, was an Ausrüstung im Bus verstaut war, wurde auch genutzt. Insgesamt verbrachte Familie Schön mehr Zeit mit Outdoor-Aktivitäten als beim Entspannen am Strand.

1 Küstenwanderung Costa Paradiso

Mit Nora in der Kraxe und einem Baby-Tragesystem für Jakob wanderten die Schöns leidenschaftlich gern durch Sardiniens Wildnis. Sehr beeindruckt waren sie beispielsweise von der Küstenwanderung an der Costa Paradiso. Der schmale Pfad im Nordwesten Sardiniens führt durch eine bizarre Landschaft mit leuchtend roten Felsen und Klippen. Dazwischen verstecken sich immer wieder Buchten und kleine Sandstrände mit kristallklarem Wasser. Unterwegs kam die Familie durch mediterrane Macchia und genoss den Blick auf die türkisfarbene Meeresküste. Einmal wurde eine 12 m lange Kletterpassage für Peter zur Herausforderung – dank seiner Gleichgewichtsfähigkeit und gut trainierter Oberschenkel meisterte er sie aber auch mit schlafendem Kind auf dem Rücken problemlos. Der Weg war nicht überlaufen und schenkte den vieren die Freiheit, aus der Vier-Stunden-Wanderung eine ausgedehnte Tagestour mit zahlreichen Stopps, schattigen Brotzeitpausen und Windel-Wechsel-Zeremonien zu machen. Nora war außerdem ganz begeistert von den vielen Bademöglichkeiten, die auf dem Weg immer wieder zum Planschen einluden.

2 Traumbucht Cala Goloritze

Eine weitere Wanderung brachte die Familie zur Bucht Cala Goloritze an der Ostküste. Der Weg führte ebenfalls durch eine imposante Landschaft aus Fels und Stein, war diesmal etwas steiler, und am Ende warteten ebenfalls einige Meter leichte Kraxelei. In den Fels gebaute Schäferhütten waren für die Kinder ein willkommener Spielplatz am Wegesrand.
Die Bucht selbst strahlte den Wanderern mit blendend weißen Felsen entgegen. Da sie auch von Booten angefahren wird, ist die Tour für Outdoorer, die die Einsamkeit bevorzugen, eher in der Nebensaison empfehlenswert. Auf der Rückfahrt stießen sie auf eine kleine Überraschung: Am Parkplatz der Tümpellandschaft As Piscinas wurden die beiden Kinder Nora und Jakob von grunzenden Ferkeln, frei laufenden Eseln und wild umherstreunenden Kühen beschnuppert.

Gebirgiges Korsika

Nach dreieinhalb Wochen setzten die vier mit ihrem VW-Bus vom Hafen Santa Teresa di Gallura aus nach Bonifacio auf Korsika über. Die flächenmäßig kleinere französischsprachige Insel ist wahrlich ein »Gebirge im Meer«: Vor allem von der Westküste her wuchtet sich das Massiv des Monte Cinto (2706 m) in die Höhe und bietet einzigartige Ausblicke über die zerklüftete, wilde Buchtenlandschaft. Auf rund 1000 km Küstenlänge wechseln sich karge Klippen mit einladenden Strandbuchten ab. Dazwischen überzieht eine mediterrane Macchia-Landschaft mit Serpentinenstraßen das Land.

Auch hier herrscht ein angenehmes Reiseklima, das sich für Familien und Camper eignet. Wegen der hohen Berge ist das Wetter zwar etwas wechselhafter als auf Sardinien, vor allem im Inselinneren muss man durchaus gelegentlich mit Niederschlägen rechnen, doch im Sommer ist es meist trocken und heiß. Natürlich vermieden es Peter und Kathy, eine Wanderung bei größter Mittagshitze zu starten. Oft aber richteten sie sich nach dem Biorhythmus der Kinder und nutzten die Schlafenszeit am Nachmittag, um Nora und Jakob im Tragesystem durch die Berge zu schaukeln – ganz ohne Pieselstopp oder Knabberpause, in der Hoffnung auf ein paar ungestörte Höhenmeter.

3 Klippen des Capu Rosso

Familie Schön umrundete Korsika gegen den Uhrzeigersinn mit einigen Abstechern ins Landesinnere. Kathys Highlight war die Wanderung auf der Halbinsel Capu Rosso an der Westküste, bei der sie und Peter mächtig ins Schwitzen kamen. »Nach 500 Höhenmetern Anstieg mit zwei Kleinkindern auf dem Rücken und im strahlendem Sonnenschein war aber die Aussicht eine gebührende Belohnung!«, gerät sie bei dieser Erinnerung sofort wieder ins Schwärmen. Hier oben hatte Kathy die faszinierende Harmonie zwischen wilder Natur und Weite im Blick, die Korsika prägt: die wuchtig schäumenden Wellen an den hohen Kliffs zu ihren Füßen, die lange Küstenlinie mit ihren roten Felsen und bis in die Ferne das Meer.

Ausgangspunkt dieser Wanderung war der Parkplatz Capu Rosso zwischen Piana und der Plage d'Arone, das Ziel der Genueserturm Tour de Turghiu, bei dem die Klippen 300 m senkrecht ins Meer abfallen. Zunächst ging es auf einem recht ausgetretenen und gut ersichtlichen Pfad zum Fuß des markanten Felsen Capu Rosso. Von dort führte der Weg bis zu einer Rinne zwischen den Felsen und zuletzt recht steil am plattigen Fels entlang zum Turm. Hier saßen die vier nun erschöpft und zufrieden nach etwa 90 Min. Fußmarsch. Sie hatten reichlich Wasservorrat mitgebracht und stärkten sich reihum mit frischem Obst, Müsliriegeln und Breikost aus dem Glas.

Outdoor-Tipps

1. Sonnenkappe und -creme gehören in jeden Tagesrucksack.
2. UV-Badekleidung und ein kleines Handtuch sollte man fürs Spontanbaden immer dabei haben.
3. Bei Tagesausflügen mindestens 3 l Wasser für die Familie einpacken.
4. Tarp oder Sonnensegel können tagsüber Schatten spenden und gegen herabfallende Pinienzapfen schützen.
5. Bei allen Aktivitäten und Standortwechseln: Feste Routinen und Rituale helfen, den Alltag zu strukturieren und Ausflüge gut zu planen.

Erfrischendes Gumpen-Bad in den korsischen Bergen: Peter nutzte mit seinen beiden Kindern Jakob und Nora jede Gelegenheit zur Abkühlung.

Dann galt es, die letzten Höhenmeter auf der Wendeltreppe des Turms zu erklimmen. Die rund gebauten Genuesertürme wurden im Mittelalter unter dem Kommando der mächtigen Stadt Genua zum Schutz gegen Piraten errichtet. Heute befinden sich an der Küste Korsikas noch über 60 dieser Bauwerke, sie haben untereinander Sichtverbindung. Das Exemplar auf der Halbinsel Capu Rosso ist gut erhalten. An seiner Außenmauer windet sich die Treppe ohne Geländer bis in 5 m Höhe nach oben. Wer schwindelfrei ist, genießt von oben einen fabelhaften Ausblick auf den Golf von Porto.

Was Peter und Kathy von dort oben allerdings noch nicht sehen konnten, war der weiße Sandstrand Plage d'Arone – versteckt in einer Traumbucht, die vom Parkplatz aus mit dem Auto in nur 10 Min. zu erreichen war. Als sie unten ankamen, wurden ihre Erwartungen sogar noch übertroffen: Außer ihnen und einigen Rettungsschwimmern waren nur eine Handvoll Gäste des hiesigen Campingplatzes da … Der gelungene Abschluss eines fantastischen Tages.

Campingplätze

Nach durchschnittlich vier Tagen suchten Peter und Kathy jeweils einen neuen Campingplatz auf. Wild zu campen war mit Kleinkindern und wegen des gesonderten Gepäckzelts kaum zu bewerkstelligen. Mehrmals während ihrer Reisezeit hatten sie sich außerdem mit Freunden aus der Heimat verabredet, mit denen sie dann einige Tage an verschiedenen Campingplätzen verbrachten. Ihr Favorit war der Platz Funtana a l'Ora an der Westküste mit seinen parzellierten, schattigen Stellplätzen, die als Hangterrassen angelegt waren. Da die Zufahrt recht steil war, verirrten sich kaum große Campingmobile dorthin. Erwachsene und Kinder genossen die köstliche Steinofenpizza und das Gebäck, das es täglich frisch im Laden zu kaufen gab. Einmal in der Woche war korsische Livemusik geboten und direkt in der Campinganlage befand sich eine Esel- und Pferdekoppel. Von hier aus unternahmen die Schöns weitere Wanderungen in die Spelunca-Schlucht und an den Golf von Porto.

Oft blieb Familie Schön mehrere Tage auf demselben Campingplatz – zum Beispiel zum Wäschewaschen. Oder auch, um sich dort mit Freunden aus der Heimat zu verabreden.

 Biketour Cala di Conca

Biketouren, dachten sich die beiden Outdoor-Eltern, waren eine gute Alternative zu den vielen Wanderungen. Das war auf Korsika natürlich mit traumhaften Wegen und Panoramablicken verbunden. Aber der Radanhänger … Er musste zwei Kleinkinder transportieren, dazu Badesachen und Strandsachen sowie Verpflegung für die ganze Familie. Peter und Kathy wählten die Tour zur Bucht Cala di Conca im Südwesten der Insel und starteten in der Nähe der prähistorischen Festung Alo Bisuje, ca. 3 km östlich von Grossa, direkt an der Überlandstraße D21. Von hier führte ein breiter, sandiger Weg in einer Stunde zum Meer hinunter, den Peter am Abend wieder hinaufstrampeln sollte, um seine Familie abzuholen.

Während der Fahrt hatten Jakob und Nora von ihrem Doppelsitzer aus einiges zu bestaunen: Einige Schrottautos säumten den Weg, Wildschweine kreuzten mehrmals den Pfad, auch mit Furcht einflößen-

Auch Jakob hatte seine Freude am angesammelten Strandgut. Viele Fundstücke nahm die Familie als Andenken mit nach Hause.

den Bullen und wild gewordenen Pferden machten sie aus der Entfernung Bekanntschaft. Entlang der Tour ist ein Megalith zu finden, der sogenannte Menhir de Vaccil-Vecchio; das ist ein Steinblock aus prähistorischer Zeit, der als Grab- oder Kultanlage aufgestellt wurde. Korsika wartet mit zahlreichen solchen Funden auf und ist für Archäologen ein hoch spannender Forschungsort über Kultur und Bräuche vor mehreren Jahrtausenden. Dann aber, endlich am Meer! Peter fühlte sich fast wie am Ende der Welt – ist doch die Cala di Conca eine der zahlreichen Buchten auf Korsika, die ohne Allrad nicht mit dem Auto zugänglich sind. Mit dem Boot gelangt man hierher, ansonsten nur zu Fuß oder eben mit dem Rad. Warmer, weißer Sand lud die Familie dazu ein, alle viere von sich zu strecken und sich eine feine Meeresbrise um die Nase wehen zu lassen. Das Wasser war zu dieser Jahreszeit bereits wunderbar warm und das Ufer führte kinderfreundlich flach ins Meer hinein.

Heimreise

Die Elternzeit fühlte sich für Peter und Katharina intensiv an. »Um noch länger zu reisen, hätten wir aber einen größeren Ortswechsel gebraucht«, versucht Kathy ihre Stimmung beim Abschied zu beschreiben. Sie hatten Sardinien und Korsika in zahlreichen Facetten erlebt und erkundet, unzählige Höhenmeter erwandert und unterschiedliche Landschaften bestaunt. Peter schien sich ungern vom Gefühl der Reisefreiheit trennen zu wollen. Die Kinder spürten die bevorstehende Veränderung bei der Heimfahrt: »Bist du traurig, Papa?«, fragte ihn Nora. »Ja«, war seine Antwort. »Nein, Papa nicht traurig sein!«, tröstete sie ihn, »Zu Hause auch schön.« Peter musste lachen. Er wusste: Die Familienzeit geht nach der Reisezeit weiter. ■

Vom Camper in den Alltag zurück

Peter plant seine Arbeitszeiten seit dieser Reise so, dass er nun zum gemeinsamen Abendessen meist zu Hause ist; so können sich die Kinder auf diese eingespielte abendliche Routine verlassen. Aus Strandgut, das die Familie von den Inseln mitgebracht hat, haben die vier für ihre Dachterrasse eine Sitzgelegenheit gebastelt, die sie an das Ambiente der Mittelmeerküste erinnert.

Unsere Reisetipps

SCHÖNSTER CAMPINGPLATZ

Torre del Porticciolo

Umgeben von freier Natur, 300 m vom Strand entfernt, liegt der Campingplatz an der nördlichen Westküste Sardiniens. Er besitzt neben einem normalen Pool auch einen für Kinder. Ungefähr 3 km weit weg befindet sich Mugoni.

07041 Alghero, Tel. +39 079 91 90 07, Mitte Mai – Ende Sept., www.torredelporticciolo.it

Funtana a l'Ora

An der mittleren Westküste Korsikas, 2 km vom Strand entfernt. Die Anlage bietet schattige Stellplätze für Busse und Zelte oder wahlweise sehr gepflegte Holzhütten mit Klimaanlage zur Miete. Es gibt einen beheizten Pool und eine Pizzeria mit Steinofen. Die Sanitäranlagen sind sauber und auch für Familien sehr gut ausgestattet.

Route d'Evisa, 20150 Porto-Ota, Tel. +33 (0) 495 26 11 65, Anfang April – Anfang Nov., www.funtanaalora.fr.

PLACE TO BE

Chiosco-Bar Su Portu

Die Strandbar befindet sich im äußersten Süden Sardiniens, nahe des Torre di Chia, direkt an der Küste. Hier kann man so richtig chillen: Die Strandbar spielt bis in die Abendstunden urlaubsfeine Beats und schafft damit ein lässiges Ambiente.

Viale del Porto, 21, 09010 Chia
GPS: 38.896693, 8.885534
GPS: 38°53'48.096"N 8°53'7.921"E

08 Frankreich PER FAHRRAD

Vom Fahrrad aus erlebt man ein Land in seiner ganzen Ehrlichkeit. Als Bruno und Manu mit ihren kleinen Töchtern sechs Wochen lang Frankreich erkundeten, lagen Sonne und Sturm, Ruhe und Regen, Wind und Weite nur wenige Umdrehungen voneinander entfernt.

Ein Zeltplatz in der Loge der Natur: Für die ganze Familie war die Wildheit der französischen Küste ein besonderes Erlebnis.

MANU WETZEL UND BRUNO MAUL

Fotograf Bruno Maul (39) und seine Frau Manu Wetzel (37) aus dem Allgäu sind mit dem Rad schon bis nach Ägypten gestrampelt, haben Frankreich und Spanien durchquert und sind auch sonst vom Konzept des langsamen Reisens überzeugt. Auf zwei Rädern unterwegs zu sein, bedeutet für sie ehrlich zu sein: zur Natur ebenso wie zu sich selbst. Sie nutzen diese Zeit, um ihr Leben auf das Wesentliche zu reduzieren, unabhängig zu sein und mit der Region in Kontakt zu kommen. Die Radtour mit ihren Töchtern Frida (4) und Leni (2) führte sie sechs Wochen lang durch die Normandie und die Bretagne. www.bruno-maul.de

1 Normandie

Immer wieder stehen sie auf Reisen an: Entscheidungen, die die Weichen für alles Weitere stellen. Bei Sturmwind und Regen, auf einer dicht befahrenen Landstraße und inmitten der grau-melancholischen Steinküstenlandschaft Nordfrankreichs war eine solche Entscheidung nun auch dringend notwendig. Es war Hochsommer, Bruno und Manu hatten sich wahnsinnig auf einen sechswöchigen Familienurlaub per Fahrrad gefreut. Doch die Realität holte sie schon nach wenigen Tagen ein: als klar wurde, dass ihr Plan, der Küstenstraße zu folgen, nicht nur nervenzehrend, sondern wegen des immensen Verkehrs und des Wetters auch noch ziemlich gefährlich war.

Bruno zog die imaginäre Handbremse, Manu setzte den Blinker: Kurzerhand bog die Familie auf den nächstbesten Feldweg ein, holperte samt Satteltaschen und an der Stange befestigtem Kinderrad einen schmalen Pfad bergab, watete durchs hohe Gras … und da war er: der wilde Zeltplatz, nach dem sie unbewusst Ausschau gehalten hatten! Eine kleine, einsame Kuppe über dem Meer, auf dem ihr Familienzelt ausreichend Platz fand und zu deren Füßen der nordatlantische Ozean mit all seiner Ungezähmtheit in Wellen, Schaum und lautem Getöse aufging. Absteigen, abstellen, ausatmen.

Der wahre Moment

Sie waren in Lillebonne nahe Le Havre gestartet. »Aber wir mussten uns zunächst vom Druck befreien, möglichst schnell vorwärtskommen zu wollen«, gesteht Manu. »Wir riefen uns in Erinnerung, dass das schönste Erleben im Moment stattfand – egal, wo wir gerade waren.« Gesagt, getan. Nach drei Tagen auf dem

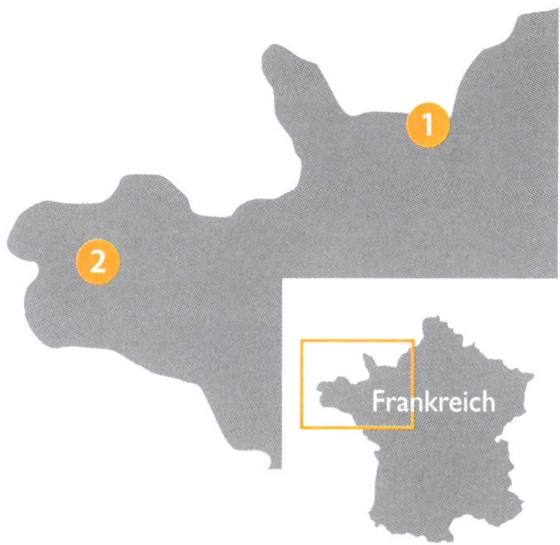

Rasend schnell Vokabeln lernen

Bruno und Manu nutzen ihre Lenkstange auf langen Radtouren im Ausland gern als Vokabeltrainer: Sie schreiben wichtige Wörter und deren Übersetzung auf einen Spickzettel, den sie an den Lenker heften. So haben sie das notwendige Sprachmaterial für den jeweiligen Tag immer griffbereit.

Traumzeltplatz in der Pampa des herrlich unscheinbaren Ortes Villerville waren die Energiereserven wieder aufgefüllt, die Motivation zum Weiterfahren war neu hergestellt. Sie kochten Mittagessen um 17 Uhr und übersahen beim Einkaufen völlig, dass es Sonntag und deshalb der Laden geschlossen war. »Damit hatten wir den richtigen Reisemodus endlich erreicht«, merkt Bruno etwas verschmitzt an.

Houlgate

Die beiden Mädchen Frida und Leni konnten ihr Glück kaum fassen, als sie nur wenige Kilometer weiter in Houlgate die nächste Badepause einlegten. Das Kulturerbe des populären, aber gut überschaubaren Badeorts an der Côte fleurie zählt Hunderte prunkvoller und individuell gestalteter Villen aus dem 19. Jh. Feiner Sand, ein breiter Strandstreifen und strahlender Sonnenschein halfen dabei, dass sie vollends in Urlaubs- und Faulenzstimmung eintauchten.

Im örtlichen Touristenbüro stießen sie zufällig auf Kartenmaterial des Radwegenetzes »Voie Vertes«. Die Straßenkarte, die sie bis dahin benutzt hatten, war damit passé. Sie folgten fortan den »Grünen Wegen«, die ihnen Frankreich in ihrer reinsten Form zu Füßen legte: ursprünglich, ländlich, lieblich und teilweise auch sehr einsam. »Es war unglaublich! Wir hatten das Gefühl, in eine Parallelwelt einzutauchen«, erinnert sich Bruno voller Begeisterung. Weg von Gewerbezonen oder frequentierten Touristenzielen – hin zur freien Natur, rein in die Wildnis. Das schmeckte nach Freiheit, Erholung und zweckfreier Familienzeit.

Regen und Sonnenschein

Leider änderte das nichts an der Tatsache, dass die vier Radurlauber wetterabhängig waren. Ein bisschen Feuchtigkeit ist bei guter Kleidung kein Problem. Aber nach drei Tagen Dauerregen und sinkenden Temperaturen wurde es ungemütlich. Frida schrie von ihrem Radsitz auf der Lenkstange aus eine Paniktirade in den pfeifenden Wind hinein, Leni bekam Fieber. Ein festes Dach über dem Kopf musste her: Nach zwei Nächten in der Jugendherberge waren die Wogen schließlich geglättet. »Nach jedem schlechten Wetter freuten wir uns wie verrückt über die nächsten Sonnenstrahlen«, erzählt Manu. Und die Kinder lernten, dass die Blumenwiesen nach dem Regen wieder umso strahlender erblühten.

Frida hilft ihrem Vater Bruno sehr gerne beim Radwechsel … und hofft: »Gleich können wir weiterfahren!«

2 Bretagne

Nach zwei Wochen stieg die Familie in Bayeux in den Zug und in Dole-de-Bretagne, einer kleinen Ortschaft nahe der Küstenstadt Saint-Malo, wieder aus. Die Bretagne bescherte ihnen deutlich angenehmeres Fahrradwetter. Auch die Landschaft hatte sich innerhalb dieser kurzen Distanz stark gewandelt: Die Weite des Landes erschien ihnen intensiver als zuvor, nur hier und da blitzten in der beruhigend eintönigen Landschaft einsame Anwesen hervor. Diese hatten einen sehr eigenen und fast schon eigenwilligen Charakter: Die bretonischen Steinhäuser waren in der Regel niedrig gebaut, die Wände sowie der markante Kamin aus Granit gemauert und die Dächer mit Schiefern bedeckt. Farbig lackierte Holzfensterläden und üppige Blumenkästen verliehen den grauen Fassaden freundliche Akzente.

Dinan und Saint-Brieuc

In Dinan mischten sich die Allgäuer unters touristische Volk und besichtigten die

mittelalterliche Altstadt. Eine beeindruckende Stadtmauer führte sie fast 3 km rund um den Ortskern. Das Schloss mit seinen erhabenen Wehrtürmen thronte über dem Fluss Rance und einer großen, geschwungenen Steinbrücke. Hier entdeckten die beiden Töchter Frida und Leni ihre Vorliebe für französische Kulinarik: Crêpes mit Nutella schmeckten ganz wunderbar! Bruno und Manu hingegen zogen die deftige Variante vor: Galettes mit geriebenem Käse. Eine weitere Spezialität gönnten sie sich Anfang September zu Manus Geburtstag in Saint-Brieuc: Hasenbraten und Mousse au Chocolat, bis die Bäuche fast platzten und alle Augen glücklich strahlten.

Laisser-faire auf zwei Rädern

Die vier hangelten sich von Dorf zu Dorf, ohne ein finales Ziel vor Augen zu haben. Nur hin und wieder lugte Manu in den Kalender, um zu wissen, wann es Zeit wäre umzukehren.

In Binic schließlich hatten sie wieder einmal den Atlantik erreicht und setzten nach sechs Wochen einen Schlusspunkt. Der Familienvater fuhr mit dem Zug nach Lillebonne zurück, um alle mit dem dort geparkten Auto abzuholen. Frida war völlig von den Socken, als sie die durchradelte Region von der Straße aus so schnell an sich vorbeiflitzen sah: »Ist das wirklich immer noch Frankreich?«, wollte die Vierjährige hinter der Fensterscheibe des Autos wissen. »Ja«, antwortete Bruno. »Aber ein anderes Frankreich.« ■

Wenn der Weg zum Spielplatz wird, ist die Freiheit des Alltags erreicht … Die große Frida nutzte in Frankreich jede Tourenpause zum Klettern und Entdecken – dafür musste auch so manches Verkehrsschild herhalten.

Unsere Reisetipps

DUNKLE WOLKEN

Saubere Sache machen

Funktionswäsche und richtig gute Regenkleidung gehören unbedingt ins Gepäck. Zum Waschen oder Trocknen der Kleidung gibt es in Frankreich auch ausreichend Campingplätze mit meistens sehr guten Sanitäranlagen wie beispielsweise:

Camping de la Plage, 59 Rue Henri Dobert, 14510 Houlgate, Tel. +33 (0) 231 28 73 07, Ende März–Anfang Nov., www.camping-houlgate.com

GRÜNE ROUTEN

Radwegenetz Voies Vertes

Das gepflegte Radwegenetz erstreckt sich über ganz Frankreich und ist als »Voie Vertes« ausgeschildert. Oft sind dies ehemalige Bahntrassen oder autofreie Straßen, die durch eine ursprüngliche Landschaft führen und dabei kleine Ortschaften oder schmucke Dörfer verbinden. Sehr gutes Kartenmaterial erhält man kostenlos in den regionalen Touristenbüros.

GOLDIGE LAUNE

Muntermacher für Kinder

Launisches Wetter kann nervenzehrend sein. Ein festes Ritual, das man in den Tagesablauf einbaut, schenkt Kindern Sicherheit. Eine heiße Honigmilch am Abend sorgte dafür, dass sich Frida und Leni immer mit einem wohligen Gefühl in den Schlafsack kuschelten.

09 Eseltrekking ÜBER DIE SEEALPEN

Bei ihrem siebentägigen Trekking durch eine atemberaubende Alpenlandschaft im sommerlichen Südfrankreich begegnete Familie Winkelmann keiner Menschenseele. Dafür leisteten drei Packesel den Urlaubern wunderbare Gesellschaft.

Der Esel: dein Freund und Helfer. Auf den steinigen und schmalen Wegen waren die Tiere eine willkommene Reisebegleitung.

MONIKA BOLLAND UND VOLKER WINKELMANN

Volker Winkelmann (40) und Monika Bolland (41) wollten gern noch einmal einen richtig schönen, gemeinsamen Urlaub mit allen vier Kindern Carla (16), Teresa (14), Elias (11) und Luisa (6) erleben. Für das Eseltrekking in Frankreich ließ sich jedes Familienmitglied begeistern. Ein Jahr zuvor hatten die sechs eine ähnliche Tour in der Bretagne gemacht und wussten aus Erfahrung: Die reduzierte Reisegeschwindigkeit tat den Kindern und Teenies ebenso gut wie den Erwachsenen. Nun wagten sie sich in die alpine Region Südfrankreichs und waren froh, drei gut gelaunte Gepäckesel mit dabei zu haben.

In der einen Ecke des Parkplatzes am Dorfeingang steht eine Telefonzelle von France Télécom, ein verstaubtes gelbes Telefonbuch liegt darin. In der anderen Ecke türmen sich zwölf metallene Briefkästen. Geradeaus führt ein von Büschen und Laubbäumen eingewachsener Weg zu einem hölzernen Gartentor. Rechterhand schmiegt sich eine schmale Steintreppe in den Hang. Ein an die Böschung gelehntes Holzschild deutet darauf hin, dass es hier zur Unterkunft geht.
»Auf so viel Einsamkeit waren wir nicht eingestellt«, erinnert sich Monika lachend an ihre Ankunft in Villeplane, einem Dorf in den französischen Seealpen. Tatsächlich gewöhnten sie sich aber auf ihrer siebentägigen Eselwanderung, die sie am Rande des Nationalparks Mercantour durch die bergige Natur Südfrankreichs führte, sehr schnell daran, tagsüber keiner Menschenseele zu begegnen. Die Region liegt abseits des Badetourismus der Côte d'Azur und ist den Drei- bis Viertausendern der französischen Westalpen vorgelagert.

1 Villeplane

Die drei Esel, die sie nahe dem Dorf Villeplane abholten und die sie auf der Trekkingtour begleiteten, waren ihnen jedoch Gesellschaft und auch Beschäftigung genug. Der Besitzer führte die Wanderer sorgsam in den Umgang mit den drei Tieren ein: Täglich mussten sie Julie, Kakoun und Anisette das Fell und die Hufe putzen. Bei Pausen tagsüber durften sie die Vierbeiner auf den Wiesen grasen lassen und sollten ihnen mindestens einmal Trinkwasser geben.

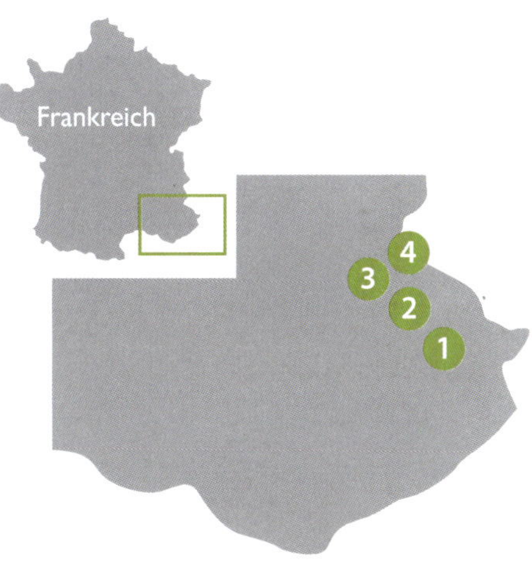

Monika verteilte die Verantwortung: Jeweils ein Zweierteam der Familie sollte sich um eine Eseldame kümmern. Beim morgendlichen Aufsatteln war es wichtig, die beiden Gepäcktaschen zeitgleich anzubringen, damit das Gewicht gleichmäßig verteilt war und die Satteldecke unter dem Holzgestell nicht verrutschte. Auf beiden Seiten durften maximal 10 kg Reisegepäck hängen, was weit mehr war, als die sechs Urlauber tatsächlich dabei hatten.

Tagesausflug zu den Gorges Rouges

Zum Eingewöhnen machten sie am ersten Tag eine dreistündige Rundwanderung entlang der Gorges Rouges. Die »Roten Schluchten« machten ihrem Namen alle Ehre: In der Sommersonne Südfrankreichs schimmerte der rötlich-braune Schiefer, der sich beidseits des Flusses Var mehrere Hundert Meter hoch auftürmte, in herrlichen warmen Farbnuancen. Mediterranes Buschgewächs wirkte wie grüne Farbtupfer in der Landschaft. Familie Winkelmann-Bolland genoss mit ihren Eseln vom Wanderweg die malerische Aussicht in die Tiefe hinab. Schnell war klar: Das Neunergespann konnte gut miteinander. Die Esel zeigten sich als pfiffige und gutmütige Begleiter, die so schnell nichts aus der Ruhe brachte. Trittsicher und mutig trabten sie an einer lockeren Leine neben den Kindern her.

Französische Seealpen: Hinter jeder Kurve bot sich für die Familie ein neuer Ausblick auf die imposante Landschaft.

Lunchbox mit Schokodessert

Monika und Volker hatten die bevorstehende Trekkingwoche über eine Agentur in Deutschland gebucht. Die Wanderroute sowie die Unterkünfte waren vorab festgelegt, eine ausführliche Wegbeschreibung, die sie zuvor erhalten hatten, führte die sechsköpfige Familie sicher durch die Etappen und machte eine persönliche Reisebegleitung überflüssig. »Sogar schöne Rastplätze und Bademöglichkeiten waren auf unserer Karte markiert«, merkt Volker lobend an. Es konnte also überhaupt nichts schieflaufen.

Von der jeweiligen Unterkunft bekamen sie am Morgen eine große Lunchbox, randvoll gefüllt mit leckerem Proviant für den ganzen Tag. »Wir haben fünf Vegetarier in der Familie und wurden jeden Tag aufs Neue überrascht, wie vielseitig und liebevoll man uns verköstigte«, schwärmt Monika bei dem Gedanken daran: Angefangen bei der hausgemachten Gemüsequiche über den Couscoussalat bis hin zum Schokoladendessert war alles drin. Abends wartete immer ein reich gedeckter Tisch in der Herberge oder einem kleinen Restaurant des Zielorts auf die Großfamilie. Die Esel fanden jeweils eine Nachtweide oder einen kleinen Stall mit ausreichend Futter vor.

 Sauze

Das erste Etappenziel war Sauze – ein idyllisches Dorf auf 1300 m Höhe. Der Weg dorthin führte erst durch eine kleine Schlucht und dann ziemlich steil bergauf. Ein schmaler Pfad, der dank dichter Lärchen- und Eichenwälder größtenteils angenehm schattig war, zwang die Familie, wie eine Karawane im Gänsemarsch zu laufen. »Von hier aus hatten wir die Berglandschaft der Hochalpen im Blick – das war atemberaubend schön!«, schwärmt Monika. Dass sie auf dem Weg kaum Netzempfang hatten und vom Rest der Welt fast ausgeschlossen waren, störte auch Volker nicht im Geringsten: »Es war eine wohltuende Erfahrung, eine Woche lang nicht erreichbar zu sein. Wir konnten wortwörtlich abschalten.«

Der Weg ist das Ziel

Auch die Fahrt gehört zum Urlaub dazu: Die lange Strecke nach Südfrankreich teilte die Familie in mehrere Tagesetappen ein und besuchte dabei unter anderem die spektakuläre Schlucht von Verdon. Die Rückreise versüßten sich die sechs mit einem Abstecher nach Italien.

3 Saint-Martin-d'Entraunes und Entraunes

Die beiden aufeinanderfolgenden Tagesetappen nach Saint-Martin-d'Entraunes und anschließend nach Entraunes waren landschaftlich besonders vielseitig und weiterhin sehr einsam. Sie erstreckten sich jeweils über rund 8 km und waren in vier Stunden Gehzeit sehr gut zu bewältigen. Weil die Unterkünfte eher auf geringer Höhe lagen, führte der Weg morgens zunächst immer erst einige Hundert Höhenmeter hinauf, dann auf einer Hochebene entlang und abends schließlich wieder hinab. Die Route folgte dem Var, der sich sein Flussbett aus groben Kieseln sowie kantigen Steinen in die raue französische Landschaft gefräst hatte.

 Estenc und Lac d'Allos

Richtig alpin wurde es, als sie zum kleinen, eiskalten Bergsee bei Estenc kamen, der von saftigen Bergwiesen umgeben ist. Nach kurzem Nieselregen am Vormittag duftete die Landschaft in der Sonne nun nach frischer Natur. Ebenso beeindruckend war der See Lac d'Allos, den die Truppe am letzten Tag von Estenc aus in einer Tageswanderung erklomm. Der Anstieg war anspruchsvoll; weil das Tagesgepäck in der Herberge geblieben war, durfte Luisa einen Teil des Weges auf dem erfahrensten Esel Julie reitend zurücklegen. Auf 2230 m Höhe lag der Bergsee herrlich eingekesselt von zackigen Bergspitzen – in einer Ruhe und Einsamkeit, die der Woche einen gebührenden Abschluss verlieh. ■

Picknick am Berg – das wurde dank der liebevoll gepackten Lunchpakete mit hausgemachten Köstlichkeiten der Gastgeber jeden Tag zum Festmal. Die Esel begnügten sich mit frischem Gras und bekamen regelmäßig zu trinken.

Unsere Reisetipps

WOHNEN WIE GOTT IN FRANKREICH

Auberge Communale

Hauschefin Bernadette betreut und bekocht ihre Gäste seit über 20 Jahren liebevoll. Die Herberge wirkt zwar von außen unscheinbar, die famose Küche beweist aber das Gegenteil.
Place de la Mairie, 06470 Sauze, Tel. +33 (0) 493 05 57 70, www.auberge-communale.fr

Gîte Ferran

Die familiäre Herberge gehört zu einem Bauernhof auf 1700 m Höhe und war die Lieblingsunterkunft der Familie. Das lag nicht nur daran, dass die Besitzerin fließend Deutsch sprach, sondern auch an ihren umwerfenden Kochkünsten. Am Hof werden frische Produkte verkauft.
Léonie Ferran, Les Louiqs, Estenc, 06470 Entraunes, Tel. +33 (0) 493 05 54 22, www.giteferran.com

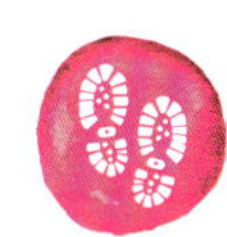

WANDERN WIE HANS IM GLÜCK

Nationalpark Mercantour

Eine beeindruckende Alpinwanderung ab Estenc ist die Wanderung auf den Col de la Cayolle und ein Rundweg über den Sommet des Garrets. Auf der Tour im Herzen des Nationalparks Mercantour sind fantastische Ausblicke in die umliegenden Täler und auf die Seealpen möglich. Einstieg beim Parkplatz der Hütte Refuge du Col de la Cayolle, 350 Höhenmeter Anstieg, 3,5 Stunden Laufzeit. Weitere Informationen in der Gîte Ferran.

10 Galicien und Portugal MIT MARA UND TIA

Mit ihrem Baby Mara und der Hündin Tia wollten Michi und Stefi eine Reise unternehmen, die in dieser Konstellation neu war. Dafür sollte es aber in eine vertraute Region gehen: in den Westen der Iberischen Halbinsel, wo Michi und Stefi schon oft zum Surfen waren.

Der Norden Spaniens ist in der Küstenregion sehr grün – im Landesinneren wird es nordwestlich von Saragossa wüstenähnlich.

STEFI KNAPP UND MICHI GOGEL

Die Familie hatte ingesamt gut zwei Monate Zeit für die Reise, von August bis Mitte Oktober, und als Zuhause sollte ein Transporter dienen, den Michi (34) ausgebaut hatte. Dazu muss man sagen, dass Michi nicht nur Schreiner, sondern auch Bootsbauer war. Dementsprechend durchdacht, fiel das Resultat aus: Mara (10 Monate), die schon krabbeln, aber noch nicht laufen konnte, hatte ein maßgeschreinertes Wandbettchen bekommen. Stefi Knapp (33) stattet beruflich Räume aus – auch eine ganz hilfreiche Kompetenz, wenn es darum geht, einen Transporter zum Camper umzufunktionieren.

Die Rahmenbedingungen waren also gegeben. Um auszuprobieren, wie sich Mara im Campingbus machte, starteten sie kurzerhand einen Testlauf – nicht etwa auf die Schwäbische Alb oder an den Bodensee, sondern nach Korsika. Der Korsika-Trip lief gut, aber die beiden stellten auch fest, dass es oft ganz schön schwierig war, einen schönen Platz zum Schlafen zu finden – am besten natürlich direkt am Strand –, wenn man sich nicht auskannte. Vor allem am Abend, wenn das weinende Kind neben ihnen saß, empfanden sie das als anstrengend und entschieden sich mehrmals pragmatisch für einen Übernachtungsstopp am weniger schönen Straßenrand. Darauf wollten sie auf ihrer langen Tour gern verzichten. Somit war schon mal sicher, dass es in eine Gegend gehen sollte, die sie bereits kannten – also nicht ins fremde Skandinavien, sondern nach Nordspanien und Portugal.

Die Route führte von Stuttgart aus quer durch Frankreich auf der (mautfreien) Route National bis an die französische Atlantikküste bei Bordeaux. Michi und Stefi wussten schon vorher, dass der französische Abschnitt der Biscaya im Sommer überlaufen sein würde, und fuhren gleich bis Spanien durch. Dann wählten sie die Strecke entlang der Nordküste durch das Baskenland, Kantabrien, Asturien und schließlich nach Galicien, dem ersten großen Ziel. Von dort aus sollte es an der portugiesischen Küste weitergehen bis Sagres, dem südwestlichsten Zipfel Portugals.

Eigentlich wollten sie sich diesmal an der spanischen Nordküste Zeit lassen und nicht bis Galicien durchrauschen. Ein guter Plan – aber es kommt ja immer ein

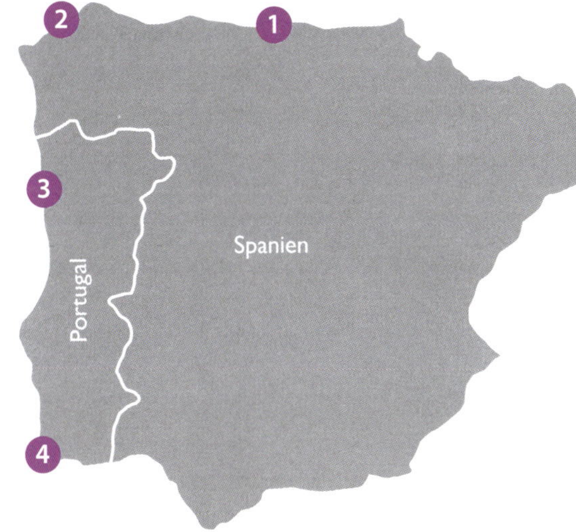

wenig anders als gedacht. Denn das Wetter spielte nicht ganz mit: Eine Regenfront trieb sie förmlich vor sich her. Immerhin, ein paar Zwischenstopps waren möglich, aber nachdem sie von schwarzgrauen Wolken zwar gemächlich, aber doch entschlossen verfolgt wurden, überlegten sie sich jedes Mal gründlich, ob sie tatsächlich stehen bleiben wollten oder ob sie nicht doch lieber weiterfuhren. An vielen Stränden wären sie gern ein paar Tage länger geblieben.

San Vicente de la Barquera

Einige Orte konnten sie sich aber trotzdem ausgiebiger anschauen. Dazu gehörte auch San Vicente de la Barquera, an der Mündung eines Flusses gelegen, die eine kleine Lagune formt. Der Fluss kommt aus den Kantabrischen Bergen, die bei gutem Wetter mit ihren bis 2648 m hohen Gipfeln eine beeindruckende Kulisse hinter San Vicente schaffen. Der Ort selbst wirkt verschlafen, die Stadtmauer ist an vielen Stellen noch vorhanden, eine Burg thront über dem Ort, und ringsherum gibt es herrliche Sandstrände. Doch das Wetter trieb Michi und Stefi weiter. So weit, bis es nicht mehr ging: nach Galicien.

Wann ist die beste Zeit für die Reise

Beim Reisen mit Baby sind die U-Untersuchungen eine praktische Hilfestellung für den besten Reisetermin: Hat das Kleine gerade eine solche Untersuchung hinter sich, kann man viel beruhigter losfahren und muss sich weniger um die Gesundheit sorgen. Die nächste Untersuchung dient vielleicht als Wink mit dem Zaunpfahl, dass man allmählich wieder an die Rückkehr denken muss.

2 Ferrol, Galicien

Für Stefi und Michi liegt der Reiz Galiciens vor allem darin, dass es nicht überlaufen ist, dass man Platz hat. Die Strände sind weitläufig und oftmals einsam. Hinzu kommt das Hinterland, sattes Grün, sanfte Hügel, die sich verlaufen oder dann ins Meer abfallen. In Städten und Dörfern herrscht eine entspannte Atmosphäre, denn die Touristenströme ziehen größtenteils an der Region vorbei. Bauern zuckeln noch mit Pferdegespannen durch die Gegend, vorbei an Eukalyptushainen. Auch vom andauernden Surfhype ist nicht so viel zu spüren – ein wesentlicher Punkt für Stefi und Michi: Sie freuten sich schon darauf, die Wellen für sich zu haben.

Etwas nördlich von La Coruña, bei Ferrol, erreichten die beiden ihren Parkplatz. Das schlechte Wetter war mehr oder weniger über sie hinweggezogen, und endlich konnten sie länger an einem Ort bleiben. Mara hatte die lange Reise gut mitgemacht, durch die vielen Pausen waren weder sie noch Hündin Tia zu kurz gekommen. Stefi fand es wunderbar, ihrer Tochter den Strand zu zeigen. Mara reagierte begeistert auf den feinen Sand und die Möglichkeit, im Body herumzukrabbeln, so viel sie wollte – sie flippte buchstäblich aus vor Freude. Es waren solche Momente, die die Reise mit Baby besonders machten – neben der Tatsache, dass Michi und Stefi alles viel bewusster erlebten und dass ihnen – unter anderem auf der Suche nach möglichen Risiken und Gefahren – viele Dinge auffielen, die sie sonst gar nicht wahrgenommen hätten.

Auch für Tia brachte Galicien entscheidende Vorteile: Da es nicht so voll war, durften Hunde am Strand frei laufen, ohne irgendjemanden zu stören. So war für jeden etwas dabei.

Aufwachen und übers Meer blicken. Von den Parkplätzen aus, an Galiciens Buchten, ist das tatsächlich möglich.

3 Weiter Richtung Porto

Vielleicht hört sich die Tour an wie eine Reise in die Abgeschiedenheit; das war sie aber nicht. Immer wieder traf sich die kleine Familie mit Freunden, die ebenfalls in der Gegend unterwegs waren, oder lernte andere (Elternzeit-)Reisende kennen. Mit den Freunden schlossen sich Michi und Stefi jedes Mal eine Zeit lang zusammen, und so tourten sie auch in Begleitung weiter nach Porto – dem einzigen richtigen Städtestopp dieser Reise, und der lohnte sich wirklich. Ihren Camper stellten sie an einem Parkplatz am Douro in Zentrumsnähe ab. Da offenbar andere Campingurlauber auf dieselbe Idee gekommen waren, machten sich Stefi und Michi auch keine Sorgen um die Sicherheit. Porto war jung, die beiden sahen viele Studenten und spürten, dass hier gerade so etwas wie ein Boom stattfand. Viele Kreative, die es aus ganz Europa hierherzog, Freiräume für originelle Projekte, neue Restaurants, billige Mieten, und das auf relativ engem Raum. Alles drängte zum Fluss, dem Duro, oder zu den Stadtstränden zum offenen Meer hin. Porto war eine der Städte, bei denen man das Gefühl hatte, zur richtigen Zeit am richtigen Ort zu sein.

4 Sagres, das Ziel der Reise

Die Fahrt in den Süden Portugals ließen die beiden gemächlich angehen. Keine weiten Distanzen mehr, sondern nur noch kurze Strecken von Strand zu Strand mit dem angenehmen Gefühl, das Land schon vorher bereist zu haben. Lissabon konnten sie zum Beispiel guten Gewissens auslassen, da waren sie bereits gewesen. Stattdessen blieben sie nur an den Orten, die im Moment richtig schienen. Wenig Druck also – es gab nur einen einzigen fixen Termin: Sie wollten sich in Sagres mit Stefis Eltern treffen. Die hatten sich relativ spontan zu der Reise entschlossen und waren nach Portugal geflogen, um ihre Enkelin zu sehen. In Sagres übernachteten die Großeltern im Hotel, die junge Familie natürlich auf einem Parkplatz in Strandnähe. Generationsübergreifender Urlaub am Ende der Reise und eine schöne Gelegenheit für Großeltern und Enkelin, sich in einem vollkommen ungewohnten Kontext weiter kennenzulernen. Abgesehen davon stellte Sagres nicht nur wegen seiner Lage am äußersten Zipfel Europas ein tolles Ziel für eine lange Reise dar, sondern auch wegen der Strände und Wellen, der entspannten Atmosphäre und dem eher gemächlichen Lebensstil des Städtchens. ■

Porto ist so etwas wie die hippe kleine Schwester von Lissabon, sagen manche: Hier passiert mehr, ist mehr möglich.

Unsere Reisetipps

SCHÖNSTER PARKPLATZ

Santa Comba, Galicien

Der Parkplatz ca. 10 km nördlich von Ferrol liegt oberhalb der Bucht und dem Strand von Santa Comba. Wenn die Sonne scheint, wird das Wasser türkis, und mit etwas Glück kann man in den frühen Morgenstunden Delfine sehen.

GPS: 43.557826, -8.282917
GPS: 43°33'28.2"N 8°16'58.5"W

SCHÖNSTER STRAND

Playa de Torimbia, Asturien

Die Bucht ist recht klein, der Strand nur zu Fuß zu erreichen. Auf dem Weg dorthin hat man aber immer wieder herrliche Ausblicke auf das Meer und die Küste. Der Parkplatz in der Nähe des Strandes ist mit einem richtigen Wohnmobil nicht zu erreichen – der Weg viel ist zu holprig.

SCHÖNSTER ZWISCHENSTOPP

Bardenas Reales, Navarra

Man kann seine Route nach Nordspanien von Deutschland aus so legen, dass man an dem Naturpark Bardenas Reales nordwestlich von Saragossa vorbeikommt: einer unwirklichen Halbwüste und einer Art Mondlandschaft mit bizarren Felsformationen, die von der UNESCO zum Biosphärenreservat erklärt wurde. Je nach Tageszeit ändert sich die Stimmung durch den unterschiedlichen Lichteinfall.

11

Nach Tarifa MIT DEM BULLY

Denise und Max wollten mit ihrem Baby dem frostig-nassen Münchner Vorfrühling entkommen und im Bully Richtung Süden tuckern. Bisher waren sie immer zu zweit gewesen, durch den Familienzuwachs sollte diese Reise vollkommen neu und anders werden.

Fast 3000 km sind es von München bis Tarifa. Nach Süden und damit immer dem Frühling und der Sonne entgegen.

DENISE HOFER-SCHATZ UND MAX HOFER

Denise Hofer-Schatz (28) und Max Hofer (35) besitzen ihren VW-Bus schon eine ganze Weile – einen T3 mit allem, was die 1980er an Technik-Gimmicks zu bieten hatten – kurz, der Bus ist eher die VW-Variante des A-Team-Vans als ein praktisches Campinggefährt. Mit den Jahren hat sich erfreulicherweise der Charme gegen das Prollige durchgesetzt. Als ihr »Baby« sehen sie den Bully aber nicht – das ist Paul, fünf Monate, als es losgehen soll. Denise und Max, sie Osteopathin, er Sozialpädagoge, wollen für zwei Monate Elternzeit und -geld sinnvoll auskosten und das Leben und Reisen zu dritt ausprobieren.

Was sich wunderbar unkompliziert anhört, war zunächst gar nicht so ohne: Paul brauchte ein Bett, doch der Bus war für alles ausgerichtet, außer für Babys. Doch dieses Problem war schnell gelöst: Die weitläufige Babyschale passte exakt auf den Fahrersitz. Schwieriger waren schon die Autoschlösser, damals High-End, heute eher Spielzeug. Plötzlich wurde so etwas wirklich wichtig – die Vorstellung, dass der Bus aufgebrochen wird und/oder ganz weg ist, war zwar in jedem Fall schlimm; mit Baby wäre das aber ein Desaster. Außerdem brauchte der Bus eine Küche, wenn Paul statt Mister-T mitfahren sollte. Gesagt, getan – glücklicherweise ist Max sehr geschickt. Aber wohin wollten sie eigentlich reisen? Sicher sollte das Ziel sein und nicht zu weit entfernt – am besten also auf europäischem Boden bleiben. Marokko als vage Idee fiel damit flach. Auf jeden Fall wollten Max und Denise etwas Neues kennenlernen und am liebsten auf dem Weg noch Freunde besuchen, die man sonst viel zu selten sah. Dann das Wetter: Mitte März sollte es losgehen und der Bus war kein dreifach isoliertes Reisemobil – also mussten akzeptable Temperaturen locken. Denise wollte seit Langem einmal nach Andalusien; das gab am Ende wahrscheinlich den Ausschlag. Und schon stand die grobe Route fest: Freunde in Freiburg und Marseille besuchen, dann an der Mittelmeerküste entlang über Barcelona und Valencia in den Süden Spaniens fahren – am besten bis nach Tarifa, dem südwestlichsten Punkt am Atlantik.

Gleich anfangs zeigte sich sehr deutlich, wer auf dieser Reise den Rhythmus vorgeben würde: Paul. Max und Denise hatten zwar auch ihre – durchaus unter-

Nur nicht zu viel mitnehmen!

Ein bis oben hin vollgepackter Bus, in dem man auch noch leben möchte, ist keine gute Idee. Für Paul waren Klamotten zum Hineinwachsen wichtig, außerdem Bett oder wahlweise Kinderwagen und ein Tragetuch – der ganze Rest hat das Reisen eher komplizierter gemacht. Also: Mut zur Lücke, denn in Spanien kann man zur Not auch einkaufen.

schiedlichen – Vorstellungen, wo man abends am besten mit dem Bus unterkam: passioniertes Wildcampen vs. Stressminimierung durch Legalität. Das alles interessierte Paul aber herzlich wenig. Er wollte es gern warm haben, deshalb waren alle Stationen bis weit in den Süden hinein über Airbnb gebucht oder eben bei Freunden angekündigt. Und es stellte sich schnell heraus, dass Paul es gar nicht schätzte, Distanzen über 200 km am Tag zurückzulegen. Womit er natürlich recht hatte: Sie wollten ja nicht einfach durch die Länder rauschen und sich an den heruntergeschrabbten Kilometern erfreuen, sondern vielmehr an den Orten und Städten, die sie sonst links liegen hätten lassen. Lyon zum Beispiel: Die Rhône mit den weißen Häuserfronten, die Altstadt an den Hügeln auf beiden Seiten des Flusses und die entspannte Lässigkeit der Menschen sind auf alle Fälle einen Abstecher wert.

 Barcelona

Ab Lyon ging es immer dem Meer und höheren Temperaturen entgegen, nach dem Zwischenstopp in Marseille mit quasi-familiärer Anbindung war Barcelona das erste große und neue Ziel auf der Reise. Mit dem VW-Bus in die Stadt zu fahren schien den beiden wenig verlockend und zudem ziemlich riskant, denn trotz Nachrüstung bekam man so einen Bus natürlich aufgebrochen. Die schlaue Lösung: sich an der Costa Brava in Malgrat de Mar eine nette Unterkunft suchen, sich mit dem Vermieter anfreunden, den Bus dort lassen und nur mit leichtem Gepäck und Kinderwagen für vier Tage nach Barcelona fahren, ganz unkompliziert per Nahverkehrszug an der Küste entlang.

Barcelona kannten die beiden noch nicht und erkundeten es jetzt zusammen mit Paul. Spannend, weil sich das Bild von dieser Stadt dadurch so ganz anders zusammensetzte als das von vielen Städten, die sie früher besucht hatten: Barcelona mit Kind fanden Max und Denise nicht wegen des Nachtlebens, der Bars, Tapas und Partys toll. Vielmehr sorgte Paul dafür, dass sich der Zauber der Stadt auf ausgedehnten Spaziergängen durch die Gassen der Stadtviertel Raval und Gràcia entfaltete, bei Picknicks im Parc de la Ciutadella oder am Strand von Barceloneta. Völlig anders eben als ohne Kind – wunderbarer.

 Weiter Richtung Granada

Je länger die Reise dauerte, umso mehr pendelten sich die drei aufeinander ein. Den Bus hielten sie gemeinsam und völlig

Kilometerlange Stadtstrände – Barcelona macht es einem leicht, entspannt mit Kind unterwegs zu sein.

unaufgeregt in Ordnung. Paul entdeckte, was für eine gute Idee es war, dass Denise nicht nur die Babywippe eingepackt hat, sondern auch Babyklamotten eine Nummer größer. Und Max perfektionierte campingkompatible One-Pot-Gerichte, die sich vor niemandem verstecken mussten. Es lief gut. Über Valencia und Murcia ging es nach Granada, dem nächsten längeren Stopp. Hier fanden sie den perfekten Kompromiss zwischen den erwähnten unterschiedlichen Stellplatzvorstellungen: Max durfte wild campen, doch wegen der zahlreichen anderen Wildcamper konnte Denise den Ort als legal und damit stressfrei betrachten. Noch dazu war der Ort atemberaubend gelegen: hoch über der Stadt an den Hängen der Sierra Nevada, umgeben von schützendem Wald – was wollten sie mehr! Von hier aus ließ sich

die Stadt erkunden oder auch einfach die Aussicht genießen.
Der eigentliche Superplatz zum Campen wartete aber in der Umgebung von Granada: Unweit von Santa Fe in der Nähe des Flughafens gibt es heiße Quellen, die nicht so richtig erschlossen sind, in einer fast unwirklichen Landschaft: Kleine Becken wechseln sich mit Schilf und lichten Bäumen ab, es ist sanft hügelig und überall tun sich kleine Lichtungen auf; umgeben ist das Ganze von akkuraten Olivenhainen. Mit dem Bus konnte man über die Wege fahren und der – zudem kostenlose – Platz war weder gottverlassen noch überlaufen. Die Spuren des letzten Goa-Festivals dort ließen sich zwar noch erkennen, trotzdem war die Ecke paradiesisch. Schnell staute Max einen kleinen Bach mit warmem Wasser als Planschbecken für Paul auf, und schon flogen die Tage dahin. Und die drei wären bestimmt noch viel länger geblieben, hätte nicht ein veritables Buschfeuer, das sich immer weiter auf sie zubewegte, zu ihrer abrupten Abreise geführt.

Der Felsen von Gibraltar: Kronkolonie und Affenheimat – ideal für einen Tagesausflug.

 Tarifa

Auf dem Weg nach Tarifa passiert man Gibraltar, dieses kuriose Stückchen Großbritannien, das sie natürlich aufsuchen mussten, um einmal dort gewesen zu sein. Genau solche Orte passten vorzüglich in das Konzept der Reise mit vielen Zwischenstopps (von denen die meisten ohnehin unerwähnt bleiben müssen). Schließlich am erklärten Ziel der Reise angekommen, Tarifa, der Stadt am südwestlichsten Zipfel Spaniens, landeten die beiden wieder einen Volltreffer in Bezug auf ihre Stellplatzbedürfnisse: Ein Immobilieninvestor hatte aus Trotz über eine nicht erteilte Baugenehmigung für eine Hotelanlage sein Areal am Meer zum infrastrukturlosen Campen freigegeben – wohl nur, um der Stadtverwaltung eins auszuwischen. Ein herrlicher, etwas anarchischer Ort für Ausflüge an den Strand und Spaziergänge durch die Stadt. Täglich ein Abstecher zur Strandbar und im Großen und Ganzen nichts tun. Kochen, ausgiebig frühstücken, sich mit und über Paul freuen und das Angekommensein genießen – wunderbar. Der Vollständigkeit halber: Zurück sind Max, Denise und Paul wohlbehalten gekommen, wegen des Wetters nicht über Portugal, wie eigentlich geplant, sondern auf dem gleichen Weg zurück, nur mit anderen Zwischenstopps. ■

Unsere Reisetipps

WO ÜBERNACHTEN

Camping, Stellplatz oder »wild« übernachten?

Sehr hilfreich für die Stellplatzsuche ist – neben ADAC Stellplatzführern – auch die kostenlose App promobil. Sie listet Parkplätze, auf denen man ausdrücklich übernachten darf, die günstig und eigentlich auch immer ziemlich sicher sind.

SCHÖNSTER STELLPLATZ

Cabo de Gata

Östlich von Almeria erstreckt sich dieser Naturpark entlang der Küste. Das Meer ist glasklar und die Gesteinsformationen herrlich bizarr. Vulkanische Aktivitäten formten diese Landschaft. Viele Strände lassen sich nur zu Fuß erreichen, es gibt aber ein paar Parkplätze, auf denen sich wunderbar campieren lässt.

SCHÖNSTER ZWISCHENSTOPP

Cartagena

Die zweitgrößte Stadt der Region Murcia überzeugt mit ihrem mediterranen Charme und ist genau einer dieser Zwischenstopps, die einen Roadtrip ausmachen. Der Seehafen war einst von enormer Bedeutung, dementsprechend imposant ist auch die Bausubstanz. Die verwinkelte Altstadt, die stattliche Festung und die Stadtmauer prägen das gegenwärtige Bild. Hinzu kommen zwei auf Felshöhen gelegene Forts »Las Galeras« und »San Julian«, die einen Besuch wert sind.

12 Fuerteventura EIN SONNIGER WINTER

Als Noah ein Jahr alt war, hatten seine Eltern dem tristen Winter entfliehen wollen. Sie wählten damals zufällig die Kanarische Insel Fuerteventura. Weil dieser Urlaub so wunderbar funktionierte, wiederholten sie ihn während der zweiten Elternzeit.

Wenn man Ruhe möchte, ist die Gegend um El Cotillo und überhaupt der Norden von Fuerteventura sicher nicht verkehrt.

MERLE KONDSCHAK UND OLIVER KAYE

Natürlich kann man während der Elternzeit alles Mögliche veranstalten: Reisen nach Südamerika oder Thailand, nach Australien oder gleich um die ganze Welt. Doch daran hatten Merle Kondschak (33) und Oliver Kaye (37) gar kein Interesse. Der Plan war, dem Winter entkommen, und zwar möglichst kostenneutral. Zeit zu haben für sich und die beiden Jungs: für Noah (4) und für Theo, der – wie sein großer Bruder bei der ersten Reise – ein Jahr alt war. Oli organisiert beruflich Veranstaltungen und Merle arbeitet frei an Theatern – auf und neben der Bühne. Es war Januar und Weihnachten gerade vorbei – eine fast …

… immer anstrengende Zeit, aber noch anstrengender, wenn, wie in ihrem Fall, zwei Familien mit allen nur erdenklichen Patchworkverästelungen Anspruch auf den Nachwuchs anmeldeten. Da schien es verlockend, sich wenigstens jetzt aus dem Staub zu machen und sich so dem familiären Zugriff zu entziehen. Zumal der Winter in München schrecklich ungemütlich sein konnte – und dann für die Eltern einfach anstrengend war: fünfmal am Tag die Kinder an- und ausziehen, Nässe, Kälte, Schneematsch … Das alles wollten sie eintauschen gegen Strand und Sonne. Wie gut dies funktionieren konnte, wussten sie ja von ihrer ersten Tour. Ihre Bleibe suchten sie diesmal nicht über Airbnb, sondern mieteten eine Ferienwohnung. Vorrangiges Auswahlkriterium war die Ebenerdigkeit: Die Kinder sollten einfach zur Tür hinauslaufen bzw. -tapsen können, am besten direkt an den Strand, und sich so frei bewegen, wie es mitten in München nie möglich war. Die eigene Wohnung hatten Merle und Oli untervermietet, was ihnen quasi das Budget für die Kanaren sicherte.

Wie schon beim ersten Mal zog es sie nach Fuerteventura – sogar der Ort war derselbe: El Cotillo an der Nordküste der Insel. Das Flair hatte ihnen damals gefallen, Noah fand den Strand super. Warum also sich etwas anderes suchen, wenn es bei der Reise gar nicht darum ging, neue Entdeckungen zu machen und viel herumzukommen, sondern vielmehr darum, Zeit zu haben – für die Familie und auch für sich selbst.

1 El Cotillo

Auf den Kanaren herrscht in den Wintermonaten nicht wirklich Nebensaison, denn viele Menschen kommen auf die Idee, dass

es sich dort bei milden 20 °C im Durchschnitt besser aushalten lässt als zu Hause. Die Strände um El Cotillo sind aber so weitläufig, dass sich die Touristen verteilen. Es ist weder überfüllt noch menschenleer, vielmehr herrscht eine Atmosphäre, in der es sich gut aushalten lässt. Der Sandstrand ist familienfreundlich – ausgestattet mit Sanitäranlagen und einer kleinen Strandbar, das Wasser ist glasklar, und immer wieder bilden sich durch Steinformationen kleine Becken mit seichtem Wasser. Außerdem schirmt ein Riff den Strand ab, sodass sich die großen Wellen weiter draußen brechen – ideal also für kleine Kinder. Viele Kitesurfer kommen hierher und auch zum Wellenreiten eignen sich manche Abschnitte hervorragend.

Der Ort selbst war früher ein wichtiger Handelshafen, aber wegen der vorgelagerten Riffe, die den Schiffen gefährlich werden konnten, wählten die Seeleute mit der Zeit lieber sicherere Häfen zum Ankern. Was blieb, war die Fischerei – und später kam der Tourismus hinzu. Die strahlend weiß getünchten Häuser ducken sich mit ihren flachen Dächern gegen das Meer. Im Ort gibt es einige Restaurants und alles, was man normalerweise so braucht – wenn nötig, ist die Inselhauptstadt Puerto Rosario auch nur 25 km entfernt.

Was mitnehmen?

Das Schöne an so einer Wiederholungsreise ist auch, dass man noch schlauer packen kann; man weiß schließlich schon, was auf einen zukommt: Für die Kinder sind Neoprenschuhe ganz wichtig, denn es gibt neben Sand durchaus auch spitze Steine. Kopfbedeckung sollte man einpacken, wenn man keine witzigen Souvenirhütchen kaufen möchte. Genauso ist aber ein Schal empfehlenswert, denn der Wind kann unangenehm werden. Sonnencreme – der Wind macht die Sonneneinstrahlung tückisch. Und, je nachdem, wie viele Ausflüge man plant, ein Buggy. Ansonsten braucht man wirklich nicht viel. Sogar Dinge wie Sandspielzeug sind eigentlich überflüssig – die lassen sich vor Ort oft »ererben«. Bei ihrer ersten El-Cotillo-Reise hatten Merle und Oli es geschafft, nur mit Handgepäck auszukommen – diesmal nahmen sie auch nur etwas mehr Gepäck mit.

Der Tagesablauf in El Cotillo

Die Tage auf der Insel waren so ausgelegt, dass jeder Freiräume für sich bekam und die vier gleichzeitig zusammensein konnten. Jeder für sich und doch gemeinsam. Die Kinder fanden den Ferienrhythmus toll: Morgens ging es entweder mit Mama oder mit Papa zum Bäcker – so konnten Oli und Merle abwechselnd ausschlafen. Nach dem Frühstück an den Strand, wann auch immer es den Kindern passte – besser gesagt: wann es Noah passte. Theo versuchte dann so gut es ging, seinen großen Bruder nachzuahmen. Noah beschäftigte sich gern mit einem Kescher und fing kleine Krebse in Wasserbecken, um sie anschließend wieder freizulassen und die nächsten zu fangen. Theo kugelte durch die Gegend und war vergnügt. Merle und Oli wechselten sich damit ab, die Kinder im Auge zu behalten, zu schlafen, zu lesen und spazieren zu gehen. Oder sie gingen mit den Jungs ins Wasser, bis die sich ausgetobt hatten und ihre Lippen schon fast blau wurden. Irgendwann musste natürlich auch die Frage erörtert werden, was es heute zu essen geben sollte. Oft steuerte die Familie dann die Fischtheke des Supermarkts im Ort an. Gemütlich kochen und zusammen essen – und schwupp, war der Tag auch schon wieder vorbei. Genau dieses Verstreichen der Tage machte die Köpfe wirklich frei, man konnte sich in einer Art aufeinander einlassen, wie es durch den Alltag zu Hause nur selten möglich war.

So viel Platz hat man zu Hause sicher nicht. Ein Grund mehr, weshalb die Kinder gar nicht genug vom Strand bekommen konnten.

Die Ausflüge

Auch wenn eigentlich ein absolut fauler Urlaub geplant war, machten Merle, Oli und die Jungs doch ein paar Ausflüge. Die Idee, eine andere Insel zu besuchen, erschien ihnen absurd und wurde sofort wieder verworfen. Warum auch: etwa, um da an den Strand zu gehen? Ganz sicher nicht. Stattdessen fuhren sie ins Hinterland von El Cotillo. Fuerteventura kann zwar mit tollen Stränden aufwarten, was der Insel aber fehlt, ist Vegetation.

2 Parque Natural de Corralejo

Im Parque Natural de Corralejo, ungefähr 2 km entfernt an der Ostküste der Insel, wird die Landschaft zu einer richtigen Sandwüste. Kleine Dünen, feiner Sand aus Muschelkalk und die direkte Sonneneinstrahlung machten Oli und Merle bewusst, dass sie sich hier auf demselben Breitengrad befanden wie die Sahara. In El Cotillo konnte man Autos mieten – ideal auch, um die wilden Strände im Süden abzuklappern. Dort hatte der »große« Noah einen Riesenspaß dabei, vor den anrollenden Wellen wegzulaufen – die Brandung kann ziemlich extrem sein, wenn kein Riff das Wasser abbremst.

3 Zoo Oasis Park

Der Zoo Oasis Park im Süden Fuerteventuras ist ebenfalls einen Besuch wert; er bietet sogar einen kostenlosen Shuttlebusservice über die gesamte Insel. Alles in allem waren jedoch nicht die Ausflugsoptionen der Grund, warum sie die Reise nach El Cotillo schon zum zweiten Mal gemacht hatten – sondern die Gewissheit, dass sie dort genau das fanden, was sie sich wünschten: Zeit und Ruhe. ■

Und irgendwann kommen wir in Australien wieder raus! Ganz bestimmt. Und wenn es doch nicht klappt, dann graben wir morgen einfach das nächste Loch.

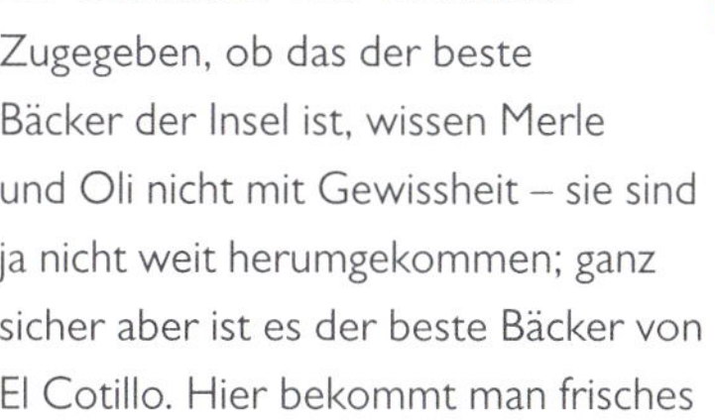

Unsere Reisetipps

BESTER BÄCKER

El Goloso de Cotillo

Zugegeben, ob das der beste Bäcker der Insel ist, wissen Merle und Oli nicht mit Gewissheit – sie sind ja nicht weit herumgekommen; ganz sicher aber ist es der beste Bäcker von El Cotillo. Hier bekommt man frisches französisches Brot und fantastische Patisserie.
Calle Pedro Cabrera Saavedra, 2, 35650 El Cotillo, Tel. +34 928 53 86 68, 8–20 Uhr

SCHÖNSTES RESTAURANT

La Vaca Azul

Die Küche ist solide, die Aussicht von der Terrasse über die kleine Bucht von El Cotillo herrlich. Es gibt typische kanarische Küche, beispielsweise »Papas arrugadas« (in Salzwasser gekochte Runzelkartoffeln) mit Mojo oder aber leckeren frischen Fisch.
Calle Requena, 9, Muelle Viejo (alter Hafen), 35650 El Cotillo, Tel. +34 928 53 86 85, 12.30–22 Uhr, www.vacaazul.es

BESTE BAR

Bar Torino

Für einen Drink zum Sonnenuntergang oder ein Bier und Tapas ist das der perfekte Ort. Die Strandbar an der Playa de la Concha ist tagsüber Anlaufpunkt für die Strandgäste und lässt die Leute auch abends nicht hängen. Entspannt und unaufgeregt.
Playa de la Concha, 35650 El Cotillo, Tel. +34 658 24 80 61

13

Südosteuropa
EINE KULTURELLE REISE

»Eine kleine Reise nebenbei« nennt Philine von Oppeln den zweiwöchigen Familienurlaub. »Das schönste Land der Welt«, sagt dagegen ihr Sohn Bela über Mazedonien. Der kleine Forscher begab sich mit seiner Familie auf historische Spurensuche auf dem Balkan.

Mazedonien wartet mit zahlreichen historischen Kulturgütern auf – wie hier die Kirche St. John am Ohridsee.

PHILINE VON OPPELN UND MARTIN MENACHER

Bela von Oppeln (7) ist ein wissbegieriger und neugieriger Junge, der sein Klassenzimmer mitnimmt, wohin er auch reist. Philine von Oppeln (43) findet das als Studienrätin ganz wunderbar. Als Lehrerin in der Erwachsenenbildung hat sie das Geschick, Familienurlaube so zu organisieren, dass sie für Groß und Klein spannend sind. Der Berliner Architekt Martin Menacher (49) beispielsweise interessierte sich für die Stadterneuerung in Skopje. Und Juli (6) freute sich vor allem darauf, in den Herbstferien endlich die Seele baumeln zu lassen und mit ihrer Familie auf eine ganz besondere Abenteuertour zu gehen.

Mazedonien

»Um ehrlich zu sein«, gesteht Philine lachend, »haben wir einfach mal einen Flug nach Skopje gebucht, weil der so günstig war und gut in die Herbstferien reinpasste.« Dass diese Reise ihren Sohn Bela so sehr beeindrucken würde, hatte sie nicht erwartet. »Mazedonien ist das schönste Land der Welt«, behauptet der Siebenjährige heute voller Überzeugung – und das, obwohl er mit seinen Eltern schon in Thailand, Marokko und Kuba unterwegs war. Als junger Forschergeist erlebte er den Urlaub aus seiner eigenen Perspektive: Er reiste auf den Spuren von Alexander des Großen, von osmanischen Kriegern und griechisch-orthodoxen Mönchen durch Europas Südosten.

Berg Vodno

Ihre Reise begann in Skopje, der Hauptstadt Mazedoniens und mit über 500 000 Einwohnern zugleich der größten Stadt des Landes. Für die Weiterfahrt nach Griechenland war ein Mietwagen gebucht, zunächst aber nahm die Berliner Familie zwei Tage lang die Stadt unter die Lupe.
Einen fantastischen Überblick verschafften sich Martin, Philine, Bela und Juli bei der Seilbahnfahrt auf den Berg Vodno, der mit 1067 m Höhe ein populärer Aussichtspunkt ist. Skopje liegt umgeben von malerischer und wilder Berglandschaft, die einem dort oben in ihrer vollen Weite zu Füßen liegt. Nach einem Picknick am Millennium-Kreuz – einer 66 m hohen und 42 m breiten Stahlstabkonstruktion am Gipfel des Berges – entschieden sie sich für einen Abstieg zu Fuß und durchquerten auf einem breiten Weg die herbstlichen Kastanienwälder des Vodno.

2 Skopje

Belas Neugierde wurde geweckt, als die Familie, wieder unten angekommen, durch Skopje schlenderte. Welche Kämpfe wurden hier gefochten und warum? Welche Kultur brachten die Osmanen mit ins Land? Er fand Antworten in der historischen Altstadt: Basare, zahlreiche Hamams, Moscheen, Karawansereien (ursprünglich große Herbergen entlang der Karawanenstraßen) und viele Brücken islamischer Architektur sind Zeitzeugen der Epoche ab 1392, als die Osmanen die Region für rund 500 Jahre belagerten. Gleichzeitig entdeckt man hier aber auch ein Aquädukt aus der Römerzeit sowie Kirchen, die auf das Christentum und die byzantinische Kultur zurückgehen.

Der Rest der Stadt, ursprünglich moderne Betonbauten, wird derzeit aufwendig umgestaltet. »Eine ziemlich fragwürdige Stadterneuerung«, stellte Martin kopfschüttelnd fest. Die Gebäude waren in den vergangenen Jahren mit neoklassizistischen Fassaden und barocken Elementen verziert worden.

 Matkaschlucht

Nach dem Großstadttreiben war Natur angesagt: Der Matkasee lag nur eine halbe Stunde von der Hauptstadt entfernt und entführte Martin und seine Familie doch in eine andere Welt: Mehrere Hundert Meter gräbt sich die Matkaschlucht in die wuchtigen Felswände hinein und endet im gleichnamigen

Mit dem Motorboot ging es in Mazedonien durch die beeindruckende Matkaschlucht.

Stausee. Dieser ist an einigen Stellen so schmal, dass er wie ein breiter Fluss wirkt. Eingefasst in eine märchenhafte Landschaft aus üppigem Baumbewuchs auf schroffen Felsvorsprüngen glitzerte das Wasser in kräftigem Türkis in der Sonne.

Von der zentralen Bootsanlegestelle aus tuckerten die vier 20 Min. lang mit einem motorisierten Holzboot durch die Schlucht, bis sie zur größten der zahlreichen Unterwasserhöhlen gelangten. Vrelo, so der Führer, sei vermutlich sogar die tiefste Süßwasserhöhle der Welt; die genaue Tiefe könne man bis heute nicht erforschen. Auf dem Rückweg ließ sich die Familie am Ufer gegenüber des Anlegeplatzes absetzen und schob eine halbstündige Wanderung zu dem mittelalterlichen Kloster Sv. Nikola auf einem Hochplateau ein. Von dort hatten sie einen tollen Ausblick in die Schlucht. Belas Aufgabe war es, anschließend am Ufer mit einem Hammer Klopfzeichen auf einer Metallplatte zu geben, die dort angebracht war, damit das Boot sie wieder abholte.

 Ohrid

Im Südwesten Mazedoniens, nahe der Grenze zu Albanien, liegt das UNESCO-Welterbe Ohridsee mit der Stadt Ohrid. Im Mittelalter galt der Ort als wichtiges geistiges Zentrum des Christentums. Noch heute stehen hier zahlreiche Kirchen und Klöster von kunsthistorischer Bedeutung, wovon die Sophienkirche (11. Jh.) und die Klementskirche (13. Jh.) zu den bekanntesten zählen. Die vier bestaunten die gut erhaltenen Fresken und die massiven Steinbögen und Gewölbe. Rund um den Hafen der touristischen 40 000-Einwohner-Stadt tummeln sich Cafés, Restaurants und kleine Läden. »Die schmalen Altstadtgassen mit ihren hübschen Häuschen und kleinen Kunstateliers sind sehr idyllisch«, schwärmt Philine. Den besten Ausblick auf die Stadt und das bergige Hinterland hatten die vier von der Festung aus. Mächtig und imposant thront diese über der Stadt.

Salep

Salep ist ein typisches süßes Getränk der Region, von dem Bela und Juli begeistert waren. Es wird aus Saleppulver, Zucker und heißer Milch angerührt. Das Pulver wird aus getrockneten Wurzelknollen spezieller Orchideenarten hergestellt.

Griechenland

Nach einer kurzen Durchquerung Albaniens steuerten die Urlauber als Erstes das UNESCO-Weltkulturerbe der Metéora-Klöster in Griechenland an.

5 Metéora-Klöster

Die gesamte Anlage besteht aus 24 einzelnen Klöstern und Eremitagen, von denen heute noch sechs bewohnt sind. Die übrigen sind teils zu unwegsam zu erreichen, teils wegen Einsturzgefahr geschlossen. Nicht nur den Aufstieg fand Philine atemberaubend – auch die Lage und die Landschaft der Region begeisterten sie: »Dort oben in schwebender Höhe zu stehen, ist ein tolles Gefühl!« Der Name Metéora leitet sich von »meteorizo« ab, was »in die Höhe heben« bedeutet – und bei dunstiger Luft scheinen die Gebäude tatsächlich geradezu am Himmel zu schweben.

6 Strandtage in Parga

So langsam sehnten sich die Berliner nach wirklicher Erholung. Der Kulturhunger war gestillt, den gemütlichen Teil der Reise begingen sie am Küstenort Parga. Das 2500-Seelen-Städtchen mit herrlichem Sandstrand lag, Anfang November, schon fast im Winterschlaf und war genau das Richtige für ein paar letzte ruhige Urlaubstage – wohlgemerkt bei strahlendem Sonnenschein und Badetemperaturen … ■

Die Metéora-Klöster thronen auf Felstürmen. Ein Besuch brachte die Familie dem Himmel ein kleines Stück näher. Das Kloster der Heiligen Dreifaltigkeit stammt aus dem 14. Jahrhundert – es ist auch im James-Bond-Film »In tödlicher Mission« zu sehen.

Unsere Reisetipps

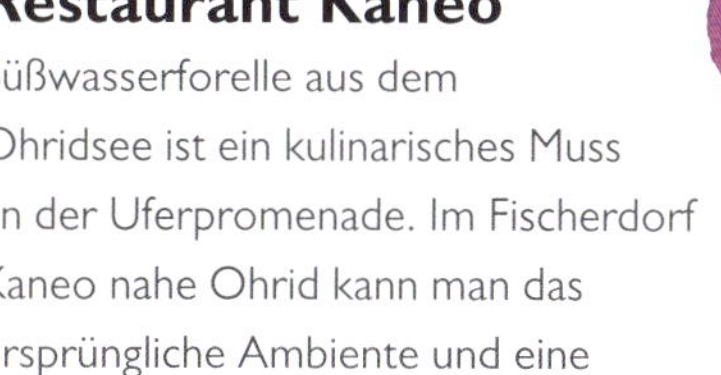

FRISCHER FISCH

Restaurant Kaneo

Süßwasserforelle aus dem Ohridsee ist ein kulinarisches Muss an der Uferpromenade. Im Fischerdorf Kaneo nahe Ohrid kann man das ursprüngliche Ambiente und eine fantastische Aussicht von der Sonnenterrasse genießen.

Restaurant Kaneo, Koco Racin 43, Ohrid 6000, Tel. +389 (0) 70 77 68 37

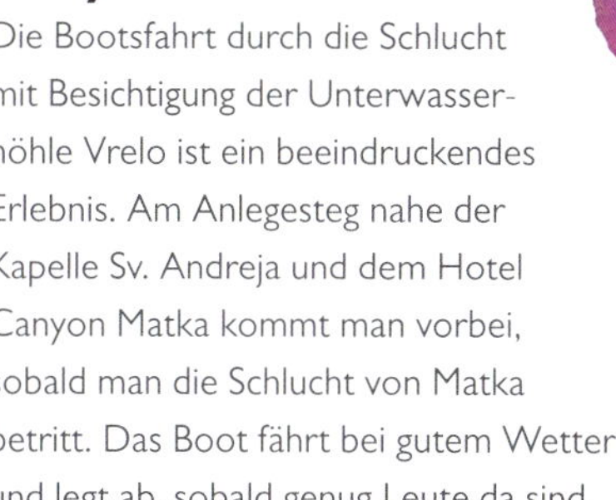

TIEFGANG

Canyon-Tour in Matka

Die Bootsfahrt durch die Schlucht mit Besichtigung der Unterwasserhöhle Vrelo ist ein beeindruckendes Erlebnis. Am Anlegesteg nahe der Kapelle Sv. Andreja und dem Hotel Canyon Matka kommt man vorbei, sobald man die Schlucht von Matka betritt. Das Boot fährt bei gutem Wetter und legt ab, sobald genug Leute da sind.

BEFLÜGELNDE ARCHITEKTUR

Metéora-Klöster

Ihre Lage ist einzigartig, die Landschaft faszinierend und der Ort mystisch: 24 Einzelklöster und Eremitagen stehen auf den Gipfeln, in den Klippen und zwischen den Felsvorsprüngen verstreut und vermitteln ein Gefühl großer Demut und Erhabenheit. Das Areal liegt nahe der Stadt Kalambaka. Sonntags sind alle sechs Klöster geöffnet, an den restlichen Wochentagen fünf, wobei jedes an einem anderen Wochentag geschlossen bleibt.

www.infotouristmeteora.gr

14 Kroatien im Mai
FRIDA GEHT ZELTEN

Heidi und Tobi wollten die Elternzeit nutzen, um loszureisen, als Frida noch kein Jahr alt war. Raus aus dem Münchener Alltag, zum ersten Mal zu dritt als Familie unterwegs sein und dabei so flexibel wie möglich bleiben.

Krk in der Nebensaison: Die besten Standplätze bekommt man dann auch ohne Reservierung wie hier in Glavotok.

HEIDI GRUBER UND TOBIAS SCHÄRTL

Heidi Gruber (33) und Tobias Schärtl (33) leben mit Frida (10 Monate) in München. Sie arbeitet als Illustratorin und er als Bildredakteur in einem Reiseverlag. Die Entscheidung für Kroatien war sozusagen die logische Schlussfolgerung aus ihren Vorstellungen einer perfekten Reise: Sie wollten nicht um die halbe Welt fliegen, solange es in Europa noch genug zu entdecken gab – zumal es ihnen ja in erster Linie darum ging, sich als Familie einzuspielen. Mobil wollten sie sein und nicht fürchterlich viel Geld ausgeben. Also beschlossen sie, mit ihrem Kombi loszuziehen und zu zelten im schönen Kroatien.

 Krk

Fährt man um 3 Uhr morgens in München los, ist man gegen 11 Uhr auf der Insel Krk, die mit dem Festland durch eine Brücke verbunden ist. So machten es auch Heidi und Tobi. Die Fahrtdauer steckte Frida mit links weg, dementsprechend gelöst kamen die drei an. Ihren ersten Campingplatz hatten sie sich schon zu Hause ausgesucht. Ziemlich schnell wurde ihnen klar, was für eine hervorragende Idee es war, so früh im Jahr nach Kroatien zu fahren: Der Campingplatz Glavotok ganz im Westen der Insel lag direkt am Meer – in der Hauptsaison musste man ihn sich wahrscheinlich mit Hunderten anderen Menschen teilen, doch jetzt waren nur ungefähr 20 Personen da. Nichts sprach also dagegen, das Zelt direkt am Meer aufzustellen, mit Blick auf die Kvarner Bucht. Frida war hellauf begeistert, das große Familienzelt wiederzusehen – das Licht innen war nämlich so schön schummrig-bunt. In München hatte die Familie ein paarmal im Zelt probegeschlafen und Frida fand das damals schon wunderbar. Alles in allem eine ideale Ausgangslage für einen ganz entspannten Start. Krk hat zwar keine Vokale, aber dafür tolle kleine Strände, eine überraschend reiche Vegetation, Hügel und Felsen und alles, was man an touristischer Infrastuktur sonst noch braucht, um sorgenfrei durch den Tag zu kommen.

 Murter

Die nächste Station war der Ort Murter auf der gleichnamigen Insel, ca. 300 km südlich von Krk zwischen Zadar und Šibenik. Die kroatische Küstenautobahn ist so gut ausgebaut, dass auch diese Distanz keine größere Herausforderung darstellte. Aber selbst in Kroatien kann es im Mai passieren, dass das Wetter nicht mitspielt. Etwas Regen und eine kränkliche Frida führten dazu, dass Heidi und Tobi das Zelt diesmal eingepackt ließen. In der Nebensaison war es überhaupt kein Problem, ein Apartment zu finden: An vielen Häusern hingen Zimmer-Frei-Schilder, sodass die beiden Münchener bald eine schöne Wohnung bezogen: dritter Stock, mit Terrasse und Meerblick. Frida konnte sich hier auskurieren und die Insel bot viele schöne Möglichkeiten für kleine Ausflüge, wie zum Beispiel auf den »Hausberg« Raduč (125 m). Von hier aus hatte die Familie einen herrlichen Blick über das Städtchen und die Marina sowie die umliegenden Inseln und konnte den Sonnenuntergang über der Adria genießen. Hinauf führte ein Weg, den man zu Fuß mit Kraxe oder Tragetuch oder, nach ein paar Aufsetzern, auf der steinigen Straße mit dem Auto bewältigen konnte. Auch Ausflüge hinüber auf das Festland boten sich an. Besonders fasziniert waren Heidi und Tobi von dem Nationalpark Krka, den sie von der Insel Krk aus über die (mautpflichtige) Betonbogenbrücke in einer guten halben Stunde erreichten. Der Ort Murter selbst liegt beschaulich an einer Bucht. Im Sommer ist er beliebter Anlaufpunkt für Segler und dann dementsprechend bevölkert. Verwinkelte Gassen, Häuser aus Stein, Restaurants, Supermärkte – hier kann man es auch länger aushalten. Wegen der Festlandnähe eignet sich der Ort optimal als Stützpunkt für Ausflüge.

Die Kornati-Inseln vor Murter … als sich die Regenwolken wieder verabschiedet hatten.

3 Stobreč

Als nächstes Ziel steuerten Heidi und Tobi Stobreč an, einen etwas außerhalb im Südosten gelegenen Vorort von Split. Frida war wiederhergestellt, das Wetter passabel, und somit konnte das Zelt auf dem Campingplatz Camping Stobreč Split wieder zum Einsatz kommen. Der Campingplatz lag auf einer kleinen Landzunge in einer Bucht, umgeben von Kiesstränden. Für ein Baby eine tolle Sache – Kies kriecht nicht wie Sand überallhin. Im Hochsommer ist der Platz mutmaßlich ein prächtiger Party-Campingplatz, aber im Mai sehr beschaulich und babytauglich.
Von Stobreč fuhren die drei mit dem Bus nach Split. Frida war begeistert von der Stadt – sie wusste gar nicht, wo sie zuerst hinschauen sollte: Gassen und Menschen, Geschäfte mit unwiderstehlichem buntem Kram und überall spannende Geräusche! Die Hafenpromenade und viele Straßen in der Altstadt sind autofrei, was den Ausflug erst recht zu einer entspannten Angelegenheit machte. Besonders sehenswert ist die Stadt mit der imposanten Anlage des Diokletian-Palasts ohnehin.

Wer zeltet, muss planen

Anders als mit einem Camper muss man beim Zelten mit Baby manches gründlich überlegen: Wie packe ich die Sachen so, dass alles Wichtige schnell auffindbar ist; was für Isomatten und Schlafsäcke brauche ich, damit niemand friert; welche Kochutensilien sind elementar? Nichts Überflüssiges sollte eingepackt werden …

4 Brač

Direkt gegenüber von Split liegt die Insel Brač. Hier gibt es keine Brücke, aber die Fähren verkehren bis zu 14-mal am Tag. Heidi und Tobi hatten vom Festland aus ein Airbnb-Häuschen auf der Insel organisiert, doch die Anfahrt war recht abenteuerlich. Von Bračs einziger Stadt Supetar, in der die Schiffe anlegen, ging es Richtung Südwesten nach Milna, wo sie der Vermieter ihres Häuschens erwartete – glücklicherweise, denn allein hätten sie den Weg zu ihrem Urlaubsdomizil wahrscheinlich nicht ohne Weiteres gefunden:

Zlatni rat, das Goldene Horn, auf Brač. Mit Sicherheit einer der schönsten Strände der Adria, wenn nicht sogar von ganz Europa. Das mag sich mittlerweile herumgesprochen haben, aber es gibt immer noch diese Tage, an denen es gar nicht schwerfällt, den Ort mit anderen zu teilen.

Sie kurvten gemeinsam über schmale, kurvige Waldwege bis an den Westzipfel der Insel. Ein Häuschen im Wald wartete auf sie, 200 Meter zum Strand, die Küche war im Garten – in Form eines der typischen gemauerten Grills, auf denen man praktisch alles garen konnte, nicht nur Unmengen an Fleisch. Fridas Brei ließ sich darauf hervorragend zubereiten, ebenso wie die Dinge, die Tobi und Heidi für sich mitgebracht hatten. Als sich die beiden an die Abgeschiedenheit gewöhnt hatten, fanden sie, das Häuschen war ebenfalls ein Ort, an dem sie wunderbar länger bleiben könnten. Der Höhepunkt von Brač bestand in Zlatni rat, dem Goldenen Horn: einer Landzunge aus Sand, die sich ins blaue Meer hineinschiebt. Rechts und links davon nur das Meer und – es lebe die Vorsaison – keine Menschenmassen.

5 Die Makarska-Küste

Von Sumartin an der Ostküste der Insel nahmen Heidi und Tobi die Fähre direkt nach Makarska auf dem Festland. Die Stadt ist Namensgeberin für den ca. 45 km langen Küstenabschnitt zwischen Brela im Norden und Gradac im Süden. Die Küste ist schroff, die Berge des Hinterlands fallen hier direkt ins Meer ab und schaffen eine imposante Kulisse. Kleine Strände formen sich zwischen den Felsen – erfreulicherweise wieder aus Kies. Ihr Zelt schlugen die drei diesmal in Krvavica auf. Frida freute sich immer noch über das Zelt und über den Strand. Auch Tobi und Heidi stellten fest, dass ihre Reiselust noch nicht gestillt war. Weil alles so gut funktioniert hatte, wollten sie, als Nächstes, den Trip nach Skandinavien vorbereiten. ■

Unsere Reisetipps

SCHÖNSTER CAMPINGPLATZ

Krvavica Autocamp

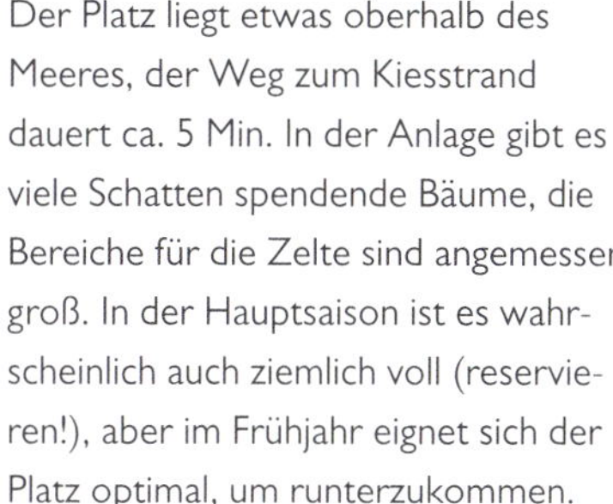

Der Platz liegt etwas oberhalb des Meeres, der Weg zum Kiesstrand dauert ca. 5 Min. In der Anlage gibt es viele Schatten spendende Bäume, die Bereiche für die Zelte sind angemessen groß. In der Hauptsaison ist es wahrscheinlich auch ziemlich voll (reservieren!), aber im Frühjahr eignet sich der Platz optimal, um runterzukommen.

GPS: 43.323453, 16.985343
GPS: 43°19'24.4"N 16°59'07.2"E

SCHÖNSTER AUSFLUG

Nationalpark Krka

Der Park liegt hinter Šibenik etwas im Hinterland an einem Fluss, der sich seinen Weg aus dem Karst der Berge zum Meer hin gebahnt hat. Gut ausgebaute Wanderwege, die meisten davon sogar aus Holzplanken, führen durch eine reiche Vegetation, über strahlend blaue Wasserläufe und vorbei an Wasserfällen. Es ist kein Problem, mit einer Kraxe hier spazieren zu gehen, und sogar baden kann man.

SCHÖNSTER STRAND

Landschaftsschutzgebiet Brela

Neben dem Goldenen Horn auf Brač ist der Strand rund um den Brela-Felsen an der Makarska Riviera ein unwirklich schöner Ort am Meer, das türkise Wasser glasklar, und je nach Jahreszeit hat man den Platz sogar für sich.

GPS: 43.372314, 16.922512
GPS: 43°22'20.3"N 16°55'21.0"E

15 Balkan und Baltikum MIT DEM RAD

3000 km und acht Monate mit dem Rad durch Europa: Nikolaus und Stefanie erfüllten sich trotz ihres kleinen Budgets einen großen Traum. Sie haben dabei nicht nur viel erlebt, sondern auch viel geleistet. Und sind überzeugt vom Wert des langsamen Reisens.

Mit Sack und Pack von Süd nach Nord: Familie Kriese radelte im eigenen Tempo durch Europa. Jeder Tag wurde zum Abenteuer.

STEFANIE UND NIKOLAUS KRIESE

Nikolaus Kriese (33) ist ein Lebenskünstler im Wortsinne: Der freischaffende Maler lässt sich gern vom Leben und von seinen Reisen inspirieren. Stefanie (29) arbeitet als Autorin. Die gelernte Physiotherapeutin ist beschwingt von der Idee, das wahre Glück jenseits von Komfort und Konsum zu finden. Gemeinsam mit den Töchtern Ludovica (3 ½) und Wilhelmina (1) ist das Paar aus Erfurt viel unterwegs und reist am liebsten mit dem Rad: Das ist ökologisch, garantiert ein intensives Erleben der Umgebung, ermöglicht eine flexible Reiseplanung, bietet viel Abwechslung – und hält natürlich fit. www.reise-kunst-familie.de

Balkan

Wie wird ein Traum Wirklichkeit? Mut, Durchhaltevermögen, Offenheit, Neugierde und – wie bei Familie Kriese – eine mächtige Kondition sind besonders gute Voraussetzungen. Nikolaus und Stefanie stimmen außerdem überein: »Keinesfalls sollte das Budget darüber entscheiden, ob man seine eigenen Lebensträume auch verwirklicht.«

Daran hielten sich die beiden dann auch: Sie durchquerten per Rad mit ihren Mädchen Europa von Süd nach Nord, ein monatliches Budget von 900 Euro in der Tasche. Weil sie auf Hotels verzichteten und stattdessen den Komfort eines Familienzelts bevorzugten, logierten sie in der Natur stets in der ersten Reihe. Diese Einfachheit verschaffte Freiheit: Sie konnten ihr Lebenstempo selbst bestimmen. »Wir besannen uns auf die wesentlichen Bedürfnisse: Wo schlafen wir? Wo können wir unsere Trinkflaschen auffüllen? Was gibt es heute noch zu essen?«, so beschreibt Nikolaus die tiefer gehende Erfahrung ihrer Tour.

 Rovinij

Familie Kriese nahm zwei Fahrräder per Flugzeug mit nach Pula, um von Istrien aus in die Pedale zu treten. Auf dem ersten Wegstück entlang der Adriaküste kamen die vier durch die Hafenstadt Rovinj. Stefanie liebte den Spaziergang durch die verwinkelten, gepflasterten Gassen der Altstadt. Dicht gedrängt standen die Häuser auf der Landzunge und schmiegten sich ans Meer.

 Piran

Auch das beschauliche Piran in Slowenien ließen sich die vier nicht entgehen: Sie passierten eine historische Stadtmauer mit eckigen Wehrtürmen und bestaunten die Altstadt mit ihrer italienischer Architektur. Herrliche Kiesstrände luden dort Anfang April bereits zum Planschen und Sonnenbaden ein. Als Stefanie einmal mit Ludovica durch die flachen Wellen spazierte, hielten sie plötzlich sprachlos inne: Nur wenige Meter entfernt sahen sie einen Delfin im Wasser tanzen.

Grenzen erkunden

Nach der Umfahrung von Triest lagen die Alpen vor ihnen. »Der erste Tag war mörderisch«, entfährt es Nikolaus. Auch wenn die Beine noch so fit sind – wer 50 kg hinter sich herzieht und seitlich Gepäcktaschen am Rad befestigt hat, der weiß, was Steigung bedeutet: Wadenkrämpfe und Muskelkater. Stefanie, zu dieser Zeit noch stillende Mutter mit teils durchwachten Nächten, musste sich eingestehen, dass sie an ihre körperlichen Grenzen kam. Das Einzige, was half: ein paar Gänge zurückschalten und die Etappen kürzen. Manchmal wurde es den beiden Mädchen im Anhänger auch zu eng – vor allem, wenn die Kleine schlafen sollte, die große Schwester aber lieber singen oder plappern wollte. Oder umgekehrt: Hatte es sich Ludovica gemütlich gemacht, fiel Wilhelmina plötzlich ein, dass sie anhalten und auf die Toilette gehen musste. Aber nach wenigen Wochen hatten sie einen Rhythmus für alle gefunden und das Reisetempo pendelte sich bei 20 bis 40 km täglich ein.

3 Ljubljana

Einmal an Höhe gewonnen, führte sie die Route durch die Berge nach Ljubljana. Die Familie war begeistert vom betriebsamen Wochenmarkt, welcher ein reichhaltiges Angebot an Obst und Gemüse aus ökologischem Anbau hatte. Die vier mischten sich vergnügt unter die jungen Leute auf den Straßen, flanierten durch das bunte Treiben der lebendigen Stadt und tauschten für einige Tage den Sattel gegen Kaffeehäuser und Parkbänke. Und dann kam der Tag, an dem die einjährige Wilhelmina genug davon hatte, nur im Wagen zu sitzen. Sie zog sich am Fahrradrahmen ihres Vaters hoch und stapfte einfach los – die ersten Schritte auf eigenen Beinen. Allein deshalb werden ihre Eltern Maribor, Kulturhauptstadt Europas im Jahr 2012, immer in besonderer Erinnerung behalten.

4 Bratislava

Mittlerweile war der Sommer da, und sie freuten sich über jedes Freibad, das sie entlang des Donauradwegs durch Österreich entdeckten. Schließlich gelangten sie über Bratislava nach Wien. Hier wurden sie mit einer ungeplanten Entscheidung konfrontiert: Wie geht's weiter? Die Hitze war zur Tortur für Eltern und Kinder geworden, Zelten und Radfahren bei 40 °C wollte keinen rechten Spaß mehr machen. Sie beschlossen, ihre Route zu ändern.

Wilhelmina steht auf eigenen Beinen: Auf der Radtour lernte die Kleine das Laufen.

Baltikum

5 Litauen

Mit Zug und Fähre setzten sie nach Litauen über, um die Radtour im Baltikum fortzusetzen. Dort herrschten im Sommer angenehm milde Temperaturen und dennoch war es größtenteils trocken. Außerdem, das merkten sie schnell, wirkten die Stille und die Weite der Landschaft nach dem Trubel unglaublich beruhigend. Einen Zeltplatz in der Natur zu finden, war ein Kinderspiel. Im Wortsinne: Ludovica half ihrem Papa am Abend fleißig, Feuerholz zu sammeln, während die einjährige Wilhelmina schöne Steine am Waldboden sortierte. Es war ein wohltuendes Ritual geworden, bei Dämmerung gemeinsam am Feuer zu sitzen, Würstchen zu braten oder einfach nur dem Knacken und Kra-

chen des Holzes zuzuhören. Mit großer Zufriedenheit kuschelten sich die beiden Mädchen anschließend in ihre Schlafsäcke. Die Eltern saßen noch so manche Nacht vor dem Zelt und bestaunten den Sternenhimmel. Falls es warm genug war, nahmen sie die obere Plane ab und schliefen mit Blick ins nächtliche Universum.

 Kurische Nehrung

Als endlich acht kleine und große Füße in der Ostsee standen und vier strahlende Augenpaare übers Meer blickten, war das Glücksgefühl unbeschreiblich. Mehrere Tage verbrachte die Familie an der Kurischen Nehrung – einer 98 km langen Halbinsel, die Russland und Litauen verbindet. »Mächtige Dünen, Sandstrand, unberührte Natur und das permanente Meeresrauschen. Wir fühlten uns am richtigen Platz zur richtigen Zeit«, schwärmt Stefanie.

 Narva

In Narva, dem Grenzort zwischen Estland und Russland, erreichten die vier den äußersten nordöstlichen Punkt ihrer Reise. Sie machten kehrt in Richtung Süden, durchquerten noch einmal das Baltikum und Polen und kamen Ende Oktober wieder in Deutschland an. Nach rund 3000 km per Rad, 130 verschiedenen Zeltplätzen, zahlreichen Lagerfeuern und nur einer einzigen Reifenpanne. Mit traumhaft schönen Erinnerungen. ■

Endlich an der Ostsee: Nach vielen Wochen und Radkilometern hatte Familie Kriese überglücklich ein wichtiges Etappenziel erreicht.

Unsere Reisetipps

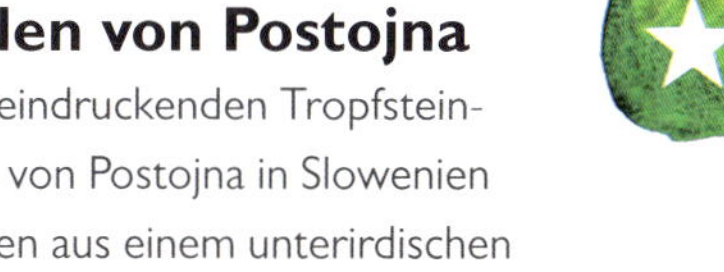

UNTERIRDISCH

Höhlen von Postojna

Die beeindruckenden Tropfsteinhöhlen von Postojna in Slowenien bestehen aus einem unterirdischen System von 24 km Länge. Der erschlossene Teil umfasst 5 km, wovon die Besucher einen Großteil mit dem Tunnelzug zurücklegen.

Jamska cesta 30, 6230 Postojna,
tgl. 9–18 Uhr (auch an Feiertagen),
www.postojnska-jama.eu/de

IRDISCH

Kulinarische Entdeckungen

- Ein Muss in Litauen: Familie Kriese liebte Saltibarsciai, die kalt servierte Rote-Bete-Suppe mit warmen Kartoffeln.
- Beliebtes Kindermenü in Polen: Kartoffelpuffer mit Pilzen sowie Sauerrahm.
- Slowenische Spezialität: hochwertiges Trüffelöl aus der Region.

HIMMLISCH

Kurische Nehrung

Die Kurische Nehrung ist eine 98 km lange und bis zu 3,8 km breite Halbinsel in der Ostsee, die durch ihre Größe, Wildheit und Ruhe beeindruckt. Seit 1945 gehören der nördliche Teil zu Litauen und der südliche Teil zu Russland. Eine Landstraße, die sich zum Radfahren gut eignet, führt über die gesamte Insel.

GPS: 55.274344, 20.970886
GPS: 55°16'27.64"N 20°58'15.19"E

16

Schottland ALS WANDERBÜHNE

Wenn der Vater mit seinen Söhnen durch die Wildnis streift … dann wird das bloße Beisammensein zum einmaligen Erlebnis. Wie eine Wanderung über Schottlands einsame Hügellandschaft in den Sommerferien die Familie aus der Komfortzone führte.

Ein Vater-Sohn-Abenteuer in der filmreifen Szenerie der Isle of Skye. Vier Tage streiften die drei Abenteurer durch die Wildnis.

CARMEN PILGRAM UND KLAUS EINWANGER

Klaus Einwanger (46) liebt als Fotograf (www.kme-studios.com) den Moment des Augenblicks, Carmen Pilgram (43) die Momente der Stille. Die beiden sind in Rosenheim zu Hause und stark mit den Bergen verbunden. Wenn aber gemeinsame Urlaubszeit mit den drei Söhnen Liam (15), Jona (12) und Anuk (4) angesagt ist, zieht es die Familie immer weit nach Norden: England, Irland, Schottland und Skandinavien haben sie schon bis in die entlegensten Winkel erwandert und erkundet. Ganz besondere Eindrücke brachten sie von ihrem Sommerurlaub auf der schottischen Isle of Skye mit.

Flupp-flupp-flupp. Das Wasser quillt aus den Wanderstiefeln, bei jedem Schritt klebt die nasse Hose am Bein. Jona zieht seine Wollmütze tief ins Gesicht, damit der Regen nicht direkt in die Augen tropft. Umdrehen? Die Zelte abbrechen? Niemals! Bei einem Vater-Sohn-Abenteuer in der Wildnis Schottlands lässt er sich doch von dem bisschen Regen nicht die Laune verderben!

1 Isle of Skye

Mit seinem großen Bruder Liam und seinem Vater durchquert Jona innerhalb von drei Tagen zu Fuß die Isle of Skye, eine ca. 80 km x 40 km große Insel vor der Westküste Schottlands. Es ist Ende August und eigentlich Hochsommer. Dem Norden ist das aber egal: Der Regen prasselt seit dem frühen Morgen, verwandelt den Untergrund in Schlamm, macht die Wege zu Sumpfgebieten und verschleiert die Hügellandschaft zu einer undurchsichtigen, mystischen Naturbühne. Einmal haben sie sich heute schon verlaufen und mussten einen Umweg von einer Stunde in Kauf nehmen. Das spielt aber keine Rolle. Denn außer zu wandern haben die drei Männer nichts zu tun. Zudem hält Bewegung warm.

Noch viele Jahre später wird Jona von diesen drei Tagen erzählen, weil das Erlebnis so intensiv war. »Es ging nicht ums Durchhalten – sondern ums Zusammenhalten«, fasst Klaus das Männerabenteuer in wenigen Worte zusammen, »es war ein Crashkurs in familiärem Teambuilding, bei dem meine Jungs innerlich um Jahre reiften.« Unvergesslich bleibt dem Vater auch, wie Liam und Jona sich mit der Landschaft assimilierten, sich einfügten in die Gegebenheiten der Natur, sich anpassten an die Launen des Wetters und die Rauheit des

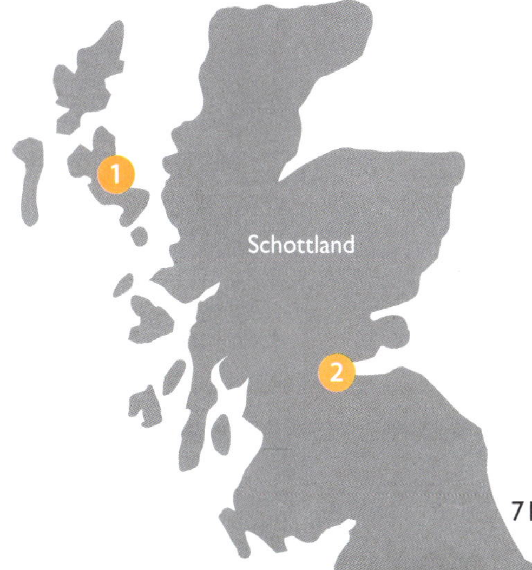

Nordens. »Es gab ja auch keine Alternative. Wir hatten die Tour gut geplant und waren super vorbereitet. Also liefen wir bis zum Ende durch«, erklärt der 15-jährige Liam, ein mentales Achselzucken in der Stimme. Im Mittelpunkt standen sehr schnell: sie selbst, das gemeinsame Gehen und das Füreinander-Dasein.

Einfach besonders

Jeder hatte seine Aufgaben. So war bereits am ersten Tag klar, dass Klaus das Zelt aufstellte, während Liam Matten und Schlafsäcke vorbereitete. Jona suchte in der Zwischenzeit die tägliche Tüte Trockennahrung aus dem Rucksack und kümmerte sich um eine warme Mahlzeit. Dann holte er Trinkwasser vom nächsten Flusslauf und setzte Tee auf. Wer auf die Toilette musste, grub mit einer kleinen Schaufel ein Loch in den Boden. Waschen und die Zähne putzen konnte man sich – mit rückstandfreier Outdoor-Zahnpasta – direkt am Fluss. So verließen die drei die Komfortzone ihres Alltags und beschränkten sich auf das Wesentliche. »Eigentlich waren die Tage total einfach und dabei doch so besonders«, erinnert sich Jona. Das Gehen war genug.

»Einfach machen«

Outdoor-Abenteuer schenken Jugendlichen eine besondere Lebenserfahrung: Ihr Blick wendet sich den natürlichen und wesentlichen Dingen der Welt zu, wie Klaus und Carmen finden. »Einfach machen!«, rät der erfahrene Outdoor-Vater. »Denn ehe man sich's versieht, ist die Zeit der gemeinsamen Urlaube vorbei.«

Als die Sonne am dritten Tag zum Vorschein kam, erstrahlte die Insel in ihrer vollen Schönheit: Ein Potpourri aus Hunderten von Grüntönen überzog die hügelige Weite. Raues Gestein und bemooste Felswände lugten daraus hervor, als ob sie warnen wollten, man solle die Natur nicht unterschätzen. Das wussten die drei bergerfahrenen Oberbayern nur zu gut. Deshalb hatten sie sich mit passendem Kartenmaterial eingedeckt und auch einen Kompass dabei.

Der Routenverlauf war in tagelanger Planung entstanden – vorgegebene Wanderpfade, Wegweiser oder natürliche Anhaltspunkte sind auf der Isle of Skye kaum zu finden. Klaus nahm dies zum Anlass, um mit seinen Söhnen die Orientierung in der Wildnis zu üben. Liam und Jona waren mit Feuereifer bei der Sache und führten mehrmals am Tag rege Diskussionen darüber, wie man nun am besten zum anvisierten Punkt kommen würde. Wichtig war ihnen auch die richtige Wahl des Schlafplatzes: Sie wählten ihn immer in der Nähe eines Baches, damit bei Regen das Wasser abfließen konnte.

Die Wärme des Wohnmobils

So schön die Tage der Abgeschiedenheit waren, so gut tat es auch, in der kleinen Ortschaft Uig wieder in Mutters Arme zu fallen. Jona erzählte freudestrahlend von der Inselüberquerung und alle waren mächtig stolz, das Ziel erreicht zu haben. Carmen hatte drei Tage mit Anuk im Wohnmobil verbracht und lauschte nun gespannt den Abenteuern ihrer großen Jungs. Sie hängte die Wäsche zum Trocknen auf, brachte warme Socken und servierte frische Suppe. Dann saß die wiedervereinte Familie um den kleinen Tisch im Inneren ihres Wohnmobils, bis alle Wanderer hundemüde ins Bett fielen.

Wie weiter? Wohin geht der Weg? Die beiden Söhne Liam und Jonas lernten den Umgang mit Karte und Kompass.

Die fünf fahren schon seit vielen Jahren am liebsten mit dem Wohnmobil nach Nordeuropa, weil sie darin kiloweise Proviant von zu Hause einpacken können, immer ein Dach über dem Kopf haben, sich jederzeit aufwärmen können und vor Ort sehr flexibel sind. Ihre Schottlandtour führte sie diesmal bis nach Durness im äußersten Norden. Sie besuchten markante und historische Landschaften, die aus Filmen wie *Braveheart, Star Wars, Harry Potter, Ritter der Kokosnuss* oder *James Bond* bekannt sind.

2 Quirliges Edinburgh

Sehr beeindruckt war Carmen auch von Edinburgh. »Für mich hat die Stadt das südlichste Lebensgefühl des Nordens«, berichtet sie. Quirlig, heiter, aufgeweckt und weltoffen – die Hauptstadt ist auch das kulturelle Zentrum Schottlands. Höhepunkt im Wortsinne war das majestätische Edinburgh Castle.

Das Schloss steht mitten in der Stadt auf einem erloschenen Vulkankegel, von meterdicken Mauern und Wachtürmen geschützt und von engen Gassen durchzogen. Ein morbider Charme geht von der wuchtigen Anlage aus, dessen kraftvolle Ausstrahlung Klaus sehr faszinierte. Die mittelalterliche Festung repräsentiert heute die Geschichte Schottlands, ist ein Symbol für die Macht und den Prunk des schottischen Königshauses und zeigt historische Stücke wie etwa den Stone of Destiny, den Steinblock, auf dem über Jahrhunderte die schottischen Monarchen gekrönt wurden.

Die Geschichte der *Braveheart*-Figur William Wallace, Anführer der schottischen Unabhängigkeitskämpfe, war für die Urlauber nicht nur in Edinburgh, sondern auf ihrer ganzen Tour sehr präsent: Der Kampf eines kleinen Landes gegen das britische Königreich zeugte schließlich ebenfalls von Durchsetzungskraft und einem unbändigen Durchhaltewillen. Hätte der Held damals eine Wollmütze getragen – er hätte sie sicher ganz tief ins Gesicht gezogen. Und auch nicht im Traum daran gedacht, die Zelte abzubrechen. ■

Zu Fuß eroberte die fünfköpfige Familie auch die Städte Schottlands, wie hier beispielsweise Edinburgh – die Stadt im Norden mit dem südlichsten Lebensgefühl. Der Calton Hill ist mit einer Höhe von 103 Metern die markanteste Erhebung der Stadt.

Unsere Reisetipps

SCHOTTLAND – WIE IM FILM

James Bond

Mit Daniel Craig als 007 zeigt *Skyfall* einen Geheimdienstagenten, der zu seinen schottischen Wurzeln zurückkehrt. Viele Szenen entführen zu den zerklüfteten Gipfeln von Glen Coe.

Breaking the Waves

Die kleine Halbinsel Neist Point markiert mit dem Leuchtturm den westlichsten Punkt der Isle of Skye. Lars von Trier wählte für die Friedhofszenen das wilde Kliff. Hier starteten Klaus, Liam und Jona ihre Inselüberschreitung nach Uig.

Ritter der Kokosnuss

In der Filmburg von Guy de Lombard, auch bekannt als Doune Castle bei Stirling, gibt es einen Audioguide, der vom Monty-Python-Mitglied Terry Jones eingesprochen wurde.

Braveheart

Glen Nevis ist ein wunderschönes Tal in den schottischen Highlands, rund um Ben Nevis (1345 m), den höchsten Berg der Britischen Inseln. Viele Wanderwege starten am sogenannten Braveheart-Parkplatz, der damals für die Filmcrew eingerichtet wurde.

Harry Potter

Wer einen Platz im Jacobite Steam Train buchen will, der von Fort William nach Mallaig fährt, sollte rechtzeitig buchen. Die Bahnlinie überquert die Steinbogenbrücke, die in den Blockbustern auf dem Weg nach Hogwarts zu sehen ist.

17

Schweden
FAMILIEN-WWOOFING

Eine Auszeit zum Arbeiten: Rachel und ihre Familie reisten drei Monate durch Skandinavien und packten dabei auf ökologischen Bauernhöfen kräftig mit an – beim Erdbeerpflücken ebenso wie beim Steineschleppen.

Die Seenlandschaft Südschwedens verzauberte alle mit ihrer unberührten Natur. Zum Baden war neben der Arbeit genug Zeit.

RACHEL UND MANUEL SUHRE

Rachel Suhre (32) ist Sozialpädagogin und Theologin; nach der Geburt ihrer beiden Kinder startete sie einen Blog zum Thema Nachhaltigkeit und Minimalismus. Auch Episoden aus ihrem Alltag als Mama dokumentiert sie dort mit viel Offenheit (www.mamadenkt.de). Eines der intensivsten Erlebnisse, an die sie und Manuel (35) noch oft zurückdenken, ist die Familienzeit, bei der sie mit ihren Jungs (2 und 5) einen Sommer in Skandinavien verbrachten. Durch das Arbeiten auf verschiedenen Bauernhöfen fanden sie nicht nur die ersehnte Entschleunigung, sondern entdeckten auch völlig neue Aspekte des Lebens.

Urlaub zum Faulenzen? Das ist nicht so Rachels Ding. Sie gestaltet ihre Zeit gern sinnvoll, will Erfahrungen sammeln und das Leben von einer neuen Seite kennenlernen. Warum also sollte sie im Urlaub nicht arbeiten? Allerdings anders arbeiten. Nicht am Schreibtisch, sondern in der Natur. Nicht mit dem Kopf, sondern mit den Händen. Nicht für Geld, sondern für Kost und Logis. Deshalb beschlossen sie und Manuel, für verschiedene WWOOFing-Projekte nach Skandinavien zu reisen. »Leben auf einem Bauernhof war genau das richtige Programm für unsere zwei Jungs«, resümiert sie. Sie verbrachten insgesamt vier Wochen auf zwei verschiedenen Höfen in Schweden. Weitere zwei Monate nutzten sie, um Norddeutschland und Skandinavien zu bereisen.

1 Nationalpark Tiveden

Rachel wollte zum Schweden-Auftakt so richtig in die Natur abtauchen. Im Nationalpark Tiveden fand sie dafür genau das richtige Terrain: Er liegt auf halbem Weg zwischen Göteborg und Stockholm und ist mit rund 13 qkm Fläche nicht sonderlich groß – dafür landschaftlich sehr beeindruckend. Vor vielen Jahrmillionen hat die Eiszeit hier Geröll und Felsblöcke umhergeschoben und zu teils mächtigen Haufen aufgeschichtet. Familie Suhre genoss zahlreiche Rundwanderungen durch eine Urwaldlandschaft mit wilden Felsformationen. Die vier liebten die bezaubernd glitzernden Seen, die von dichten Büschen und schattigen Laubwäldern umwachsen waren. Begeistert erforschten die beiden Jungs die dadurch entstandenen Grotten sowie Felsritzen und erfanden mutige Kletterspiele. Getrocknete Elchkötel, die auf den Wegen herumlagen, wurden zu wertvollen Fundstücken. Blaubeeren, die zu dieser Zeit bereits zu Tausenden an den

Auch in Skandinavien bietet der Sommer Badetemperaturen und warme Strandtage.

Sträuchern hingen, verlockten im Minutentakt dazu, Pause zu machen. Das Wasser der Seen war frisch, aber angenehm. Rachels Jungs vergaßen jede Temperatur, wenn es darum ging, beim Schwimmen kleine Fische mit bloßer Hand zu erhaschen. Sie suchten den Badestrand Vitsand auf, der sich etwa 500 m am Nordufer des Sees Stora Trehörningen entlangzog, und fanden dort wunderbare wilde Buchten zum Baden und Planschen.

2 Laxå in Mittelschweden

Dann war es Zeit für den ersten Arbeitseinsatz: Die Familie hatte sich über die WWOOFing-Plattform den kleinen Hof Bergsmossen nahe Laxå in Mittelschweden ausgesucht und einen festen Termin für die Ankunft vereinbart. Das Anwesen wird von einer Selbstversorgerfamilie geführt, die ökologische Gedanken bewusst und aktiv umsetzt. Rachel fand den Hof sehr liebevoll hergerichtet und verantwortungsvoll geführt. »Toll war der Austausch, den wir hier mit Gleichgesinnten fanden«, erinnert sich Manuel. Mit ihren Gastgebern und anderen WWOOFing-Gästen unterhielten er und Rachel sich oft angeregt über nachhaltige Selbstversorgung, tauschten Erfahrungen zu ökologischer Landwirtschaft aus und erhielten praxisnahes Wissen aus erster Hand über Permakultur. Dieses Konzept sieht dauerhaft funktionierende und naturnahe Kreisläufe in der Landwirtschaft vor.

Tagsüber schleppte Manuel Steine durch den Hof, schüttete Kies auf und half, eine Autoeinfahrt zu bauen. Sein ältester Sohn holte begeistert die Spieldinosaurier aus der Kiste und ließ sie über die Kieshügel hüpfen. Er genoss es, Papa einmal beim Arbeiten zuschauen zu dürfen. Rachel nahm die Jungs zum Erdbeerpflücken mit aufs Feld. Für kurze Zeit war das eine leckere Abwechslung, schnell setzten sich die Kinder aber wieder zum Spielen auf den Boden und kamen dabei in aller Ruhe ganz bei sich an. Weil neben einer hängenden Gießkanne im Garten keine richtige Dusche zur Verfügung stand, suchten die vier bei gutem Wetter einen nahe gelegenen See auf und ließen so ihre Arbeitstage gemeinsam ausklingen.

Abstecher nach Norwegen

Auf diese zwei wunderbaren Wochen folgte eine Erfahrung, die ebenso unschön wie wichtig war: Sie hatten den Arbeitseinsatz mit einem Hof in Norwegen koordiniert, mussten vor Ort aber feststellen, dass er nicht ihren Vorstellungen entsprach. Die Wohnsituation war unpassend und die Atmosphäre auf dem Hof empfand Rachel als sehr unangenehm. »An diesem Punkt war es wichtig für uns, zu unseren Überzeugungen zu stehen«, erinnert sie sich. »Manuel wollte zunächst den ursprünglichen Plan durchziehen; aber ich bestand darauf, den Ort wieder zu verlassen.« »Im Nachhinein hat mich das sehr befreit«, gibt Manuel heute zu.

 Schwedisches Tidaholm

Zurück in Mittelschweden, entschädigte die dritte Station locker für diesen Abstecher: Auf einem Hof nahe Tidaholm, zwischen den beiden Seen Vättern und

Weltweit: WWOOFing

WWOOF steht für »World Wide Opportunities on Organic Farms« (Weltweite Möglichkeiten auf Biobauernhöfen). Beim WWOOFing können Interessierte gegen Kost und Logis auf einem Hof mitarbeiten, die Idee des Austauschs steht dabei im Mittelpunkt. Die Arbeitszeiten betragen in der Regel je sechs Stunden an sechs Tagen in der Woche, vieles kann aber individuell mit den Gastgebern geregelt werden. Die Plattform vermittelt gegen einen geringen Jahresbeitrag Kontakte auf der ganzen Welt. Die Aufgabenfelder sind so unterschiedlich wie die Höfe und ihre Besitzer. www.wwoof.net

Vänern gelegen, fühlten sich die vier schnell wie zu Hause. Sie wurden von einer Familie beherbergt, die selbst zwei Kinder hatte. Rachels Jungs fanden in ihnen tolle Spielkameraden, zu viert waren die Kleinen den ganzen Tag fröhlich beschäftigt und buddelten am liebsten in einem großen Schlammloch herum.

Auch der ausrangierte Zirkuswagen, in dem sie wohnten, trug seinen Teil zum Wohlfühlen bei: Vor ihrer Haustür grasten zwei Schafe auf der Weide, die jeden Morgen zum Knuddeln vorbeitapsten. »Leider wurden sie in unserer zweiten Woche geschlachtet«, erzählt Rachel etwas wehmütig. Das löste eine intensive Diskussion aus, denn Rachel und Manuel ernähren sich seit vielen Jahren vegetarisch. In Gesprächen mit ihren Gastgebern fanden sie aber einen Weg, die Notwendigkeit besser nachvollziehen zu können: »Die Familie kann sich von dem Fleisch mehrere Monate lang ernähren.« Ihr fünfjähriger Sohn zeigte sich dagegen fasziniert und beobachtete aufmerksam, wie die Gastgeber das Fleisch sorgfältig verarbeiteten und verpackten. Für Manuel war das letztlich in Ordnung: »Er erhielt dadurch einen sehr natürlichen und wertschätzenden Bezug zum Thema.«

Nach zwei Wochen nahte auch hier der Abschied – eine intensive und aktive Auszeit ging dem Ende zu. Was bleibt, sind unzählige schöne Stunden und wertvolle Begegnungen mit Menschen, mit denen die Eltern ihre persönlichen Interessen teilen konnten. Davon werden sie und ihre Kinder noch lange profitieren. ■

Feldarbeit, wie beispielsweise Erdbeerpflücken, Gemüsebeete pflegen und Steineschleppen – auf den WWOOFing-Höfen hatten Manuel und Rachel alle Hände voll zu tun.

Unsere Reisetipps

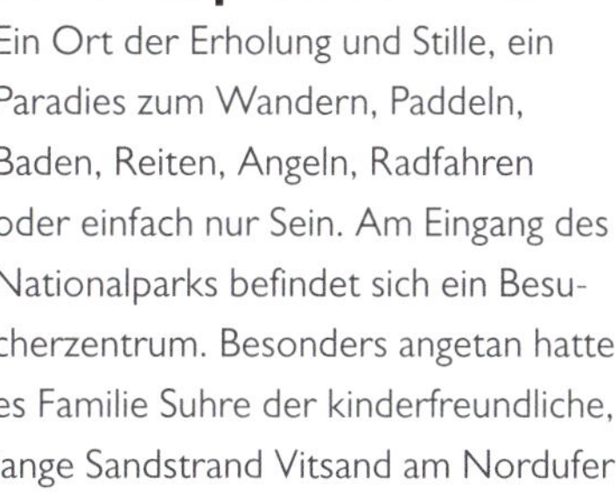

KLEIN, ABER FEIN

Nationalpark Tiveden

Ein Ort der Erholung und Stille, ein Paradies zum Wandern, Paddeln, Baden, Reiten, Angeln, Radfahren oder einfach nur Sein. Am Eingang des Nationalparks befindet sich ein Besucherzentrum. Besonders angetan hatte es Familie Suhre der kinderfreundliche, lange Sandstrand Vitsand am Nordufer des Sees Stora Trehörningen.
GPS: 58.7287772,14.5668491
GPS: 58°43'43.6"N 14°34'00.7"E

WASSER UND WILDNIS

Wohnen am See

Der wunderschön gelegene Campingplatz Grinsby direkt am See Stora Bör bot Rachel und ihrer Familie viele tolle Wanderwege direkt ab Zelt. Man kann dort auch baden oder angeln und es gibt Kanus, Boote, Fahrräder zum Ausleihen.
Grinsbyn 100, 67295 Årjäng, Tel. +46 (0) 57 34 20 22. Ende April–Anfang Sept. www.campgrinsby.se

GANZ GROSS

Ein Haus für Kinder

Im Barnens Hus (Kinderhaus) in Tidaholm können sich die Kinder auf vier Etagen austoben: Von der Bastelecke über eine Ritterecke und Fahrgeschäfte bis hin zum Prinzessinnenland ist das Haus ihnen gewidmet.
Barnens Hus, Besöksadress, Norra Kungsvägen 29, 52231 Tidaholm, Tel. +46 (0) 502 60 61 43, Mo–Fr 10–16 Uhr, www.tidaholm.se

18 Schweden PER HUNDESCHLITTEN

Auf dem Hundeschlitten durch die schneebedeckten Weiten Skandinaviens: Mit einer Geschwindigkeit von 10 km/h fuhren Sissi und Emilie vom Alltagsstress direkt ins Abenteuer und tauschten ihr Bett gegen einen Biwak-Schlafsack.

Im Laufschritt Richtung Einsamkeit: Auf dem Hundeschlitten erkundete Emilie Richter mit ihrer Mutter die Wildnis Schwedens.

SISSI RICHTER

Sissi Richter (35) ist als Outdoor-Fotografin weltweit unterwegs, sie liebt Momente der Ruhe ebenso wie das Aktiverlebnis. Seit sie an ihrer ersten Hundeschlittentour in Grönland teilgenommen hatte, war sie entschlossen, dies auch ihrer Tochter zu ermöglichen. Emilie (11) ist in Bayern aufgewachsen, auch sie liebt den Wintersport und die Natur. Als sie erfuhr, dass ihre Mutter sie auf eine Tour durch Schweden mitnehmen wollte, machte sie einen gewaltigen Luftsprung. Auch wenn im Rückblick diese Fahrt etwas ganz Besonderes bleiben wird – seither träumen die beiden von einer weiteren Tour. www.sissirichter.de

Die Hunde scharren mit den Füßen im Schnee, ihr Johlen ist weit durch die Wildnis zu hören. Sie können den Start kaum erwarten, hüpfen und toben vor Freude auf der Stelle. Gebannt verfolgen sie Hendriks Bewegungen: Er prüft alle sieben Gespanne, vergewissert sich, ob die Gruppe bereit ist, und steigt auf den Leitschlitten. Dann endlich: Ein lautes Schnalzen – sein Startkommando. Emilie löst mit dem Fuß die Bremse und … los geht die Fahrt!

1 Am Rande des Nationalparks Fulufjället

Die Elfjährige war mit ihrer Mutter nach Mittelschweden gekommen, um sich in ein winterliches Abenteuer zu stürzen: Drei Tage würden sie mit einem Gespann von vier Schlittenhunden durch die verschneite Einsamkeit Skandinaviens fahren. Die Fahrt war als Rundtour organisiert und wurde von Hendrik Stachnau geleitet. Hendrik war Profi – als erfahrener Hundeführer ebenso wie als Musher (so nennt man die Hundeschlittenfahrer): Mit seinen urrassigen Alaskan Malamutes und Grönlandhunden hat er schon viele der weltweit härtesten Langstreckenrennen erfolgreich bestritten.

Die Tour am Rande des Nationalparks Fulufjället nahe der Ortschaft Särna wurde für die beiden nicht zum harten Rennen, wohl aber zu einer extremen Erfahrung: »Innerhalb weniger Minuten waren wir mitten im Abenteuer«, erinnert sich Sissi. »Sobald sich die Schlitten in Bewegung gesetzt hatten, empfand ich eine tiefe Verbundenheit mit der Natur.« Emilie erging

Kuscheltiere

Alaskan Malamute und Grönlandhunde sind wilde Hunderassen, die in ihrem Verhalten und ihrem Wesen dem Wolf sehr nahestehen. Wegen der harten Wetterbedingungen und des ständigen Überlebenskampfs in der Wildnis sind die Tiere heute sehr zäh und willensstark. Sissi und Emilie fanden sie mit ihrem dicken Fell außerdem richtig knuddelig.

es ganz ähnlich: »Ich musste mich so sehr auf die Hunde und den Schlitten konzentrieren, dass ich alles andere um mich herum vergaß.«

Unterwegs mit den Hunden

Jede Bewegung wirkte sich auf das Lenkverhalten aus, jede Gewichtsverlagerung kam als Signal bei den Hunden an. Hendrik hatte ihnen erklärt, wie wichtig es sei, mit der Stimme permanent Kontakt zu den Hunden zu suchen, und sie angehalten, die Tiere keine Sekunde aus den Augen zu lassen. Emilie rief im Minutentakt die Namen der Hunde und versuchte die fremdartigen Laute, die Hendrik von sich gab, zu imitieren. »Das war echt anstrengend«, gibt das Mädchen lachend zu, »weil die Hunde nur auf eine starke, klare und feste Stimme reagieren. Das musste ich erst mal üben.«

Hendriks Hunde waren ebenso lebhafte wie leistungsfreudige Tiere, Menschen gegenüber aber sehr zutraulich. Emilie tat sich anfangs schwer, die Tiere am Halsband zu ihrem Schlafplatz zu führen, weil sie sehr kräftig waren und dabei gern freudig umhertobten. Schnell hatte sie aber einen Trick heraus: Sie hielt das Halsband fest in der Hand, sodass sich die Vorderpfoten in die Luft anhoben und führte die kräftigen Kerle dann auf den Hinterbeinen zu ihrem Platz.

Mutter und Tochter im Team

Jedes Gespann war für seine Hunde, den Schlitten und auch für sich selbst verantwortlich. Emilie und ihre Mutter teilten sich einen Hundeschlitten. Wer gerade nicht fuhr, durfte es sich auf der Gepäckfläche zwischen warmen Fellen gemütlich machen. Wichtig war, dass nur diejenige Befehle an die Hunde gab, die den Schlitten gerade lenkte. »Für uns war das eine ganz besondere Erfahrung: Solange Emilie fuhr, hatte sie das Kommando. Ich lernte, mich als Mutter zurückzunehmen und ihr noch mehr zu vertrauen«, erzählt Sissi. Natürlich fantastisch für das Mädchen, das fast schon wie eine Jugendliche wirkt: »Ich fühlte mich wie eine Königin! Einfach, weil ich die Verantwortung übernehmen durfte und alles super geklappt hat.«
Sissi war glücklich, ihre Tochter so ausgeglichen und begeistert zu erleben. Das Ziel der beiden war es gewesen, einmal gemeinsam dem Alltagsdruck von Arbeit, Schule und digitalen Medien zu entkommen. Das klappte perfekt – sie genossen die enorme Entschleunigung, die Konzentration auf wenige, aber quasi überlebenswichtige Dinge und das Einssein mit der unendlichen, eintönigen Weite des Landes. Zudem begegneten sich die beiden auf einer bislang ungewohnten Ebene: Nicht die tägliche Pflichterfüllung

Nach einer Nacht im Biwak-Schlafsack freuten sich Sissi und Emilie wahnsinnig auf die gut geheizten Blockhütten im Basislager.

von Hausaufgaben, Haushalt und Terminen stand im Mittelpunkt, sondern ein ebenbürtiges Miteinander. Sie mussten als Team funktionieren, teilten die Aufgaben gleichberechtigt unter sich auf und ergänzten einander.

Biwak bei –15 Grad

Nach 30 km durch waldige Schneelandschaft erreichten sie das Biwak-Camp. Während sie die erste Nacht im Basislager bei Särna in Blockhütten verbracht hatten, sollten sie hier in der Wildnis nächtigen: bei –15 °C. Emilie brachte ihre Schlittenhunde zu einer Kette und band sie mit mindestens 2 m Abstand voneinander fest – andernfalls würden schnell Hierarchiekämpfe entstehen. Dann bedankte sie sich bei den Tieren: Ausgelassen wälzte sich ihr Lieblingshund Liluna im Schnee, während sie mit den Fingern durch sein dickes Fell kraulte, mit seiner Schnauze spielte und ihn immer wieder um die Ohren herum massierte. Er liebte es, beide Pfoten in die Luft zu strecken, am Brustkorb gefasst und liebevoll geschüttelt zu werden. Hendrik hatte ihr erklärt, dass die Hunde viel Zuwendung und ganz viel Lob brauchten – so könne sie ihrem Gespann eine Gegenleistung für die Fahrt anbieten und es neu motivieren.

Abendstunden

Wer abends heißen Tee wollte, musste Feuerholz hacken, ein Feuer machen, eiskaltes Wasser aus einem nahe gelegenen Fluss holen und aufwärmen. Die Gruppe mit insgesamt sieben Teilnehmern funktionierte ausgezeichnet: Alle halfen zusammen, um in der Kälte rasch voranzukommen. Nach einer guten Stunde dampfte endlich eine Tasse Tee in Sissis Händen, während Hendrik einen großen Topf mit Chili con Carne aufs Feuer stellte.

Nach dem Essen verschwand ein hartgesottener Teil der Gruppe mit den Schlafsäcken im Wald, Sissi und Emilie entschieden sich lieber für die Tipi-Variante, bei der sie zumindest vor Schneefall geschützt waren. Sie hatten sich Expeditionsschlafsäcke geborgt und überlegten beim Zubettgehen den Ablauf ganz genau: erst austreten, dann alle Wetterkleidung in die Gepäcktasche verstauen und schließlich mit der warmen Skiunterwäsche und einer dicken Mütze in den Schlafsack kuscheln. »Wir schliefen wunderbar!«, schwärmen die Outdoor-Abenteurerinnen noch heute.

Rentier in Sicht

Am nächsten Tag kehrte die Gruppe auf einem anderen Weg wieder ins Basislager zurück. Emilie saß eingemummt auf der Gepäckfläche des Schlittens, als sie am Horizont schwarze Punkte entdeckte. Kurz darauf hielt Hendrik den Schlittenzug an. Selbst er staunte ob des seltenen Anblicks: eine riesige Herde Rentiere! Etwa 250 Tieren standen auf der Anhöhe in guter Sichtweite. »Was, wenn jetzt die Hunde abgehen?«, schoss es Sissi durch den Kopf. Doch alles blieb ruhig. Nach wenigen Minuten hatten sie die kritische Distanz zur Herde überwunden und waren bald bei den Blockhütten. Dort brachte Sissi erst mal einen großen Kessel Flusswasser zum Feuer, um sich zwei Stunden später unter einer lauwarmen Outdoor-Dusche zu entspannen. ■

Unsere Reisetipps

HERZ FÜR HUNDE

Voice of Nature

Für Hundeschlittenfahrten gibt es in Skandinavien viele Anbieter. Sissi hatte sich aus mehreren Gründen für Hendrik entschieden:

1. Er war gebürtiger Hamburger und konnte Emilie alles Wichtige auf Deutsch erklären.
2. Als studierter Ökonom und Seminarleiter hatte er Erfahrung in Sachen Teambuildung.
3. Er ist der einzige Veranstalter in Europa, der Touren ausschließlich mit Urschlittenhunden anbietet.

www.schlittenhundetouren.net

KEIN KATZENSPRUNG

Oslo on top

Damit sich die Anreise lohnte, flogen die beiden von München aus nach Oslo und genossen zunächst vier Tage Sightseeing in der Hauptstadt Norwegens. Über Airbnb fanden sie eine kostengünstige Unterkunft. Von Oslo aus nahmen sie einen vorab gebuchten Fernbus über die Grenze nach Trysil und wurden dort vom Veranstalter abgeholt.

PUDELWOHL

Daunendress

Nach dem Motto »Es gibt keine Kälte, nur zu wenig Kleidung« packten sich die beiden täglich dick ein: Über die Skiunterwäsche kamen ein warmes Fleece, Skihose und Daunenjacke, dicke Fäustlinge und Wollmütze, außerdem Moonboots. Gegen Sonne und kalten Wind schützte eine Skibrille.

19 Bauernhofsommer AUF DEN LOFOTEN

Die Lofoten zählen zu den abgelegensten Reisezielen Europas. Sechs Monate auf der Inselkette Nord-Norwegens waren ein Traum auf Zeit, den sich die naturbegeisterte Familie De Monte erfüllte – als Saisonarbeiter auf einem Biobauernhof.

Holzhaustraum: Hier lebten die De Montes während ihrer Zeit auf den Lofoten.

UTA UND LUIGI DE MONTE

Schreiner Luigi (44) und Texterin Uta (36) De Monte waren sich einig: Bevor die Schulpflicht für Sohn Paolo (5) begann, wollten sie noch einmal raus in die Welt. Bereits 2013 war das Schweizer Paar auf einer Auszeit mit ihrem VW-Bus acht Monate durch Europa gereist, davon vier Monate durch Skandinavien. Sie entdeckten damals auf den Lofoten einen Biobauernhof. Sonne, Berge, Strand und Ziegen – diese Kombination fanden sie so schön, dass sie drei Jahre später als vierköpfige Familie mit Sohn Aaron (2) zurückkehrten. Für einen ganzen Sommer. Mit Arbeitsvisum und Wanderkraxe im Gepäck.

Lofoten

Im Mai landete Uta mit den beiden Kindern auf den Lofoten. Sie atmete kräftig durch: Nordluft. Ja, das tat gut. Polarwind im Gesicht, Berge und Meer, so weit das Auge reichte. Ein ganzer Sommer im Outdoor-Paradies des Nordens lag vor ihnen. Luigi war schon da – er hatte eine fünftägige Odyssee hinter sich: Mit dem VW-Bus hatte er Schlafsäcke, Spielsachen, Hausrat und Kleidung für jede Wetterlage in den hohen Norden transportiert.

Die Lofoten sind unglaublich facettenreich. Sie bieten karibisch anmutende Sandstrände, Wasserabenteuer, einsame Wandertouren und Gipfelbesteigungen in der Mitternachtssonne; ebenso aber: Schneefall bis Ende Mai, wochenlangen Regen, Eiseskälte im September. Die atlantische Inselkette nördlich des Polarkreises ist seit Jahren ein Hotspot für Outdoorer, vor allem im Hochsommer. Erst wer aber mehrere Monate hier verbringt, lernt ihre wahre Vielfalt kennen. Und muss lernen, mit ihr zu leben.

 Vestvågøya

Alles war wie drei Jahre zuvor. Die Familie machte damals auf einer Skandinavientour am Biohof Lofoten Gårdsysteri halt, um Ziegenkäse zu kaufen. Der Hof liegt auf der Insel Vestvågøya, einer Landschaft aus weiten Ebenen, steilen Berghängen und arktischen Buchten. Die De Montes waren so begeistert von dem Anwesen, dass sie dort spontan für vier Wochen ihren Bus parkten. Nun, drei Jahre später, zogen sie ins Ella Huset ein: ein kleines und uriges Holzhaus, welches zum Bauernhof gehört

Mit allen Wassern gewaschen

Auf den Lofoten ist das Wetter launisch. Innerhalb weniger Stunden können sich Sonnenschein, Schneefall und Regenstürme abwechseln. Auch können die Temperaturen regional sehr unterschiedlich sein. Ein Blick auf den immer aktuellen Wetterbericht www.yr.no lohnt sich, um in der Planung flexibel zu bleiben. Vom Bikini über Windstopper bis zur Daunenjacke gehört jedenfalls alles ins Gepäck.

und welches die Besitzer liebevoll renoviert hatten. Mit Holzofen in einer heimeligen Stube. Mit Bodenheizung und einer Waschmaschine im Bad. Mit Blick auf die Berge und den Saupstad-Fjord.

Stallfreuden

Die Gårdsysteri betreibt ökologische Landwirtschaft. Marielle De Roos und Hugo Vink halten über hundert Ziegen und produzieren in der Schaukäserei fast täglich eigenen Käse im 500-Liter-Kessel. Nach etwa fünf Wochen Reifezeit exportieren sie die Laibe bis in Feinkostläden nach Paris und verkaufen landesweit an Supermärkte. Im 2017 angebauten Café bieten die beiden ausgewanderten Niederländer Tagesmenüs, selbst gebackenen Kuchen sowie Fair-Trade-Kaffee an. Uta verkaufte Käse an Touristen, putzte den Stall und war zum Ziegenfüttern eingeteilt. Als gelernter Schreiner überholte Luigi alle Stalltore und war für die handwerklichen Aufgaben am Hof zuständig. Damit immer einer von beiden auf die Kinder aufpassen konnte, teilten sie sich eine Vollzeitstelle flexibel auf – in enger Absprache mit den Besitzern, je nachdem, was gerade gebraucht wurde. Natürlich durfte Sohn Paolo auch mal mit Papa gehen, um die Weidezäune zu reparieren, oder Mama im Stall helfen. Dort verteilte er am liebsten das Heu oder hüpfte jubelnd im Stroh herum.

Karibikfeeling

Das Meer liegt vom Hof nur 5 km entfernt. Sobald der letzte Schneefall Ende Mai vorbei war, nutzte Uta jede freie Minute, um mit den Kindern in die Bucht von Unstad zu fahren. Im Juni und Juli tobten die Kleinen dort durch die 12 °C kalten Wellen, sammelten Muscheln für ihre Sandburgen und verbuddelten sich bis zum Kinn im weißen Sandstrand. »Ich zwickte mich immer wieder selbst in den Arm: Es war wahr, wir lebten im Paradies«, erinnert sich Uta schmunzelnd.

Das kleine Dorf Unstad ist in der weltweiten Surferszene ein Hotspot: In dicken Neoprenanzügen kommen sie hierher, schlafen in Campern direkt am Strand oder quartieren sich in kleinen Hütten ein. Arctic Surfing ist eine buchstäblich coole Sportart in absoluter Traumkulisse: Rund um die Bucht ragen Berge steil über 600 m in die Höhe und umgeben die karibisch anmutenden Sandstrände mit einer ungezähmten, natürlichen Wildheit.

Nachtwandern

Nach getaner Arbeit schnürte Papa Luigi oft die Wanderstiefel und kam ebenfalls

Der zweijährige Aaron lernte während des Sommers auf den Lofoten auf seinen eigenen Beinen zu stehen.

über den Berg zur Bucht marschiert. Unterwegs kaufte er noch im Surfladen von Unstad eine Familienpackung Eis; so hielten es die vier gut gelaunt bis in die späten Abendstunden am Strand aus. Oft setzte sich Uta auch nachts, wenn die Kinder schliefen, nochmals allein an den Strand, um die Mitternachtssonne zu bewundern, wie sie nur kurz den Horizont berührt, um dann gleich wieder aufzugehen.

Bei Sonnenlicht nachts wandern zu gehen, hatte für die beiden Outdoorer eine besondere Faszination. »Ich ging abends los und wusste, ich kann laufen, ohne auf die Uhr zu sehen. Es war einfach immer hell«, erzählt Luigi begeistert. Der Biorhythmus stellte sich bei den Erwachsenen schnell um: Abwechselnd nutzten sie die Sommernächte, um Bergtouren mit spektakulären Weitblicken zu machen.

2 Moskenesøya

Auf vielseitigen Wandertouren erkundete die Familie bei ihren Wochenendausflügen auch die südliche Lofoten-Insel Moskenesøya. Mit Aaron in der Kraxe, Paolo an der Hand und reichlich Proviant im Tagesrucksack entdeckten sie die dortigen Buchten und Berge. Besonders beeindruckt waren sie von der Rundwanderung zur Walbucht Kvalvika nahe Fredvang. Auch die Besteigung des Hermannsdalstinden (1029 m) ließen sie sich nicht nehmen. Der beliebte Wanderklassiker nahe Moskenes führt auf das »Dach« der südlichen Lofoten. Die DNT-Hütte Munkebu für Selbstversorger ist eine willkommene Mittelstation zum Rasten, Übernachten oder Verweilen mit den Kindern. Wer sich Zeit nimmt für das, was die Natur zu bieten hat, und sich ganz ihrem Rhythmus hingibt, kommt auf den Lofoten zwei Zielen nahe: der Entschleunigung und dem Genuss des Augenblicks.

Der zweijährige Aaron lernte während des Sommers, auf eigenen Beinen zu stehen und wagemutig durchs Leben zu wackeln. Und Paolo freute sich jeden Julitag aufs Neue über eine weitere reife Erdbeere im Garten. Uta ging das Herz auf, als sie im September endlich eine ganze Schüssel Kartoffeln ernten durfte, die sie selbst in einem kleinen Beet gesetzt hatte. Luigi schließlich war bei seiner Arbeit auf den Weiden den Launen des Wetters ausgesetzt und lernte die Kräfte der Natur von einer ganz neuen Seite kennen – und zugleich auch respektieren. ■

Ist das wirklich Nordeuropa? Spätestens, wenn man die Füße in das Meerwasser des Fjords hält, hat man die Bestätigung. Auch im Sommer wird es hier nicht wärmer als 12 °C, trotzdem kann man am Strand Sandburgen bauen und in der Sonne liegen.

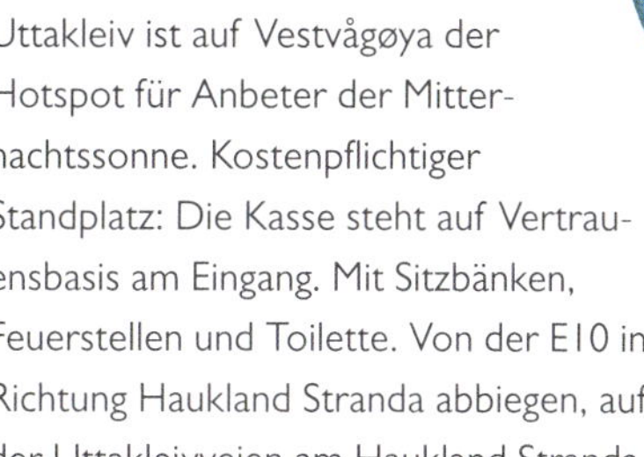

Unsere Reisetipps

HEISSER AUSBLICK

Uttakleiv

Uttakleiv ist auf Vestvågøya der Hotspot für Anbeter der Mitternachtssonne. Kostenpflichtiger Standplatz: Die Kasse steht auf Vertrauensbasis am Eingang. Mit Sitzbänken, Feuerstellen und Toilette. Von der E10 in Richtung Haukland Stranda abbiegen, auf der Uttakleivveien am Haukland Stranda vorbei durch einen Tunnel nach Uttakleiv, dort liegt der Platz linkerhand direkt an der Küste.

GPS: 68.209463, 13.503424

GPS: 68°12'34.067"N 13°30'12.326"E

EISKALT ERWISCHT

Unstad

Der karibisch anmutende Strand gilt als Tipp für Surfer. Arctic Surfing können Neugierige bei der nördlichsten Surfschule der Welt erlernen.

Unstadveien 105, 8363 Bøstad, Tel. +47 97 06 12 01, www.unstadarcticsurf.com

Oder man genießt ganz gechillt die Sonnenstrahlen und springt sekundenweise ins kalte Polarmeer. Die Sandbucht befindet sich direkt am gleichnamigen Dorf in Vestvågøya.

WARM UMS HERZ

Café Sans og Samling

Das Trendcafé im Durchfahrtsort Leknes auf Vestvågøya. Spektakuläre Kuchentheke, wechselnde Tagessuppen, regionale Gerichte und kulturelle Veranstaltungen.

Storgata 29, 8370 Leknes, tgl. 10–22 Uhr

20

Westgrönland ZU FUSS EROBERN

Wandern am Rande der Welt: Mit ihren Eltern folgte die 14-jährige Silja 16 Tage lang dem Arctic Circle Trail durch Westgrönland. Sie genoss die kraftvolle Dreisamkeit in der Einsamkeit.

Zeltplatz mit Aussicht: Susanne, Stefan und Silja genießen die atemberaubende Aussicht vor ihrem Zelt.

SUSANNE GOGOLOK UND STEFAN ROSENBOOM

Stefan Rosenboom (51) und Susanne Gogolok (55) finden beim Reisen gern zu sich selbst. Sie lieben einsame Wege und das Erlebnis der Stille. Stefan war als freier Fotograf bereits auf zahlreichen Outdoor-Reisen – unter anderem mit Familie – in entlegenen Regionen der Welt unterwegs und tourte anschließend mit seinen Diavision-Shows durch Deutschland. Susanne ist Lehrerin in Süddeutschland und packt für die Ferien am liebsten den Trekkingrucksack. Tochter Silja (14) war von klein auf immer mit dabei. Glücklicherweise schleppt sie ihren Rucksack mittlerweile selbst. www.augenwege.de

Draußen weht ein heftiger Wind. Die Planen des Zeltes klatschen im unregelmäßigen Rhythmus aneinander und erzeugen ein peitschendes Geräusch. Die Heringe halten, Stefan hat alle 16 Stück in den weichen Erdboden gerammt. Es ist spät, vielleicht 23 Uhr nachts oder 3 Uhr morgens. Was macht das schon für einen Unterschied? Die Sommernächte nördlich des Polarkreises sind hell.

Silja liegt mit offenen Augen im Zelt, bis zur Nasenspitze in einen wohlig-warmen Daunenschlafsack gehüllt. So ein Mist, die Blase drückt. Sie zieht eine Mütze über den Kopf, öffnet den Reißverschluss ihres Schlafsacks und huscht ins Freie. Eine feuchte Kälte von 5 °C wartet vor dem Zelt, ihre Füße frieren zwischen den nassen Grasbüscheln. Silja stellt sich dem Wind entgegen, streckt beide Arme Richtung Himmel, schließt die Augen. »Ich liebe Grönland!«, schreit das vierzehnjährige Mädchen aus Leibeskräften der Natur entgegen. Der Wind treibt ihre Stimme fort, Eisschollen tragen die Liebeserklärung hinaus aufs Polarmeer. Dann herrscht wieder Stille.

Arctic Circle Trail

Trekking in Grönland führt zum intensiven Austausch zwischen Mensch und Natur. 16 Tage in der Wildnis zu leben, ohne Strom und festes Dach über dem Kopf, ohne Handyempfang und Warmwasseranschluss – das ist ein einmaliges Erlebnis. Der Fernwanderweg liegt rund 100 km nördlich des Polarkreises. In gut 160 km entlang der Westküste Grönlands verbindet er den Ort Kangerlussuaq im Inland mit der Küstenstadt Sisimiut. Von Juni bis Anfang September finden Wanderer in der Regel schneefreie Wege vor.

Wer fit ist, kann die Route in neun Tagen schaffen – Susanne hatte andere Prioritäten: »Ich wollte zur Ruhe kommen, die Stille genießen, entschleunigen. In der Natur auftanken.« Ihr Mann Stefan fügt etwas Wichtiges hinzu: »Wir haben uns kompromisslos auf das Abenteuer Outdoor eingelassen.« Nur so funktioniere es. Denn der Arctic Circle Trail ist wegen seiner Länge körperlich wie auch mental herausfordernd.

Der Weg selbst weist zwar keine starken Steigungen auf, sondern verläuft auf ausgetretenen und damit meist gut sichtbaren Pfaden. Trotzdem stellte die Natur die drei vor Herausforderungen: Wind, Regen, Kälte, Moore und auch Wildtiere waren die Begleiter auf dem Trail. Nur die kleinen Schutzhütten, die vereinzelt an der Strecke auftauchten, nahmen sie als Beweis dafür, dass andere Menschen diese Wildnis vor ihnen bereits durchquert hatten.

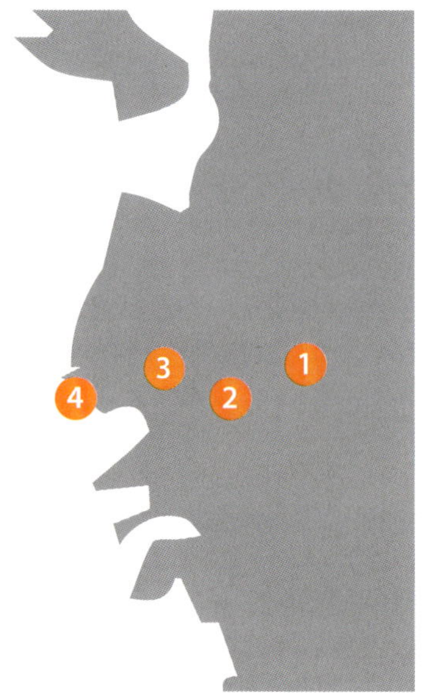

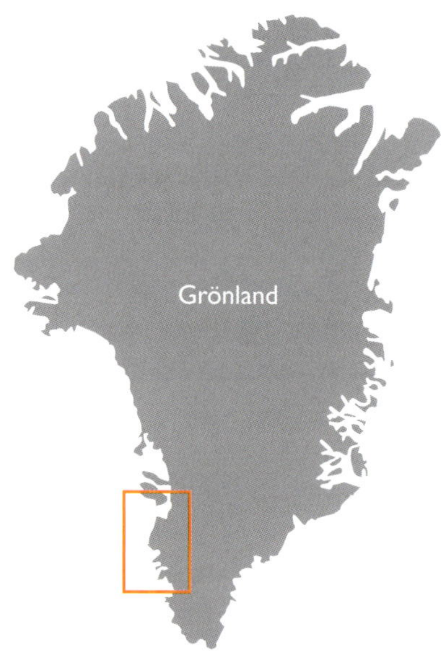

1 Start in Kangerlussuaq

Ursprünglich war der Arctic Circle Trail die Route der Inuitjäger auf der Suche nach Eisbären und Robben. Silja und ihre Eltern dagegen jagten auf der Wanderung allenfalls den Blaubeeren hinterher und freuten sich, wenn sie mal einen Fisch an der Angel hatten. Das war wichtig: Weil sie die Route gemütlich angingen, mussten die Vorräte, die sie im Rucksack mitschleppten, länger reichen – und so waren die drei Selbstversorger dankbar um jeden Zusatzbissen, den sie unterwegs erhaschen konnten. Denn einen Kiosk oder Berggasthöfe sucht man am Polarkreis vergeblich.

Mobile Selbstversorgung

16 Tage Selbstversorgung hieß konkret: Beutelfutter, streng rationierte Schokoladenportionen und kaum Frischwaren. Es gibt spezielle Trekkingnahrung, die handlich und leicht verpackt ist und mit heißem Wasser, schwuppdiwupp, essfertig gemacht werden kann. Vom Schweinespeck über Linseneintopf bis hin zu Pasta Bolognese hatten die drei Kurzzeitaussteiger also alles dabei. Aber auf frisches Obst und Gemüse mussten sie – abgesehen von den gesammelten Beeren – verzichten. Stefans Rucksack war mit 32 kg nicht nur das schwerste Gepäckstück, sondern auch tragbarer Kühlschrank und mobile Küche in einem: Er schleppte alle Vorräte, außerdem Kochtöpfe, Brenner und ausreichend Brennstoff. Susanne war mit 14 kg beladen und hatte das Familienzelt dabei. Silja war im Vergleich dazu mit einem Leichtrucksack von 8 kg Gewicht ausgestattet, der vor allem Wechselkleidung und wetterfeste Klamotten enthielt. Hinzu kamen für jeden ein warmer Schlafsack, Mückenschutz und Trinkflaschen. Diese konnten sie unterwegs an den zahlreichen Flüssen und Seen auffüllen und hatten so immer genügend Wasservorräte.

Ein Teil der Weite werden

Was die drei Expeditionshungrigen am Polarkreis vorfanden, war genau nach ihrem Geschmack: In Kangerlussuaq am Westrand des Inlandeises Grönlands hatten sie ihre Tour begonnen. Das Land Richtung Westküste, von den Gletschern hügelig geformt, lag wie eine riesige Badewanne vor ihnen. Nichts außer Weite. Natürliche Freiheit. Und eine Reduktion auf das Wesentliche: Himmel und Erde, dazwischen Berge und Wasser. Eine fleckige Landschaft aus Flechten, Moosen, Sumpf und Gräsern. Gletscher und schneebedeckte Gipfel bildeten die Kulisse im Hintergrund.

Gedankenwelten entdecken

Auf den ersten Blick empfand Stefan das Land vor allem als gleichförmig und still. »Aber die Wirkung traf mich beim Loslaufen umso heftiger von innen heraus … es war, als ob ich plötzlich im Sog einer überwältigenden und ungeahnten Freiheit verschwand.« Stundenlang konnte er wortlos hinter seiner Frau und seiner Tochter gehen. Durch die Gleichförmig-

keit seiner Schritte und die Eintönigkeit der Umgebung versank er tief in Gedanken. »Ich nahm die Klarheit der Landschaft mit allen Sinnen auf und ließ sie durch einen inneren Trichter rieseln. Sie inspirierte mich zu neuen Ideen, Projekten und persönlichen Zielen.«

Ähnlich erging es Silja. Sie fand sich in einer Welt wieder, die ihr so natürlich vertraut vorkam, dass sie weder Schminkkoffer noch Discomusik vermisste: »Das Laufen machte mich süchtig. Ich wollte ständig mehr erfahren, alles aufsaugen, verschmelzen mit der Schönheit und Schlichtheit der Natur.« Was aus ihrem persönlichen Trichter alles herauskam? Vielseitige Gedanken und ebenso tiefgründige wie alltägliche Fragen: »Was macht das Leben mit mir? Wo gehe ich hin und was ist mein wahres Ziel? Aber auch, wie ich mein Zimmer nach dem Urlaub neu dekorieren könnte und welche Tapete ich dabei auswählen will.«

2 Seenregion

Auf ganz andere Gedanken kam Susanne, als am dritten Tag des Treks plötzlich ein wilder Moschusochse vor ihr stand. Sie hatten gerade ihr Zelt am Ufer des Sees Amitsorsuaq aufgeschlagen. In absoluter Stille lag der See vor ihnen, von sanften und felsigen Hügeln eingerahmt, die sich auf der Oberfläche spiegelten. Hier und da säumte struppiges Grasgewächs die Ufer. Durch die zahlreichen schroffen Landzungen zeigte sich der See in einer verspielten Form, dessen Größe mit bloßem Auge kaum zu fassen war.

Pures Glück und unendlich viel Freiheit: Wie man sieht, fühlt das die 14-jährige Silja bei ihrer 16-tägigen Wanderung auf dem Artic Circle Trail.

Whalewatching im Zelt

Der Kangia Eisfjord ist ein imposanter Gletscher, der am Tag 40 m Eis in den Fjord schiebt. Seit 2004 gehört er zum UNESCO-Weltnaturerbe. Im Minutentakt ändern sich die Eisformationen in der Mündung, ständig ist die Wasseroberfläche in Bewegung. Wer Glück hat, sieht Wale: Sie tummeln sich dort wegen des hohen Nährstoffgehalts im Wasser. Man erreicht den Gletscher von Sisimiut aus mit dem Schiff nach Norden bis Ilulissat.
GPS: 69.205792, -51.147351
GPS: 69°12'20.9"N 51°08'50.5"W

Auf Augenhöhe mit dem Moschusochsen

Da näherte sich das wuchtige Tier ihrem Schlafplatz. Der ausgewachsene 300-kg-Bulle trug mächtige Hörner auf dem Kopf. Durch sein zotteliges braunes Fell, das ihm übers Gesicht hing, beobachtete er neugierig, was die drei Camper wohl vorhatten. Mit fast 150 cm Risthöhe flößte der Moschusochse Susanne gehörigen Respekt ein. Sie wusste, die Tiere bleiben friedlich, solange man genügend Abstand zu ihnen hielt – aber was genau hieß: genügend Abstand? Susanne, Stefan und Silja nahmen sich an den Händen und verkrümelten sich langsamen Schrittes hinter eine Wegmarkierung auf der nächsten Anhöhe. Sie warteten. Nach einer halben Stunde hatte der Ochse genug gesehen und trottete von dannen. Susanne atmete durch. Sie durften bleiben. Nun konnten sie beruhigt die Isomatten ausrollen und die Campingküche aufstellen. Doch zuvor mussten sie erst noch die Nerven beruhigen: Der Aufregung geschuldet brachen sie mit ihrer Disziplin und teilten ausnahmsweise eine ganze Tafel Schokolade unter sich auf. Noch weit bis in die Abendstunden hinein saßen sie kuschelnd im Zelt zusammen und erzählten einander davon, wie es war, Auge in Auge mit dem imposanten Wildtier zu stehen.

Der See Tasersuaq

Die Ankunft am Tasersuaq (»Großer See«) zwei Tage später war weniger nervenaufreibend, aber sicherlich mindestens ebenso spektakulär. Zwischen rötlichem Felsen und einer herbstlich schimmernden Flechtenlandschaft funkelte den dreien das tiefblaue Wasser entgegen. Wie ein Canyon hatte sich der See mit seiner Länge von 35 km ins Land gegraben; er verlieh der Umgebung daher einen besonders alpinen Charakter.

 Senke von Nerumaq

So langsam wurden die Rucksäcke leichter. Am zehnten Tag erreichten die drei Wanderer das liebliche Tal Nerumaq, das sich in einer unendlichen Weite vor ihnen erstreckte. Da der Trail in sanftem Auf und Ab verläuft, erhaschten sie immer wieder wunderbare Ausblicke über die Landschaft. Unzählige kleine Binnenseen und ein riesiges Netzwerk an kristallklaren Bächen und Flüssen lagen ihnen hier zu Füßen. »Das Wasser belebte die ansonsten karge Landschaft auf sonderbare Weise«, erinnert sich Stefan. Sie beschlossen, das Zelt bereits am Nachmittag aufzustellen. Susanne und Silja machten sich daran, Blaubeeren zu sammeln, während Stefan die Angelroute auswarf. Zum Abendessen gab es frische Arktische Saiblinge – die frischesten und besten der Welt, wie Stefan stolz feststellte.

Am Rande der Welt

Ein weiterer, lohnenswerter Ausflug von Sisimiut aus ist die Fahrt mit einer kleinen Fähre zur Insel Qeqertarsuaq (auch: Diskoinsel). Die drei fanden dort Grönland im Miniaturformat vor: Gletscher, Berge, Hügel und Fjorde ganz dicht beieinander. Ende August setzt dort bereits der Herbst ein und färbt die Flechten in fantastisch leuchtende Rot- und Orangetöne.
GPS: 69.2443123, -53.5525559
GPS: 69°14'39.5"N 53°33'09.2"W

Nach getaner Arbeit einfach nur die Dreisamkeit genießen. Bei Familie Rosenboom/Gogolok wurde nicht nur gewandert – auch die Entspannung kam in diesem Urlaub nicht zu kurz.

Routiniert durch den Tag

Sie genossen die täglichen Routinen: Gemeinsam zu kochen und in aller Gemütlichkeit zu essen, schenkte ihren Tagen eine wertvolle Struktur. Dies war die Zeit, in der sie ihre Gedankenwelt für die anderen öffneten und sich über die Eindrücke des Tages austauschten.

Silja zückte dabei gern ihren Zeichenblock im Taschenformat und hielt darin ihre eigenen Bilder fest. Stefan machte in den Abendstunden mit seiner Kameraausrüstung oft noch ein paar Höhenmeter

Regenkleidung, wasserdichte Schuhe und Gamaschen waren für diese außergewöhnliche Reise essenziell.

extra, um seine Faszination einzufangen. Susanne kuschelte sich derweil ganz gemütlich in den Schlafsack und widmete sich ihrer mitgebrachten Lektüre. »In der Senke von Nerumaq kam bei uns allen ein Gefühl von Heimat auf«, erzählt die 55-Jährige. »Uns wurde warm ums Herz – so vertraut waren wir mittlerweile schon mit Grönland.«

Sturmlaune

Natürlich: Auch am Polarkreis herrscht nicht den ganzen Tag über eitel Sonnenschein. Wer so lange und intensiv beisammen ist, für den wird die Nähe auch manchmal zur Enge. Bei Übermüdung, Anstrengung oder Hunger bargen Kleinigkeiten großes Konfliktpotenzial. Etwa, wenn wichtige Utensilien plötzlich unauffindbar waren oder jemand aus Versehen den Reis im Topf anbrennen ließ. Dann konnten die drei auch mal richtig laut werden. »Wir lernten, unsere Streitigkeiten vor Ort direkt zu lösen. Wir konnten ja nicht einfach davonlaufen«, erinnert sich Stefan.
Für Silja war es wichtig, dass bis zum Schlafengehen der Familienfrieden wiederhergestellt wurde. Denn das Zelt war für diese Zeit ihr Zuhause, eine sichere Burg, in die sie abends einfach hineinfallen und sich wohlfühlen wollte.

4 Zielort Sisimiut

Sisimiut ist mit rund 5500 Einwohnern die zweitgrößte Stadt Grönlands. Insgesamt leben im weiteren Umfeld der Stadt mehr als die Hälfte aller Einwohner Grönlands. Für die drei Fernwanderer war das bereits Zivilisation pur. »Och nöö …«, jammerte Silja mit einem freudigen und auch einem bekümmerten Auge, als sie sich am Zielort eine Herberge mit warmer Dusche suchten und wusste, dass damit ihr Abenteuer in der Wildnis definitiv zu Ende ging. Aber auch Silja kam schnell an und schlemmte wohlgemut mit ihren Eltern noch am gleichen Abend einen riesigen Teller Garnelen mit frischen Butterkartoffeln.
Sind sie wirklich am Ziel angekommen? Auf gewisse Weise: ja. Viele Momente der Stille, der Ruhe, der Einsamkeit und der Gemeinschaft haben die drei auf intensive Art erlebt. Diese sind tief in der Familienseele abgespeichert. Auf andere Weise: nein. Denn das Abenteuer am Polarkreis hat Stefan, Susanne und Silja so richtig Lust auf mehr gemacht. ■

Unsere Reisetipps

DER WEG IST DAS ZIEL

Wandern am Polarkreis

Der Arctic Circle Trail ist zwar einfach zu gehen. Die Länge von gut 160 km erfordert aber physische wie mentale Ausdauer und viel Outdoor-Erfahrung. Er ist – je nach körperlicher Verfassung – mit Kindern ab 14 Jahren allerdings machbar.

DURCHBLICK BEWAHREN

Orientierung unterwegs

Klassische Orientierungsmethoden sind hier wirklich überlebenswichtig: Man sollte Karten richtig lesen, den Kompass verwenden, Wegmarkierungen erkennen und auf die Wetterboten achten können.

RICHTIG GUT GEBETTET

Zelten in der Wildnis

Eine gute Nachtruhe ist Gold wert. Deshalb ist es wichtig, den optimalen Zeltplatz zu finden.

1. Um bei Regen nachts nicht unerwartet davonzuschwimmen: tiefe Kuhlen vermeiden.
2. Gleichzeitig auch freie Flächen vermeiden, um das Zelt vor Wind und Wetter zu schützen.
3. Den Eingang zur windabgewandten Seite aufstellen.
4. Unbedingt ein Tape mitnehmen, um eventuelle Risse in der Zeltplane kleben zu können.
5. Zu Sicherheit grundsätzlich immer alle Heringe setzen.

Fernreisen

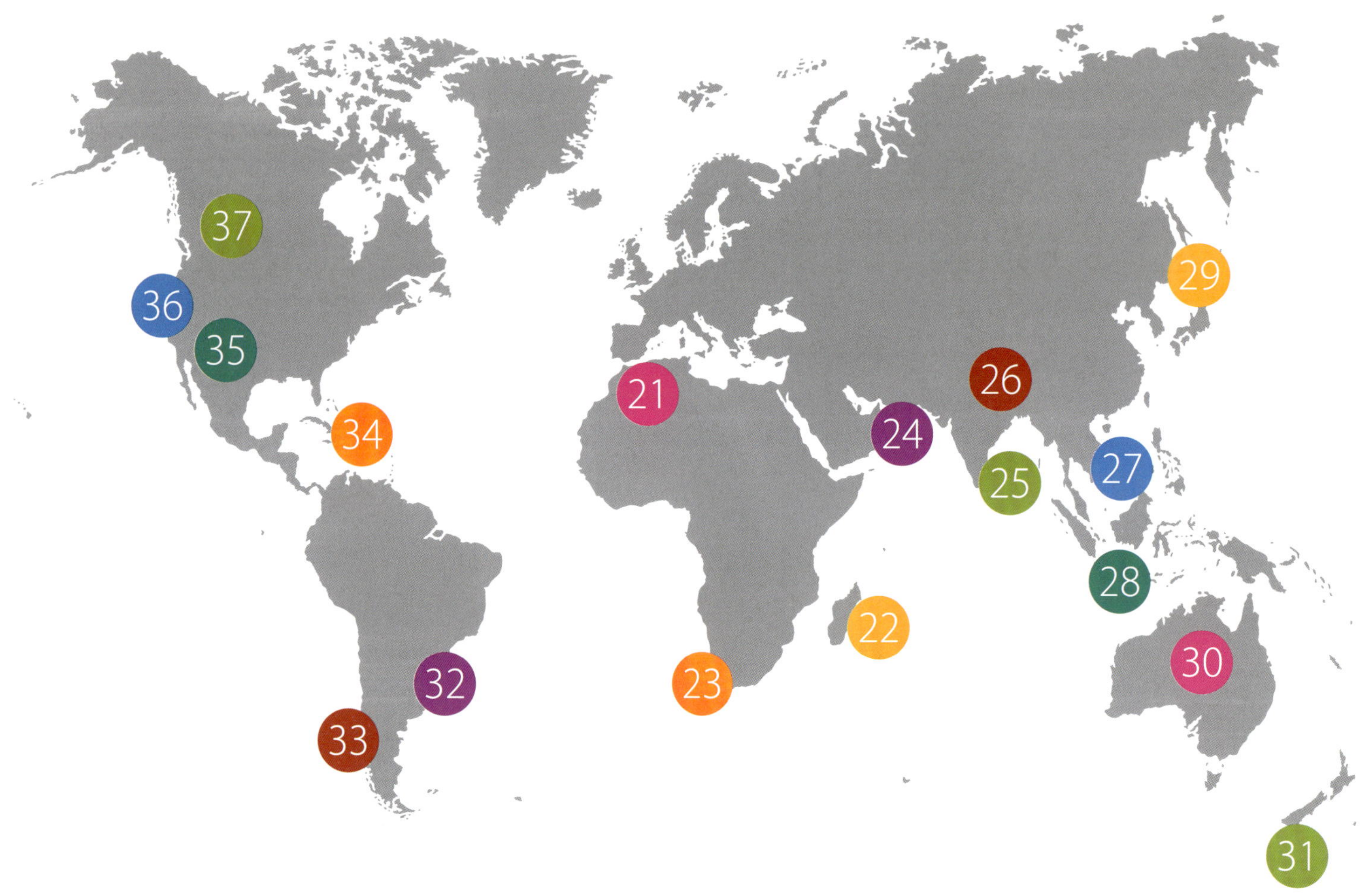

»Reisen ist eine Lebenseinstellung, deshalb wollen wir unseren Kindern so früh wie möglich den Kontakt mit anderen Kulturen ermöglichen.«

David Gebhardt
(Tour 30, Australien)

21 Marokko MIT DEM AUTO

Spannende landschaftliche Gegensätze und eine ausgesprochen kinderliebe Gastfreundschaft begleiteten die vierköpfige Familie Rumpfinger auf der Elternzeitreise durch Marokko. Ihre einmonatige Rundtour war voller Wärme und Lebenslust.

Familie Rumpfinger streifte in Marokko durch die Gassen von Ait-Ben-Haddou. Die Lehmstadt ist UNESCO-Weltkulturerbe.

BIRGIT UND HANS RUMPFINGER

Hans Rumpfinger (39) hatte die arabische Welt schon mehrmals bereist, unter anderem auf einer Radtour von Amman nach Kairo. Birgit (37) entdeckte die große Freude am Reisen erst so richtig durch ihn. Eine erste Elternzeit verbrachten sie mit Sohn Zeno (2, damals 1) auf dem Donauradweg von Deutschland bis Ungarn. Für die zweite Elternzeit mit Johannes (1) brauchte Hans einige Überredungskünste, bis sich seine Frau auf das Reiseziel Marokko einließ – doch dann war sie begeistert. Mittlerweile ist die Familie zu fünft und hat zusammen mit Tochter Antonia eine weitere Elternzeitreise erlebt.

Sandwüste und Millionenstädte, Hochgebirge und Atlantikküste, Schneefall und Hitze: Diese spannenden Gegensätze waren es, die Hans so sehr an Marokko faszinierten. »Innerhalb eines Monats sind wir mehrmals von einem Extrem ins andere gereist«, erinnert er sich an Nordafrika. Sie waren Anfang März mit der Autofähre ab Genua über Barcelona bis Tanger übergesetzt und folgten einer straff organisierten Reiseroute quer durch Marokko. Die Unterkünfte waren gebucht, die Reiseziele standen fest. »Vor allem in den großen Städten war es ein großer Pluspunkt, eine Kontaktperson zu haben und genau zu wissen, wo man hinwill«, sagt Birgit rückblickend. Weil Hans die arabische Kultur und Gastfreundschaft von seinen früheren Reisen kannte, wusste er, dass Marokko auch mit Familie sicher sein würde.

1 Chefchaouen

Zu Beginn ihrer Reise fuhr Familie Rumpfinger erst mal buchstäblich ins Blaue – nämlich nach Chefchaouen am Fuß des Rif-Gebirges. Die Kleinstadt mit ihren blau getünchten Häusern liegt 110 km südöstlich von Tanger und erstrahlte schon von Weitem. Blau, so besagt die arabische Tradition, schütze vor dem bösen Blick. Glücklicherweise, denn als Birgit durch die verwinkelten Gassen der Altstadt schlenderte, ließ sie sich staunend in den Bann des orientalischen Zaubers ziehen. Sie liebte die schmalen blauen Treppen und die orientalischen Torbögen, dazwischen die lustigen Farbsprenkel von bunten Blumentöpfen, das fröhliche Stadtbild in einer heimeligen Enge.

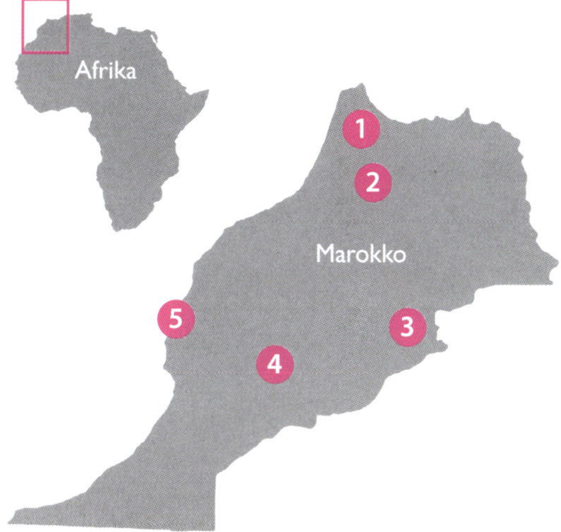

Abgefahren

Es muss kein Offroader sein: In Marokko waren Hans und Birgit mit ihrem Privatauto, einem BMW Kombi, unterwegs. Aber Vorsicht ist geboten: Mehrmals begegneten sie einer Geschwindigkeitskontrolle, die es genau nahm und Hans dreimal zur Kasse bat. Auf Autobahnen sind 120 km/h erlaubt, auf Schnellstraßen 100 km/h, auf der Landstraße 60 km/h und innerorts 40 km/h.

 Fès

Je südlicher sie kamen, desto orientalischer zeigte sich das Land. »Fès war für mich ein Besuch wie bei 1001 Nacht«, schwärmt Hans von der Millionenmetropole, die als kulturelle Hauptstadt Marokkos gilt. Die belebten Gassen der Altstadt waren so schmal, dass die vier ihr Quartier nicht mit dem Auto erreichen konnten und das Gepäck kurzerhand auf ein »Pferdetaxi« schnallen mussten. Lebhafte Basare mit den buntesten und vielfältigsten Waren führten sie wie im Labyrinth durch die Innenstadt. Handwerker und Künstler säumten die Straßen und boten ihre Geschicklichkeit feil. An der einen Ecke wurden Steinlampen geklopft, an der nächsten Tonschüsseln geformt, nur wenige Meter weiter flochten flinke Hände filigrane Körbe. Auch wenn ein Großteil der Häuserfassaden zerfallen wirkte, so zeigte sich beim Betreten der Innenhöfe oft atemberaubender Prunk: Minutiöse Mosaikkunstwerke vor sprudelnden Brunnenanlagen oder üppiger Palmenbewuchs mit duftenden Blumenbouquets überraschten die Gäste während ihres geführten Stadtrundgangs, sooft sie einen Blick auf das Innenleben der Gebäude werfen durften. Optisch beeindruckend, wenn auch im Geruch eher abstoßend, war das Areal der Färberei: In Hunderten von riesigen Trögen wurden dort Stoffe und Felle gegerbt und gefärbt. Dutzende knallgelbe Schaffelle waren über die umgebenden Hausdächer ausgebreitet und trockneten gerade in der Sonne. Im Hof stampften die Arbeiter metergroße Stoffballen in den knallbunten Laugen.

 Merzouga

Nach zwei Nächten setzte die Familie ihre Fahrt über das Mittlere Atlasgebirge fort und gelangte bis zum Hohen Atlas. Das imposante, wüstengeprägte Gebirge erstreckt sich über 2000 km durch Nordafrika und knackt in Marokko die Viertausendergrenze. Weiter ging es nach Süden in die marokkanische Wüste: Die Straßen wurden immer einsamer, die Berge kahler und die Landschaft staubiger und einseitiger. Nach 350 km hatten sie ihre Unterkunft in Hassilabied, nahe Merzouga, schließlich erreicht.

Hier konnten sich Zeno und Johannes nach Leibeskräften austoben: Das Wüstendorf ist bekannt für die riesigen Dünen – ein Sandkasten, wie ihn die beiden Jungs noch nie zuvor gesehen und erlebt hatten. Ausgelassen purzelten sie umher,

Frühstücken unter der Sonne Afrikas – hier schmeckten auch Klein Johannes die frischen Köstlichkeiten super.

buddelten ihre Arme und Beine tief in den warmen Sand und wirbelten riesige Sandwolken auf. Birgit war ebenfalls begeistert: »Das Licht in der Wüste ist für unser Auge etwas völlig Fremdartiges. Es huscht über die Oberfläche, spielt mit dem Wind, verändert sich im Minutentakt!« Sie genoss die ruhige Atmosphäre in der weiten, vermeintlich eintönigen und doch so faszinierenden Landschaft.

Austoben konnte sich Zeno erneut am gleichen Abend, als Freunde ihres Gastgebers in der Unterkunft eine spontane Musiksession veranstalteten. Die Gasteltern hatten ein gleichaltriges Kind und ermutigten Zeno, mit einzustimmen: Der Kleine setzte sich an die Djembe, die ihn in ihrer Größe fast überragte, und klopfte drauflos, wie es die Marokkaner um ihn herum auch alle taten: mit fröhlichem

Geschrei, Gesang und Jubel, solange, bis die Arme vibrierten. Der einjährige Johannes klatschte dazu jauchzend in die Hände und feuerte seinen Bruder freudestrahlend an.

4 Über Aït-Ben-Haddou nach Tafraoute

Die Route führte sie auf der Straße der Könige weiter nach Südwesten. Imposante Schluchten fräsen sich hier rund 2000 m tief in das Steinmassiv des Hohen Atlas, wie etwa die Dadesschlucht, die die Familie bei einer kleinen Flusswanderung erkundete. Auch die museumsreifen Gassen der Ortschaft Aït-Ben-Haddou – einer sehr gut erhaltenen, mittelalterlichen Lehmstadt, UNESCO-Weltkulturerbe und Kulisse in Filmproduktionen wie dem Lawrence von Arabien und Game of Thrones – ließen sie sich nicht entgehen. In Tafraoute schließlich begegnete ihnen wieder die Farbe Blau, diesmal aber in einer völlig neuen Form: Ein europäischer Künstler hatte Felsformationen in knalligem Rosa und hellem Blau komplett übermalt. Wie überdimensionierte Marshmallows lagen die Steine in einer fast schon irritierenden Leichtigkeit mitten in der kargen Landschaft.

Blau eingefärbte Felsen in der Wüstenlandschaft – ein Kunstwerk nahe des Berberstädtchens Tafraoute.

5 Essaouira

In einer tagesfüllenden Autofahrt erreichten sie Essaouira und damit die Westküste des Landes. Von hier aus wollten sie zum Abschluss noch Marrakesch besuchen, um anschließend direkt zur Fähre nach Tanger weiterzufahren. Zuvor aber wünschten sie sich einige ausgelassene Badetage. Der starke Wind in Essaouira machte die Suche nach einem windstillen Strand erforderlich.

Ein Tagesausflug brachte sie über sandige und steinige Pisten zum Iftane-Beach. Eine 500 m breite und einsame Badebucht mit einem kleinen Fischerdorf lag ihnen hier zu Füßen; zudem feiner Sand, bunte Muscheln und ein herrliches Rauschen des Atlantiks. Die Wassertemperaturen reichten für die Jungs gerade so aus, um mit Papa durch die Wellen zu toben. Ansonsten gab es diesmal nichts anderes zu tun, als alle viere von sich zu strecken, die warmen Sonnenstrahlen aufzusaugen und das wunderbare Blau des Himmels zu betrachten. ■

Unsere Reisetipps

MUSIKALISCH

Privatzimmer in Hassilabied

Im Camp House Restaurant Fatima fühlten sie sich besonders wohl: Die Zimmer waren sehr gepflegt, die Gastgeber offen, freundlich und kinderlieb. Gemeinsam saßen sie abends im Kreis und hielten eine spontane Musiksession ab.

Hassilabied, Merzouga, Tel. +212 (0) 670 18 10 34, mobil +212 (0) 639 03 25 37, www.camp-house-restaurant-fatima.com

KÜNSTLERISCH

Tafraoute

Von der kleinen Wüstenstadt im Antiatlas aus unternahm die Familie Rumpfinger drei wunderschöne Tagesausflüge:

- in das 15 km lange Tal der Ammeln, das aus mehreren kleinen, authentischen Dörfern eines Berberstamms besteht.

- mit gemieteten Rädern zu den Kunstwerken »Les Peintures«: Ein Künstler hatte Steinformationen in der Wüstenlandschaft rosa und blau angemalt. Bietet sich auch als lebhafter Kletterausflug für die Kinder an.
  GPS: 29.6684167, -8.97355
  GPS: 29°40'06.3"N 8°58'24.8"W

- zur palmenbestückten Oase Aït Mansour in traumhafter und unberührter Landschaft.
  GPS: 29.5479333, -8.877067
  GPS: 29°32'52.6"N 8°52'37.4"W

22

Madagaskar FAMILIENFREUNDLICH

Wo Lemuren den Kindern aus der Hand naschen und Einheimische helfen, in der Wildnis den besten Zeltplatz zu finden, dort wird ein Backpacker-Abenteuer zum Urlaub. Familie Alboth reiste fünf Wochen durch Madagaskar.

Baobabs sind riesige Affenbrotbäume, die auf Madagaskar wachsen. Eine Nacht dort zu zelten, war für Familie Alboth ein Traum.

ANNA UND THOMAS ALBOTH

Thomas (36) und Anna (30) Alboth verbinden gern die Welten: Die beiden Journalisten reisen, schreiben, bloggen und sind international vernetzt. Als Fotograf lebt und arbeitet Thomas schon immer in Berlin. Anna stammt aus Polen und arbeitet heute als freie Autorin. Mit ihren Töchtern Hanna (7) und Mila (5) reisten sie bereits um das Schwarze Meer, quer durch Mittelamerika, über den Balkan und zu verschiedenen Südseeinseln. Auf ihrem Blog www.thefamilywithoutborders.com berichten sie unverblümt und mit viel Humor von ihren Reiseabenteuern mit ihren beiden Kindern.

Tanz und Tuba. Spaß und Schokolade. Party bis spät in den Abend hinein: Fast könnte man meinen, Familie Alboth wäre auf einem Volksfest gelandet. Na ja, so ähnlich … denn was auf Madagaskar als rauschendes Lokalevent gefeiert wird, ist eigentlich ein rituelles Totenfest: Famadihana. Es bildet einen festen Bestandteil der Kultur – als Tourist dorthin eingeladen zu sein, ist wahrlich eine große Ehre.

1 Antananarivo

Thomas und seine Familie hatten die Einladung von einem Einheimischen erhalten, der in Antananarivo, Madagaskars Hauptstadt, im selben Hotel wohnte wie sie. Kurzerhand liehen sie sich Räder aus und folgten ihm in ein kleines Dorf. Hunderte feiernder Menschen waren dort rund um den Friedhof versammelt. Musiker mit Blasinstrumenten gaben den Takt an, die Leute tanzten, klatschten und sangen. »Die Toten gehören dort noch zum Leben dazu«, berichtet Thomas fasziniert. »Man betrauert sie nicht, sondern feiert sie.« Die Männer stießen mit Rum an, die Frauen servierten riesige Mengen an Reisgerichten. Neugierig und ausgelassen ließen sich die vier Urlauber auf die Feierlichkeiten ein und waren begeistert von der Gastfreundschaft und Offenheit der Menschen. Dieser Einstieg in ihre fünfwöchige Madagaskar-Tour war aber nur der Beginn einer Reise durch fremde Gewohnheiten und exotische Lebensweisen.

Mit jedem Kilometer, den sie sich in den Überlandbussen von Antananarivo entfernten, fühlten sich die Reisenden der Insel noch näher. Die Häuser wurden immer kleiner und die Baumaterialien immer schlichter. Die Landschaft wurde einsamer, urwüchsiger und vielseitiger. Das Land schien sich röter zu färben; wegen des eisenhaltigen Bodens wird Madagaskar auch als »rote Insel« bezeichnet.

Und das Leben – es kam ihnen immer noch bunter vor: Ganze Bana-

Auf Tuchfühlung

Backpacking und Campen sind auf Madagaskar noch weitgehend unbekannt und provozieren teils argwöhnische Blicke bei den Einheimischen. Wer diesen aber mit Gelassenheit und einem Lächeln begegnet, trifft ins Herz der Menschen und erkennt dann meist schnell, was für liebenswerte und hilfsbereite Zeitgenossen sie sind.

nenstauden und duftende Zitrusfrüchte wetteiferten auf den Frischemärkten mit ihren prächtigen Farben um die Aufmerksamkeit der Besucher. »Unbekannte Früchte zu probieren wurde für uns bald zum beliebten Spiel: Die Namen konnten wir uns nicht merken, aber die Kinder behielten den Geschmack in Erinnerung«, erzählt Anna.

2 Baobab-Allee

Eine der nächsten Reisestationen lag im Westen Madagaskars, wenige Kilometer vor der Küstenstadt Morondava: die Baobabs – Affenbrotbäume, die in einer über 200 m langen Allee Spalier stehen. Bis zu 30 m ragen die rund 800 Jahre alten Gewächse flaschenförmig in den Himmel. Sie sind ein Überbleibsel tropischer Regenwälder und wurden vor der Abholzung verschont. »Renala« nennen die Einheimischen die dickstämmigen Bäume mit ihrer feinen und lichten Baumkrone: »Mutter des Waldes«. Über Madagaskar verteilt findet man wohl Tausende weiterer Affenbrotbäume. Der Anblick einer so hohen Dichte an exotischen Baumriesen hatte für Thomas etwas sehr Erhabenes. Was lag da in einer abenteuerlustigen Familie näher als die Idee, zwischen den massiven Baumstämmen ihr Zelt aufzuschlagen? »Dieses Erlebnis wollten wir uns nicht entgehen lassen«, verrät der Familienvater.

Freundlich fragten sie bei den Einwohnern des angrenzenden Dorfes an, ob das in Ordnung wäre, erhielten die Zustimmung – und waren im Nu von einer Horde neugieriger Kinder umringt. Diese schienen anfangs aufdringlich; natürlich hätten sie am liebsten gierig alle Kekse genascht, die Anna in ihrer Tasche bei sich trug. Aber schon nach kurzer Zeit entwickelte sich ein vertrautes Zusammensein, und alle halfen mit, um einen Stellplatz für das Familienzelt zu finden, der nicht von stacheligen Bodengewächsen übersät war. Sie landeten schließlich auf dem Fußballplatz. Während Anna und Thomas den Campingkocher auspackten und das Abendessen zubereiteten, spielten Hanna und Mila mit einer Gruppe von Kindern Fußball. Bei Sonnenuntergang verzogen sich diese nach Hause, und Familie Alboth erlebte eine unvergessliche Outdoor-Nacht unter einem glitzernden, funkelnden und strahlenden Sternenhimmel.

3 Andasibe-Mantadia-Nationalpark

Madagaskar ist mit mehr als 580 000 qkm nach Indonesien der flächenmäßig zweitgrößte Inselstaat der Welt. Bis zur Ostküste waren die Alboths dann auch fast 20 Stunden unterwegs. Weil sie genügend Zeit hatten und gern abseits von Touristenwegen reisten, ließen sie sich diesen Teil der Insel aber nicht entgehen. Auf ihrem Weg nach Osten durchquerten sie schließlich den Andasibe-Mantadia-Nationalpark. Für die Kinder Hanna und Mila besonders aufregend: Hier durften sie Lemuren füttern. Die kleinen Primaten leben wild ausschließlich auf Madagaskar und den vorgelagerten Inseln. Mit ihrem flauschigen Fell, den zierlichen Armen, kugelrunden Augen und einem auffällig langen Schwanz sind die Tiere eine Art Maskottchen des Landes. Zutraulich kamen sie auch zu den beiden Mädchen und fraßen ihnen die mitgebrachten Nüsse und das Obst direkt aus der Hand.

Süß und hungrig: Die Lemuren saßen Anna auf der Schulter und fraßen den Kindern sogar aus der Hand.

4 Ambila Lemaitso

Begeistert waren die vier auch vom Strand in Ambila Lemaitso nahe Ampasimanolotra (früher Brickaville). Mit einer Fähre, die aus wackligen Holzbooten bestand, mussten sie das Kanalsystem überqueren, welches sich durch den Osten der Insel zieht und ein Relikt der französischen Kolonialzeit ist. Mehrere Tage zelteten sie dort unmittelbar an der Küste. Die einheimischen Kinder freuten sich riesig darüber, mit Hanna und Mila zu spielen – und anscheinend fast noch mehr darüber, deren Eltern ausführlich erläutern zu dürfen, welches vor Ort das beste Brennholz für Lagerfeuer war.

Klettern wie die Affen – Hanna und Mila erkundeten die Insel auf ihre Weise und versuchen dabei Kokosnüsse zu pflücken.

5 Toamasina

Die zweitgrößte Stadt auf Madagaskar, Toamasina, empfing die vier anschließend mit einem ziemlichen Kontrastprogramm: städtischem Flair, gemütlichen Cafés an der Strandpromenade, geschäftigem Rummel in der Innenstadt und afrikanischem Markttreiben mit lautem Gedränge, Gefeilsche und Gehupe. Sie hatten über Airbnb eine sehr nette Familie kennengelernt, in deren Haus sie eine Nacht schliefen und mit der sie abends schließlich gemeinsam quatschend und lachend um den Tisch herum saßen.

6 Sainte Marie

Etwa 150 km weiter nördlich setzten sie schließlich von Soanierana Ivongo mit einer Katamaranfähre auf Sainte Marie über und entdeckten, dem südlichen Teil der Insel vorgelagert, ihr persönliches Traumziel: die Île aux Nattes, keine 3 km lang und gut 1 km breit. »Für uns das Paradies!«, erinnert sich Anna begeistert. Zu viert unternahmen sie kleine Wanderungen zwischen den Palmen, spazierten oft stundenlang durch das glitzernde Meer und rannten über die weiten, einsamen Strände. Die Kinder spielten Krabbenfangen, hüpften zwischen den Muscheln umher und planschten ausgelassen im warmen Wasser. Mit den Holzkähnen der Fischer ruderten sie auf den ruhigen Ozean hinaus und bewunderten die reiche und farbenfrohe Unterwasserwelt. Für einige Tage wurde aus ihrem Backpacking-Abenteuer ein ganz »normaler« und erholsamer Urlaub. ■

Unsere Reisetipps

REISEN AUF DER INSEL

Bus oder Mietwagen?

Die Straßen sind im westlichen Teil Madagaskars besser ausgebaut als im Osten, an dessen Küste teilweise nur Geländewagen die Pisten passieren können. Für lange Überlandfahrten nutzten Thomas und Anna öffentliche Busse, das war sehr kostengünstig. Um lokale Ziele zu erreichen, verhandelten sie vor Ort hartnäckig mit den Taxifahrern oder stiegen ins Tuktuk. Wer es bequemer und flexibler haben will, organisiert sich vor der Reise am besten einen Mietwagen.

ANDASIBE-MANTADIA-NATIONALPARK

Lemuren füttern

Thomas und Anna buchten vor Ort eine Rundtour mit Guide. So gingen sie auf Nummer sicher, Lemuren anzutreffen – die ihre Kinder natürlich suuuper-süüüß fanden.

SAINTE MARIE

Whalewatching

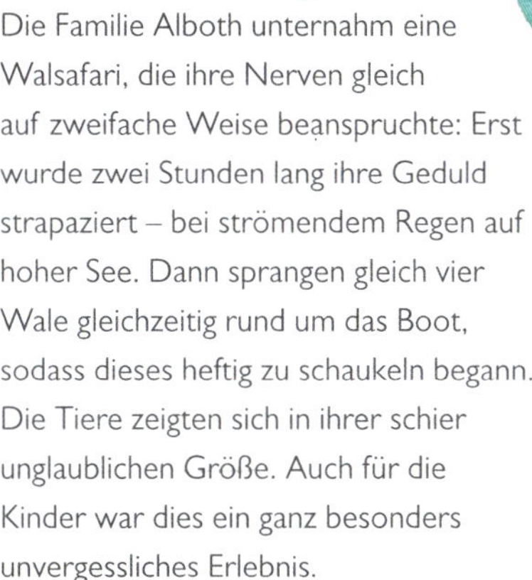

Die Familie Alboth unternahm eine Walsafari, die ihre Nerven gleich auf zweifache Weise beanspruchte: Erst wurde zwei Stunden lang ihre Geduld strapaziert – bei strömendem Regen auf hoher See. Dann sprangen gleich vier Wale gleichzeitig rund um das Boot, sodass dieses heftig zu schaukeln begann. Die Tiere zeigten sich in ihrer schier unglaublichen Größe. Auch für die Kinder war dies ein ganz besonders unvergessliches Erlebnis.

23

Südafrika
ENDLOSES FERNWEH

Jede Reise braucht einen Anlass: Für Ines und Gert war es der Wunsch, Freunde zu besuchen, die nach Botswana versetzt worden waren. Von dort aus sollte es nach Südafrika gehen – die erste Fernreise mit ihren beiden Kindern.

Vom Signal Hill aus ist der Blick auf den Tafelberg am beeindruckendsten – vor allem in den frühen Morgenstunden.

INES UND GERT REWEL

Ines (46) und Gert (43) Rewel leben mit Erik (10) und Lisa (6) etwas nördlich von Berlin in Brandenburg. Ines arbeitet in der Schulverwaltung und Gert ist Zahnarzt. Ihre Freunde hatte es nach Gaborone verschlagen, in die Hauptstadt Botswanas. Angenehmerweise liegt Gaborone direkt an der Grenze zu Südafrika in Autodistanz zu Johannesburg, dem Zielflughafen der vier Brandenburger. So ließ sich der Besuch unkompliziert mit einem Roadtrip entlang der berühmten Garden Route an der Südküste Südafrikas verbinden. Auf www.viermalfernweh.de schreibt Ines witzig und informativ über die Reise Ihrer Familie.

Von Botswana sollte es zurückgehen nach Johannesburg und von dort aus per Inlandflug nach Port Elizabeth am Indischen Ozean. Auf der Nationalstraße N2, die Port Elizabeth mit Kapstadt verbindet, fährt man etwa 220 km durch den Garden-Route-Nationalpark, der 2009 durch die Zusammenlegung mehrerer kleinerer Parks entstanden ist. Diese traumhaft schöne Strecke – der Abschnitt vom Tsitsikamma-Nationalpark bis Mossel Bay oder Still Bay, man ist sich da etwas uneinig – wird nicht »Garden Route« genannt, weil sie durch hübsche Gärtchen führt, sondern weil die Vegetation im Vergleich zum Hinterland so üppig grün ist. Auf der N2 also nach Kapstadt und von dort aus zurück nach Deutschland – was für ein schöner Plan für drei Wochen Sommerferien!

 Johannesburg

Ein Riesenvorteil an Südafrika ist die Zeitzone: 10 000 km Luftlinie und trotzdem die gleiche Uhrzeit wie in Deutschland. Ein Nachtflug, und man ist da, ganz ohne Jetlag – wunderbar, erst recht, wenn man mit Kindern unterwegs ist. Bei der Ankunft in »Joburg«, oder noch liebevoller »Jozi« genannt, waren die vier also leidlich ausgeschlafen – und zum Glück auch mit allen notwendigen Papieren ausgerüstet. Hätten sie nämlich zum Beispiel keine internationalen Geburtsurkunden für Erik und Lisa dabeigehabt – sie hätten wie die Familie hinter ihnen in der Schlage umgehend wieder in den Flieger heimwärts steigen können. Aber für sie lief alles glatt. Auch Johannesburg meinte es gut mit ihnen. Die Stadt hat ja einen, sagen wir mal, eher ruppigen Ruf. Das kleine Guesthouse im gemäßigten Norden der Stadt war von mehreren Mauern, Stacheldracht und Elektrozaun umgeben. Dinge, die notwendig sind, wenn Kriminalität ein echtes Problem darstellt. Für das Joburg-Sightseeing nutzten sie einen der Hop-on-Hop-off-Busse. Ideal, vor allem mit Kindern, in einer Stadt, die spannend und dynamisch, aber mitunter auch verstörend und schwer einzuschätzen ist. An echten Sehenswürdigkeiten ist Joburg eher arm, doch bei einer Rundfahrt durch die Stadt bekommt man ein Gespür dafür, welche Themen ganz Südafrika beschäftigen: die Gegen-

sätze zwischen Arm und Reich – wenn funkelnde Wolkenkratzer auf verdreckte Gehwege treffen –, Gentrifizierung und auch die Aufarbeitung der Apartheid anhand des Apartheid Museums, das so eindrücklich ist, dass es erst für Kinder ab elf Jahren empfohlen wird.

Der Ausflug nach Botswana verlief rund: Gert bestand die Feuerprobe Linksverkehr mit Bravour, der Grenzübertritt war etwas zäh, aber spannend wegen der ausgiebig zelebrierten Bürokratie und der herrschaftlichen Amtswürde der Grenzbeamten. Im Auto drückten sich die Kinder an den Scheiben die Nasen platt und sogen die ungewohnte Landschaft in sich auf. Ansonsten war es ein Besuch bei guten Freunden, der guten Gewissens auch privat bleiben darf.

2 Port Elizabeth

Zurück in Johannesburg ging in aller Früh der Flieger nach Port Elizabeth. Dort wartete schon der nächste Mietwagen: Das erste Ziel ihres Roadtrips war der Addo Elephant National Park, eine Autostunde nördlich von Port Elizabeth. Eine Blockhütte im Main Camp des Parks hatten sie sich reserviert, ausgestattet mit allem, was man braucht; aber auch nicht mehr. Es gab einen kleinen Laden und ein Restaurant im Camp.

Seit ihrer Landung goss es in Strömen, doch pünktlich mit Ende des Frühstücks ein paar Stunden später riss der Himmel auf: Plötzlich leuchtete das Grün, die Sonnenstrahlen erwärmten die Luft rasch und die vier wollten keine Zeit verlieren und zu ihrem ersten »Game Drive« aufbrechen – einer Fahrt durch den Park, um Wildtiere (engl. »game«) zu sehen.

In Addo gibt es ausgewiesene Straßen, die man nach strengen Regeln (Wagen niemals verlassen, Fenster geschlossen halten etc.) mit dem eigenen Wagen befahren darf. Gut informiert ging es los. Und dennoch – sie rechneten nicht damit, dass sie das erste Tier, das sie in freier Wildbahn erblickten, so vom Hocker hauen würde … Unbeschreiblich. Tiere, die man nur aus dem Fernsehen, Zoo oder Wimmelbuch kannte, schauten urplötzlich aus dem Busch: erst ein Zebra, ein paar Meter weiter das Hinterteil eines Warzenschweins, dann ein Strauß, ein Springbock, ein Kudu … In freier Wildbahn, ohne Scheu, weil nicht bejagt, und vollkommen selbstverständlich. Ines, Gert und die Kinder konnten es kaum glauben. Auf der Rückfahrt zum Camp erlebten sie dann sogar noch eine Steigerung: Unterwegs hatte ein Auto am Wegrand angehalten – ein sicheres Zeichen, dass es etwas zu sehen gab. Hinter der nächsten Kurve: ein ausgewachsener Elefantenbulle! Auf der Rückbank des Mietwagens mischten sich Begeisterung sowie Aufregung; der Bulle trottete gemächlich vor sich hin und ließ sich gar nicht weiter stören. Was für ein wahnsinnig außergewöhnliches Erlebnis – und zwar für die ganze Familie!

Für den nächsten Tag stand schließlich ein geführter Game Drive an. Und hier trafen sie die neuen Bekannten aus der Tierwelt dann auch wieder – dieses Mal sogar eine ganze Herde von Elefanten. Auf der Bucket List des prototypischen Game Drivers stehen der Elefant, das Nashorn, der Büffel, der Löwe und der Leopard – also die »Big Five«. Löwe, Leopard und Büffel ließen sich nicht blicken, aber das machte den vieren überhaupt nichts aus. Die Tier- und auch Pflanzenwelt des Addo begeisterte sie restlos.

3 Plettenberg

Die Garden Route entlang der N2 Richtung Kapstadt führt durch zerklüftete Täler, durch dichtes Grün, das Meer immer in der Nähe. Zur Hochsaison im südafrikanischen Sommer (Oktober bis Februar) ist hier die Hölle los. Jetzt war es zwar kühler, dafür deutlich entspannter und ruhiger. Die Straßen und überhaupt die gesamte Infrastruktur sind in einem guten Zustand – auch das macht Südafrika zu einem geeigneten Reiseland mit Kindern.
Der Küstenort Plettenberg lag auf ihrem Weg, mit endlosen, traumhaften Stränden, ein paar netten Restaurants, die auch jetzt – im südafrikanischen Winter – geöffnet hatten, und all der Ruhe, die ein Seebad ausstrahlen kann. Das Städtchen eignete sich also gut, um ein paar Tage zu bleiben und von hier aus Ausflüge zu unternehmen. Beispielsweise zum Birds of Eden: einem gigantischen Freiluftgehege, das sich über zwei Hektar erstreckt und mehr als 3500 Vögeln verschiedener Spezies eine Heimat bietet. Spaziert man durch die Riesenvoliere hört man von überallher Vogelstimmen – von Zwitschern bis Kreischen ist alles dabei. Die Besucher dürfen die Tiere natürlich nicht anfassen oder ihnen zu dicht auf die Pelle rücken. Umgekehrt gilt das nicht, sodass Papageien in allen nur erdenklichen Ausführungen den vieren direkt über die Köpfe flatterten, so dicht, dass es die Haare verwehte.
Gleich nebenan liegt das Monkeyland mit dem gleichen Prinzip: riesige Freigehege, die den natürlichen Lebensraum seiner Bewohner so gut es geht abbilden. Mit dem kleinen, aber feinen Unterschied, dass man die Gehege nur mit Ranger betreten darf. Ines hielt das zunächst für übertrieben, aber bereits nach ein paar Metern war sie froh drum: Eine fast schauerliche Geräuschkulisse, putzige Äffchen mit Furcht einflößenden Gebissen und einem Hang zur Kleptomanie – da fühlten sie sich in professioneller Begleitung schon wohler. Das Areal ist zwar eingezäunt, aber nicht überdacht, sodass die Affen jederzeit das Gehege verlassen könnten. Die Lebensbedingungen in dem Gehege sind allerdings so maßgeschneidert für die Affen, dass sie eigentlich keinerlei Interesse daran haben, ihr Domizil überhaupt zu verlassen.
Das Robberg Nature Reserve ist ebenfalls nicht weit entfernt von Plettenberg – nur ganze acht Kilometer: Wanderungen mit verschiedenen Schwierigkeitsgraden führen über die Halbinsel mit ihren zerklüfteten Küsten, dichtem Buschwerk und atemberaubenden Aussichten. Robben und Delfine leben in den Gewässern. Seevögel haben ihre Nistplätze und mit Glück kann man von der Halbinsel auch Wale

Safaris

Wer mit Kindern wilde Tiere sehen möchte, sollte sich unbedingt vorher informieren, ab welchem Alter Kinder mit auf die Game Drives dürfen. Jeder Park handhabt das etwas anders, häufig sind sechs Jahre die Untergrenze. Freiluftgehege wie Birds of Eden oder das benachbarte Monkeyland eignen sich hingegen auf jeden Fall für den Besuch mit Kindern und haben auch keine Altersbeschränkung.

Die Atmosphäre im Addo Elephant National Park ist einzigartig – vor allem, wenn man mit dem eigenen Auto unterwegs ist und auf die mächtigen Dickhäuter trifft.

beobachten. Die Wege sind ganz passabel ausgebaut, nicht an allen entscheidenden Stellen gibt es Geländer, ein wenig abenteuerlich also – vor allem für die Eltern, sobald Erik und Lisa Gas gaben, um vor dem anderen auf der nächsten Anhöhe zu sein. So ganz risikofrei sind die Wanderungen also nicht. Der Wind kann noch dazu so kräftig blasen, dass man an Trittsicherheit verliert, und das Gestein ist an manchen Stellen so locker, dass sich Steine lösen können. Am Ende der Wanderung stießen sie schließlich auf eine kleine Bucht: Der Indische Ozean war hier an diesem Tag nicht ganz so wild, und die Aussichten entschädigten Gert und Ines für die Aufregungen zuvor. Für die Kinder war die Tour spannend und kein bisschen langweilig. Weiter ging es schließlich auf der Garden Route Richtung Kapstadt. Die südafrikanische Tierwelt hatte sie alle vollauf begeistert – sie wollten unbedingt mehr davon. Ein Höhepunkt für Erik und Lisa war dann auch die Straußenfarm Highgate Ostrich Show Farm bei Oudtshoorn. Hier lernten sie alles über die absonderlichen Tiere, durften sie anfassen und bekamen sogar überdimensionale Straußeneier zu Gesicht.

 Hermanus

Zurück am Ozean war Hermanus das nächste Ziel. In die Gewässer um den Ort kommen zwischen Juni und Dezember Buckel- und Glattwale, um zu kalben. Und man kann die Tiere nicht nur bei geführten Whalewatching-Touren (falls es der Seegang zulässt), sondern sogar von der Küste aus sehen. Das war wie bei den Big Five – einbestellen konnte man die Tiere nicht, aber diesmal hatten sie Glück: In der Bucht spielten und prusteten die riesigen Meeressäuger! Und auch ohne die Wale hätte sich der Abstecher nach Hermanus gelohnt – ein liebenswerter Ort, mit vielen kleinen Cafés und Geschäften und einem fantastischen Pfad entlang der Klippen.

Aufrechter Gang und etwas unbeholfen an Land, aber pfeilschnell und wendig im Wasser – die Pinguinkolonien von Simon's Town sind von Kapstadt aus gut zu erreichen.

5 Kap der Guten Hoffnung

Direkt an der Küste ging es dann weiter, denn auf dem Weg lagen die Pinguinkolonien am Stony Point an der Betty's Bay. An Land scheinen die possierlichen Tiere etwas tollpatschig, sobald sie aber im Wasser sind, werden sie zu pfeilschnellen, wendigen Jägern. Die Tierchen hatten es allen so angetan, dass sie auch noch Boulders Beach in Simon's Town ansteuerten. Hier findet man zusätzlich zu den Pinguinen auch noch wunderschöne, fast blütenweiße kleine Strände, die von rund gewaschenen Felsen begrenzt werden.
Am Ende des Roadtrips wartete schließlich das legendäre Kap der Guten Hoffnung – mit seiner bizarren Felsenlandschaft, der Weite des Meeres und einem kräftigen Wind.

 Kapstadt

Kapstadt, die Mother City, war krönender Abschluss der Reise. Beinahe wäre er buchstäblich ins Wasser gefallen, aber dann zeigte die Stadt doch noch ihr sonniges Gesicht. Der alles überragende Tafel-

Die atemberaubende Natur Südafrikas macht selbst wandermuffelige Kinder zu Gipfelstürmern. Vor allem wenn die Landschaft so abenteuerlich ist wie im Robberg Nature Reserve: Auf verschlungenen Pfaden geht es über Felsen und durch Buschwerk am Ozean entlang.

berg, der Blick über die Stadt vom Signal Hill aus, die bunten Häuser des Stadtviertels Bo-Kaap, dem Zentrum der muslimischen Community von Kapstadt. Als touristisch im besten Sinne empfanden sie die aufwendig restaurierte Kolonialarchitektur in der Victoria & Alfred Waterfront. Hier hat sich in den letzten 20 Jahren ein quirliges Viertel entwickelt: Boote laufen ein und aus, es gibt viele Restaurants und Geschäfte mit Delikatessen, an jeder Ecke Livemusik, Attraktionen für Kinder – um das Riesenrad kamen die vier natürlich auch nicht herum. Vor hier aus starten auch die Touren zur berüchtigten Gefängnisinsel Robben Island, auf der Nelson Mandela 20 Jahre lang gefangen gehalten wurde. Allerdings machte der Seegang eine Bootsfahrt unmöglich und ihnen so einen Strich durch die Rechnung. Aber auch sonst gab es noch genügend andere Dinge zu tun: Auf ihrer ganzen Reise hatten sie nämlich noch kein einziges Mitbringsel besorgt. Fündig wurden sie dann ganz problemlos in den Läden entlang der Long Street, dem Greenmarket Square und im Pan African Market.

Die ganze Schönheit der Stadt konnten sie tatsächlich auch noch von einem Helikopter aus genießen, ein lange gehegter Wusch von Gert und ein großes Abenteuer – nicht nur für die Kinder, sondern auch für die nicht-schwindelfreie Ines.

Dann war tatsächlich das Ende ihrer Reise gekommen, 2000 km lagen hinter ihnen, unzählige neue Eindrücke und Erfahrungen nahm die ganze Familie mit nach Hause. Seitdem fragen die Kinder regelmäßig: »Wann fahren wir endlich wieder nach Südafrika?« ■

Unsere Reisetipps

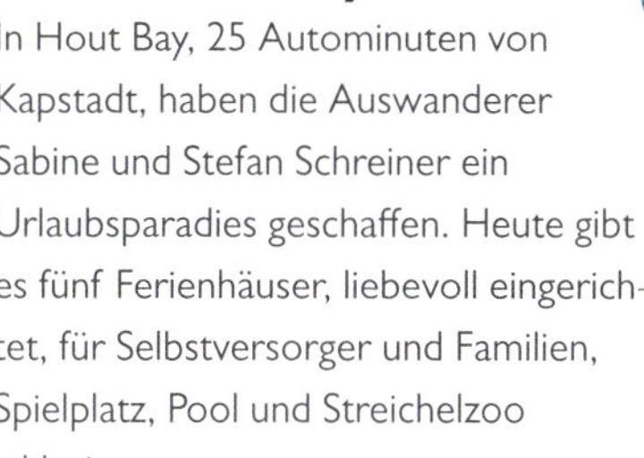

SCHÖNSTE ÜBERNACHTUNG

African Family Farm

In Hout Bay, 25 Autominuten von Kapstadt, haben die Auswanderer Sabine und Stefan Schreiner ein Urlaubsparadies geschaffen. Heute gibt es fünf Ferienhäuser, liebevoll eingerichtet, für Selbstversorger und Familien, Spielplatz, Pool und Streichelzoo inklusive.

African Family Farm, Riverside Terrace, Hout Bay 7806, Tel. +27 (0) 715 57 73 20, www.african-family-farm.com

BESTES CAFÉ

Lighthouse Café in Simons Town

Maritimer shabby Chic und himmlische Kuchen in einem hübschen Kolonialbau ganz in der Nähe der Pinguinkolonie am Boulders Beach.

90 St George's St, Simon's Town, Cape Town 7995, Tel. +27 (0) 2 17 86 90 00, www.thelighthousecafe.co.za

SCHÖNSTE STRASSE

Chapman's Peak Drive

Neben der Garden Route gibt es eine weitere Traumstraße an der Küste Südafrikas: Der Chapman's Peak Drive auf der Kap-Halbinsel südlich von Kapstadt verbindet Hout Bay mit Noordhoek. Mit 9 km hat er zwar nur einen ganz winzig kleinen Bruchteil der Länge der Garden Route, ist aber ebenfalls ziemlich spektakulär. In engen Kurven geht die Straße direkt an der Steilküste entlang: Fantastische Ausblicke warten hier.

24

Oman MIT KLEINKINDERN

Üppige Oasen in der weiten Wüstenlandschaft, anmutige Fjorde mit Delfinen: Familie Heil lernte den Oman in seinen zahlreichen Facetten kennen und lieben. »Das schönste Stück Orient«, schwärmt Katja auch Jahre nach der zweiwöchigen Reise.

Maskat verzaubert durch den Charme des Orients – mit Kindern ein guter Einstieg für Reisen in die Arabische Welt.

KATJA UND RONALD HEIL

Fotografin Katja (36) und Bauingenieur Ronald (41) Heil reisen gemeinsam durch die Welt, seit sie sich kennen: Von Karlsruhe aus führte sie ihre Unternehmungslust nach Neuseeland, Sri Lanka, Dubai, Sansibar, Vancouver; auch Kroatien, Mallorca und weitere europäische Destinationen haben sie bereits erkundet. Seit einigen Jahren sind ihre beiden Kinder Anton (4) und Ida (1 ½) mit auf Reisen. Abenteuermutig und voller Neugierde auf den Orient buchten sie im Oktober 2014 zwei Wochen Urlaub im Oman. Besondere Momente sammelt Katja in ihrem Reiseblog www.antonsganzewelt.de.

1 Maskat

Familie Heil schlendert staunend durch die Altstadt von Maskat. Alte und liebevoll erhaltene Häuser fassen die schmalen Straßen ein. Sie sind mit filigranen Orientlaternen geschmückt, die Fenster kunstvoll verziert und elegant in die Höhe geschwungen. Manche Häuser tragen kleine Türmchen, andere haben uralte Holztüren. Charmant und gleichzeitig geheimnisvoll schlummern die Gassen in der herbstlichen Mittagshitze.

Vor einem der Häuser sitzt eine alte Frau, ihr Haupt im Kopftuch eingewickelt und beide Hände auf einen hölzernen Stock gestützt. Als sie die eineinhalbjährige Ida mit ihren neugierigen Kinderaugen entdeckt, wandelt sich das Gesicht der Frau in ein breites, strahlendes Lächeln. Sie verschwindet durch die schwere Holztür ins Innere des Hauses und kommt wenige Sekunden später mit einer Blechdose in der Hand zurück. Als sie wieder ihren Sitzplatz eingenommen hat, hebt sie den verbeulten Deckel und streckt Ida eine Dattel entgegen. Schwupp. Die ist schnell im Kindermund verschwunden. Bruder Anton blickt die Frau erwartungsvoll an. Diese lacht, versucht sich mit einigen Brocken Englisch zu unterhalten und reicht schließlich auch dem Vierjährigen eine Dattel. Mmmh … wie die schmeckt!

Souk: der Markt

Die Heils nahmen Maskat als Eingangstor in das dünn besiedelte Land an der Ostküste der Arabischen Halbinsel und waren begeistert von der Warmherzigkeit der Bewohner. Sie erlebten die Menschen freundlich und offen, ja, diese waren sogar sehr stolz darauf, wenn sie Besuchern

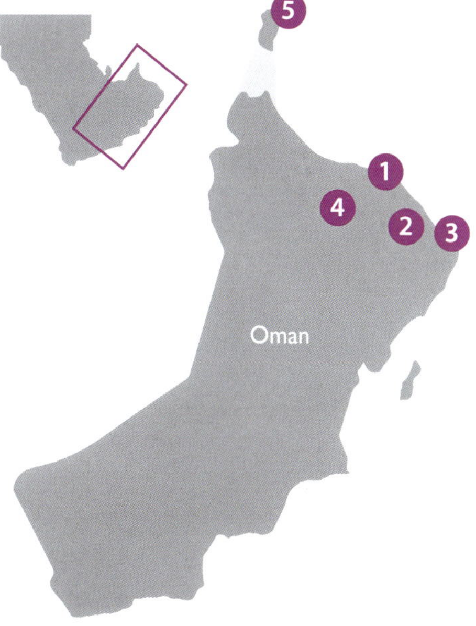

ihr Land näherbringen durften. Zwei Tage verbrachte die Familie in der Hauptstadt, um verschiedene Moscheen und die beeindruckende Festungsanlage zu besuchen. Die Sultan-Qabus-Moschee ist mit zwei Gebetshallen, fünf Minaretten, zwei großen Bogengängen und einer Bibliothek eine der größten Moscheen der Welt. Auch der geschäftige Basar in der Altstadt – hier wie in anderen arabischen Ländern heißt er Souk – prägt das Bild von Maskat. Stundenlang schnupperten sich die vier dort durch die Gewürzstände, bestaunten silbern glänzende Teekannen und erstanden frische Früchte.

Arabischer Zauber

Katja war fasziniert von der Kultur des Oman: »Ich habe erfahren, wie schön der Orient ist, wenn er wirklich noch existieren darf.« In den letzten Jahrzehnten wurde aus dem eher rückständigen Land ein weltoffener Staat, der auch die entlegensten Bergdörfer mit sehr guter Infrastruktur ausgestattet hat. Ein Staat, in dem Ronald und Katja keine Armut auf den Straßen sahen, in dem offenbar alle genug zu essen hatten und zufrieden zu sein schienen. Und ein Staat, in dem sie sich auch mit ihren Kindern überall sicher fühlten. Ronald fasst die Faszination, die das Sultanat auf ihn ausübte, so zusammen: »Es hat sich seinen orientalischen Zauber bewahrt und gleichzeitig für die Moderne geöffnet.«

Auf dem Boot ging es durch die Fjordlandschaft des Omans.

2 Wadi Tiwi und Wadi Shab

Um das Land zu erkunden, war ein Mietauto erforderlich. Katja musste auf dem Beifahrersitz gut aufpassen, denn die besonderen Orte sind für Touristen kaum ausgewiesen. Zwei Ziele, die Familie Heil auf dem Weg von Maskat nach Sur anfuhr, waren Wadi Tiwi und Wadi Shab. Ein Wadi ist ein begrüntes Flussbett, das sich einem Canyon gleich in die Tiefe gräbt. Waren die vier Karlsruher eben noch durch wüstenähnliche und karge Landschaft gefahren, fanden sie sich nun plötzlich von Palmen, meterhohen Gräsern und üppiger Fauna umgeben. Auf schmalen Pfaden erkundeten sie die grünen Oasen zu Fuß. Im Wadi Tiwi, dem breiteren der beiden, stand sogar ein kleines Ruderboot bereit, mit dem sie auf die andere Seite paddeln konnten. Ida und Anton freuten sich über das glasklare Wasser, durch das sie hüpfen und toben durften, während Katja und Ronald die Sonnenstrahlen auf den aufgewärmten Steinen am Ufer genossen.

Sur

Die Natur zeigte sich auch an der Küste von ihrer wunderbaren Seite: In Sur, einer Kleinstadt mit Hafen, Fischmarkt und charmanten Häuschen ging Familie Heil auf die Pirsch, um Meeresschildkröten zu sehen.

Schildkröten-Date

Mithilfe eines örtlichen Fremdenführers suchten sie in der Abenddämmerung Strandabschnitte auf, an denen die Schildkröten an Land kommen und ihre Eier im Sand vergraben. Die meisten Weibchen sind im November zu sehen, doch die Heils hatten auch im Oktober schon Glück. »Wow, die muss ja schwer sein, so langsam, wie sie läuft.« Anton war sehr beeindruckt, als er mit der Taschenlampe ein behäbiges 150-kg-Tier durch den Sand schleichen sah. Aus Respekt verlassen die Guides mit den Besuchern nach etwa einer Stunde den Strand wieder, damit die Schildkröten nachts Ruhe haben.

Piraten an Bord

Bei Tageslicht wurde Anton zum Piraten. Denn Sur ist auch bekannt für seinen Schiffbau. Wuchtige Zwei- und Dreimaster, die mit Verzierungen und Schnitzereien an Piratenschiffe erinnern, verwandelten die Bucht von Sur zum Abenteuerspielplatz. Mit großen Augen durchstreifte der Junge die Werft direkt am Strand und durfte den geschäftigen Handwerkern beim Schnitzen und Drechseln über die Schulter schauen. Die Handwerkskunst, die für den Bau verwendet wird, entspricht einer jahrhundertealten

Kinder willkommen

Familie Heil vergibt in Sachen Kinderfreundlichkeit Bestnoten an den Oman: Er ist einfach und sicher zu bereisen. Die Supermärkte verkaufen Windeln, Feuchttücher und Babykost zu europäischen Preisen. Weder Straßen noch Strände sind überfüllt, Hotels und Restaurants sind im Umgang mit Kindern sehr unkompliziert. Auch die Menschen heißen Familien mit offenen Armen willkommen.

Tradition. Viele der Schiffe werden als Luxusobjekte in Nachbarländer verkauft.

 4 Nizwa

Und was erobern Piraten nun mal gern? Genau – Festungen. Anton und Ida stürmten das Fort der Oase Nizwa mit viel Gebrüll: Hier gab es Kanonen, meterdicke Schießscharten und alte Brunnen zu besetzen. Bei einem Rundgang auf der mächtigen und sehr gut erhaltenen Mauer blickte Familie Heil staunend über die Weite bis hin zu den Bergen des Inlands. »Wie gemalt!«, entfuhr es Katja in ihrer Begeisterung für den Kontrast der riesigen Palmenhaine Nizwas zur umliegenden kargen Gebirgslandschaft.

Saiq-Plateau

Das beeindruckende Saiq-Plateau auf über 2000 m Höhe, das sie von dem Fort aus gesehen hatten, besuchten sie am Folgetag auf einer Tagestour von Nizwa aus. Um die Passstraße mit 20 % Gefälle zu bewältigen, tauschten sie ihren Mietwagen gegen ein Geländefahrzeug. »Mama, wo ist die Straße hin?«, entfuhr es Anton spontan beim Anstieg – weil sie so steil geworden war, dass man sie gar nicht mehr richtig wahrnehmen konnte. Das milde Klima der Hochebene nutzen die Bauern zur Kultivierung von Rosen, die in der Parfümindustrie wegen ihres kräftigen Aromas sehr geschätzt werden. In langen und aufwendig angelegten Terrassen wachsen die Rosenbüsche und verbreiten zur Blütezeit im Frühling einen wunderbaren Duft.

 5 Khasab

In Khasab gönnte sich Familie Heil einen entspannten Abschluss: Mit Holzbooten fuhren die vier in einer Gruppe durch die imposante Fjordlandschaft von Musandam im Norden des Oman. Wuchtige Felsen, sandig und karg, ragten hier aus dem klaren Meerwasser heraus. Eine lebhafte Delfinfamilie begleitete sie und hüpfte munter um die Boote herum. Ronald und Anton gingen vom Boot aus auf Schnorcheltour, verfolgten Schwärme bunter Fische und bestaunten die Unterwasserwelt. In Khasab stellten Katja und Ronald schließlich auch das Mietauto ab und flogen zurück nach Maskat.
Den klaren Himmel, die kargen Berge, glitzerndes Wasser und strahlender Sonnenschein – von der Maschine aus hatten sie noch einmal alle Eindrücke des Landes gesammelt im Blick. »Wir kommen wieder«, versprachen die vier Heils dem Land, das sie so zauberhaft in seinen orientalischen Bann gezogen hatte. ■

Unsere Reisetipps

RUHIGE STRANDTAGE

Familienhotel Shangri-La

Traditionell baden die Einwohner des Omans nicht in der Öffentlichkeit. Wer die tollen Sandstrände genießen möchte, sollte einige Tage im Hotel einplanen, z. B.
Shangri-La Al Husn Resort & Spa, P.O. Box 644, Muscat (Maskat) 100, Tel. +968 (0) 24 77 63 88, www.shangri-la.com/muscat/alhusnresortandspa

AUF DIE SICHERE TOUR

Khasab Tours

Der Reiseveranstalter bietet Tagesausflüge und Mehrtagestouren an: durch die Berge, zu den Delfinen oder nach Dubai.
Khasab Office, P.O. Box 464, Khasab, Musandam, Tel. +968 (0) 26 73 04 64, www.khasabtours.com

EIN STARKES STÜCK OMAN

Forts & Festungen

Burgen können für Kinder zum spannenden Abenteuer werden, wenn die Eltern das Leben der Menschen von damals in spannenden Geschichten verpacken. Sehr beeindruckt waren die Heils von den Anlagen in Nizwa und Bahla. Einen tollen Überblick über Bahla erhielten sie, als sie vor dem südlichen Stadteingang auf einen kleinen Berg mit Telefonmasten fuhren: Von dort aus konnten sie die ganze Oasenstadt samt Anlage und Palmenhainen sehen.

25

Indien MIT DEM RUCKSACK

Was Laéna im Frühjahr in Indien erlebt hat, bleibt unvergessen: Die Fünfjährige ritt auf einem Elefanten, durchstreifte auf einem Kamel die Wüste Rajasthans und schlief unter freiem Sternenhimmel. Ihr größter Wunsch: wieder in dieses faszinierende Land zurückzukehren.

Abenteuer pur: Die fünfjährige Laéna ritt auf einem Kamel durch die Wüste Indiens.

REBECCA WILSON-KAMM UND HENNING KAMM

Henning Kamm (37) war bereits mehrmals in Indien unterwegs gewesen. Doch nie zuvor hatte der Geschäftsführer einer Produktionsfirma für Film und Fernsehen eine Reise so minutiös geplant wie die sieben Wochen Backpacking mit Rebecca Lina Wilson-Kamm (34) und Tochter Laéna (5). Die Reise führte die drei Berliner nicht nur quer durch eines der facettenreichsten Länder, sondern auch zu der befreienden Erkenntnis, dass der Mensch wenig zum Glücklichsein braucht. Auf www.elfenkindberlin.de bloggt Rebecca Lina über ihr Leben als Mutter, Schauspielerin, Autorin und Modedesignerin.

Wenn Laéna an Rajasthan denkt, strahlen ihre großen dunklen Kinderaugen, als ob sich die Sternennacht in der Wüste bei Jaisalmer darin widerspiegelte. An diese Nacht wird sich das fünfjährige Mädchen noch ewig erinnern – »weil es soooo schön war, im Schlafsack unter freiem Himmel zu schlafen!«.
Fast zwei Monate lang quer durch Indien zu reisen, war auch für ihre Eltern ein großes Abenteuer. Das Land, welches seine Besucher so sehr polarisiert wie wohl sonst kein anderes auf der Welt, zog die kleine Reisegruppe jedoch schon in wenigen Tagen vollends in seinen Bann. Um sich ganz auf das einlassen zu können, was Indien an Schönheit und Faszination zu bieten hat, hatte Henning die Reise perfekt geplant; jede Zugfahrt und jede Unterkunft war vorab gebucht. Weil sie mit Airbnb übernachteten, erlebten sie zahlreiche wundervolle Begegnungen und hatten immer eine Adresse, wo sie abends mit offenen Armen empfangen wurden. »Das spart außerdem vor Ort viel Zeit«, bringt es Henning auf den Punkt und Rebecca ergänzt: »Mit Kind ist es einfach schön, rechtzeitig zu wissen, wo man die Nacht verbringt.«

1 Vogelpark Bharatpur

Nach ihrer Ankunft und einer zweitägigen Stippvisite in Delhi war Laéna heilfroh, die laute und lärmende Hauptstadt Indiens schnell verlassen zu dürfen. Das Mädchen liebt Tiere über alles – und Henning hatte ihr versprochen, die Reise entsprechend zu gestalten. Die erste Station war ein Volltreffer: der Keoladeo-Nationalpark mit einem gigantischen Vogel-

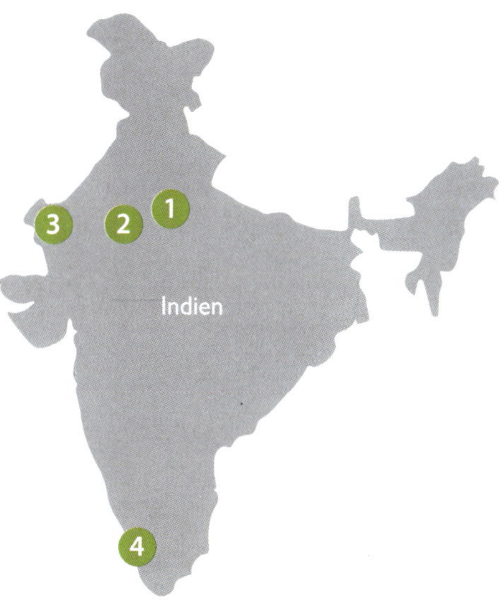

Happy Dolphins

Einen Geburtstagsgruß der besonderen Art erhielt Rebecca Anfang April, am Ende ihrer Reise in Palolem (Goa): Bei einem Ausflug mit dem Boot aufs offene Meer sichteten die drei Berliner springende Delfine.

park nahe Bharatpur. Wie das zwitscherte und tirilierte! Stundenlang spazierten die drei – gemeinsam mit ihrer Gastfamilie – durch das weitläufige Naturreservat und bestaunten die Vielfalt der Tierwelt: Hier breitete sich eine riesige Buntstorchkolonie in den Gewässern aus, dort tauchte eine mächtig große Wasserschildkröte aus dem Trüben auf, da stocherten Grau-, Silber- und Purpurreiher im Schilf herum. Eisvögel, Kormorane und vieles mehr bescherten Laéna ein Fest des Schauens und auch Staunens.

2 Elefantenritt bei Jaipur

Es sollte noch besser kommen. Der Besuch einer Elefantenstation im Norden von Jaipur, der Hauptstadt Rajasthans, wurde für Laéna zu einem exotischen Erlebnis. »Das war wie auf dem Ponyhof, nur eben mit Elefanten«, berichtet der kleine Tierfan, der sich im Nu mit der gutmütigen Elefantendame Mata anfreundete. Die beiden hatten den ganzen Tag über ihren Spaß zusammen: Zunächst hieß es aber waschen, schrubben und anschließend trocknen. Danach bekam Mata natürlich Kohldampf – doch mit Bananenstauden, Blättern und einem Wasserschlauch, der direkt ins offene Maul des Tieres zielte, schaffte es auch die kleine Laéna, den Elefantenhunger zu stillen.

Im Gegenzug nahm es der Dickhäuter geduldig hin, als Rebecca begann, farbige Muster auf seinen Rüssel zu malen. Strahlende Farben und prächtige Zeichnungen zierten schon bald den großen grauen Kopf. Damit war die Elefantendame bereit zum Ausgang: Vater, Mutter und Tochter kletterten mithilfe einer Leiter auf den breiten Rücken und hielten sich an den großen Ohren fest. Dann marschierte der Trupp los – mehrere Stunden mit einem »Mahout«, einem Elefantenführer, durch die staubige Steppe der Umgebung: in gleichförmigem, kraftvollem Schritt, voller Erhabenheit und Ruhe … Henning kann seine Faszination für das Tier noch immer schwer in Worte fassen: »Jeder, der einem Elefanten tief in die Augen blickt, spürt die intensive Energie, die von diesen Tieren ausgeht.«

Beim Besuch einer Elefantenstation durfte die Familie »ihren« Dickhäuter bemalen.

 Kameltour in Jaisalmer

Eine andere Art von Eindrücken hinterließ bei Rebecca der Kamelritt von Jaisalmer aus, dem zentralem Ausgangspunkt für abenteuerliche Touren in die nahe gelegene Wüste. »Das gab richtig heftigen Muskelkater«, erinnert sich die eigentlich recht sportliche Reitnovizin lachend. Aber bei Kamelen sei das eben so: Man sitze zwischen den Höckern und der Rücken schaukle unentwegt heftig hin und her. Den einzigen Halt fand Rebecca dadurch, dass sie die Oberschenkel am Körper des Tieres zusammendrückte. Nach fünf Stunden Ritt jedenfalls war sie mehr als heilfroh, wieder festen Boden unter ihren Beinen zu spüren.

Zusammen mit ihrer Gruppe von zehn Gästen und mehreren Kameltreibern schlugen sie am Abend in der Wüste nicht die Zelte auf, sondern packten lediglich den Schlafsack aus. Es gab Gemüsereis am Lagerfeuer, danach glitten alle Teilnehmer hundemüde ins Traumland hinüber. Bis auf Laéna: Die blickte mit weit aufgerissenen Augen in den dunklen Sternenhimmel und konnte sich gar nicht sattsehen an dem Funkeln und Strahlen und Flimmern – einem Feuerwerk des Universums, einer galaktischen Glitzershow! Damit war der Expeditionsgeist der jüngsten Teilnehmerin natürlich geweckt; am nächsten Morgen stand für sie fest: »Ab heute will ich jede Nacht in der Wüste schlafen!«

4 Kerala

Nach der Weiterfahrt über Jodhpur und Udaipur – auch in diesen beiden Städten Rajasthans gab es wunderbare Paläste und Tempel zu bestaunen – ging es gut 2000 km in den Süden des aufregenden Subkontinents: Die Backpacker gelangten nach Kerala, in den modernsten Bundesstaat Indiens an der Westküste. Bei einem Homestay mit einer herzlichen Familie in Kochi strebte Laéna diesmal nicht in die Weite, sondern in die Höhe: Sie fand einen supertollen Kinderspielplatz mit Klettergerüst und erwies sich als würdige Vertreterin der einheimischen Mädchen, indem sie wagemutig auf dem Gerüst herumkraxelte und schließlich beherzt hinuntersprang.

Immer wieder freundete sich Laéna mit den Kindern der Gastfamilien in den Orten an, in denen sie mehrere Tage blieben. »Aber leider konnten die ja nicht mit uns weiterreisen«, bedauert die Kleine. Vermisst habe sie auf der langen Reise überhaupt gar nichts. Im Gegenteil: Sie lernte, sich mit Händen und Füßen mit den Menschen zu verständigen, und zeigte riesiges Interesse an allem. Henning konnte ihr gar nicht genug Anekdoten und Kindermärchen erzählen, in die er allerlei historische Wissensschätze verpackte. Entgegen ihrer anfänglichen Sorgen, dass das Land vielleicht zu anstrengend oder zu gefährlich sein würde, erkannten die Berliner schnell: Kinder genießen in Indien einen hohen Stellenwert und Familien sind überall gern gesehen – ebenso gern wie die funkelnden Sternchen am Nachthimmel. ■

Unter freiem Himmel schlief es sich nach dem Kamelritt wunderbar – das Abenteuer in der Wüste gehört zu Laénas schönsten Erinnerungen an die Indienreise.

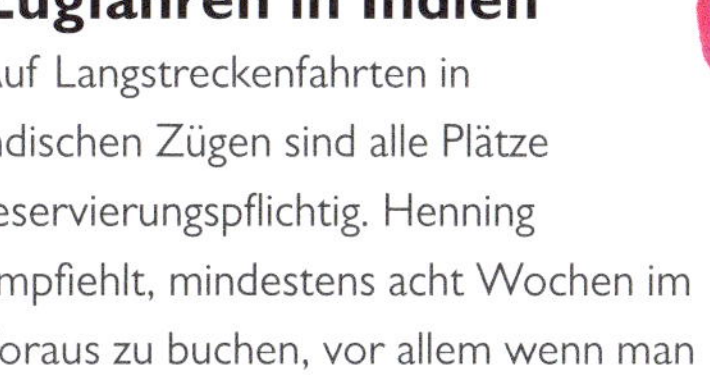

Unsere Reisetipps

BUCHEN STATT FLUCHEN

Zugfahren in Indien

Auf Langstreckenfahrten in indischen Zügen sind alle Plätze reservierungspflichtig. Henning empfiehlt, mindestens acht Wochen im Voraus zu buchen, vor allem wenn man etwas Komfort in der ersten oder zweiten Klasse möchte.

Die unterste Klasse besteht aus einfachen Waggons mit offenen Fenstern und Holzpritschen. Bei kürzeren Überlandfahren ist das eine sehr authentische Variante zu reisen.

Nachts werden die Abteile zu Schlafkojen umgebaut, die Zugbegleiter verteilen Laken und Kissen. Laéna war von den Nachtfahrten begeistert: Die Toiletten waren so dreckig, dass selbst ihre Mama das Zähneputzen ausfallen ließ. Manchmal gab es sogar zum Einschlafen Süßigkeiten – nämlich Gummibärchen und Schokolade.

Übersichtskarte der wichtigsten Bahnlinien in Indien:
www.mapsofindia.com/maps/india/india-railway-map.htm

Auf dem Webportal www.mapsofindia.com findet man zudem Landkarten und Informationen zu den verschiedensten Themen.

Indischer Online-Ticket-Schalter:
www.irctc.co.in

Deutsche Ticketvermittlung:
www.goindia-online.de

26 In Nepal auf dem ANNAPURNA-TREK

Die zehntägige Pilgerreise zu Fuß und per Jeep durch den Himalaya war für Eva und Miriam ein großes Abenteuer. Am Ende saßen Mutter und Tochter Hand in Hand auf dem Dach der Welt und staunten schweigend.

Nepal – ein Land der Hochgefühle. Auch für die siebenjährige Miriam, die mit ihrer Mutter seit einigen Jahren dort lebt.

EVA WIENERS

Eva (33) und Miriam (7) Wieners reisen nicht nur um des Reisens willen: Sie leben seit 2012 in Nepal und fühlen sich dort zu Hause. Eva stammt aus Deutschland und ist alleinerziehende Mutter, seit ihre Tochter ein Jahr alt war. Die studierte Geografin erhebt in Nepal Daten für ihre Dissertation. Vor Ort ist Eva gleichzeitig in Entwicklungsprojekte involviert. Miriam hat beim Spielen fließend Nepalesisch gelernt und spricht mittlerweile auch sehr gut Englisch. Auf ihrem Blog www.2-unterwegs.de erzählen die beiden nicht nur von ihren Erlebnissen in Nepal und Asien, sondern auch von ihren Reisen durch die ganze Welt.

Schon lange hatten sie davon geträumt – jetzt ging es endlich los: die Pilgerfahrt nach Muktinath. Eva und Miriam lebten seit fünf Jahren in Nepal, als sie zu dem heiligen Ort am Annapurna-Massiv aufbrachen. Freunde aus Deutschland waren zu Besuch und luden ihre nepalesische Patenfamilie sowie Eva und Miriam ein, auf die Fahrt mitzukommen.

1 Pokhara

Pokhara war ein geschäftiger Ort, der sich für die Reisevorbereitungen bestens eignete. Hier kaufte Eva Wanderproviant ein und buchte in einer Reiseagentur zwei Jeeps mit Fahrer, mit denen sie insgesamt zehn Tage unterwegs sein sollten. Die erste Etappe führte geradewegs ins Hochgebirge: In steilen Serpentinenstraßen wälzten sich die Wagen bergauf. Die staubige Schotterpiste war kaum breiter als ihr Auto, die Abhänge Hunderte von Metern tief. Immer wieder durchquerten sie Flussbetten und holperten durch heftige Schlaglöcher. Eva war heilfroh, dass sie einen souveränen Fahrer erwischt hatten.

Reisen schenkt Zeit

Ihre Tochter hatte sich mit dem Mädchen der mitfahrenden nepalesischen Familie angefreundet und saß im anderen Jeep. Die beiden waren gleich alt und hatten sich viel zu erzählen. »Das war eine berührende Erfahrung. Als Miriam in den anderen Wagen einstieg, merkte ich plötzlich, wie selbstständig sie schon ist.« So brachte die gemeinsame Pilgerreise der alleinerziehenden Mutter ein Stück ihrer persönlichen Freiheit zurück: »Ich hatte wieder einmal Zeit für mich und wusste, dass das für Miriam in Ordnung war.«

Heimat Nepal

Für Miriam, die in Deutschland zur Welt gekommen ist, ist Nepal jedoch die Heimat. Elegant bewegt sich das Mädchen zwischen den Kulturen hin und her. Nein, vielmehr erlebt sie die Welt als eine friedliche Einheit – gerade weil sie in einer Vielseitigkeit aufwächst: Sie kennt Buddha genauso gut wie Jesus und nennt außerdem noch zahlreiche hinduistische Gottheiten beim Namen. »Sie lebt die Gemeinsamkeiten, nicht die Unterschiede der Kulturen«, bringt es Eva auf den Punkt.

2 Tatopani

Ihr erster Stopp war das Dorf Tatopani. Wanderer, die auf der Annapurna-Umrundung hier vorbeikommen, entspannen sich in den beiden Thermalbecken, für die Tatopani bekannt ist. Eva verzichtete auf das Bad und genoss im Schatten der Zitrusbäume den Blick auf das Annapurna-Massiv: Gewaltige Gipfelriesen türmten sich in einem weitläufigen Kamm auf und streckten ihre schneebedeckten Spitzen in Richtung Himmel. Die 8091 m hohe Annapurna – ihr Name bedeutet »Nahrung spendende Göttin« und bezeichnet die Hindugöttin Parvati – ragte wie eine erhabene Krone aus dem Himalaya heraus. Die ganze Umrundung dauert zu Fuß ungefähr 20 Tage und zählt zu den beliebtesten Trekkingrouten Asiens. Eva und ihre kleine Gruppe hatten sich für ihre Reise – mit Jeep – den westlichen Teil davon herausgepickt.

3 Kalopani

Am folgenden Morgen starteten sie mit fest geschnürten Wanderstiefeln. Sie vereinbarten mit ihrem Fahrer einen Treffpunkt und wollten zunächst eine gute Stunde laufen. Bergauf ging das nicht immer so leichtfüßig, wie es die Ziegen vormachten, welche ihnen in großen Herden entgegenkamen. Die Tiere wurden zu Hunderten für ein großes Opferfest talwärts getrieben. Aber Miriam war das Wandern gewohnt und vertrieb sich mit ihrer Freundin ausgelassen die Zeit. Da sie immer wieder einen Teil der ersten 1300 Höhenmeter im Jeep zurücklegten, hatten sie zum Mittagessen bereits ihr Ziel Kalopani erreicht.

Im Zimmer der einfachen Unterkunft erlebten die beiden am nächsten Morgen ein bezauberndes Erwachen: Dhaulagiri, mit 8167 m der höchste Gipfel des Dhaulagiri Himal im Himalaya und der siebthöchste Berg der Welt, lachte bei klarem Himmel durchs Fenster – was für ein wahnsinnig schöner Start in den Tag!

Pilgern auf Hinduistisch

Hinduisten laufen in Muktinath zunächst unter 108 kleinen Brunnenköpfen hindurch, aus denen eiskaltes Wasser sprudelt. Das reinigt – so der Glaube – von allen Sünden. Anschließend durchschreiten sie zwei Becken und tauchen den Kopf unter Wasser. Wieder sauber bekleidet, geht es zur Segnung in den Vishnu-Tempel.

Miriam spricht natürlich fließend Nepalesich und kann sich mit den Einheimischen immer gut verständigen.

4 Marpha

Für die dritte Etappe packte Eva Wollpullover in den Tagesrucksack: Mit der Höhe wurde es auch tagsüber merklich kälter. Über lange Hängebrücken und gut ausgetretene Pfade liefen sie tiefer hinein ins Tal des Flusses Kali Gandaki – das tiefste Tal der Welt. Als Geografin war Eva besonders von den klimatischen Kontrasten innerhalb eines so kleinen Gebiets beeindruckt. »Jedes Dorf hat beinahe seine eigene Klimazone«, erzählt sie.

Am Abend kam die Reisegruppe in Marpha an, dem Apfeldorf. Von Marmelade über Saft bis hin zum Brandy – hier gab es Äpfel in jeder Form, sie bilden nämlich die wirtschaftliche Grundlage der Region. Eva genoss den Bummel durch die engen Gassen mit den kalkweißen Häuschen:

»Sie waren so eng aneinandergeschmiegt, als wollten sie sich gegenseitig vor dem starken Wind schützen, der tagsüber durch das Flusstal fegt.«

 Kagbeni

Dieser Wind hatte es tatsächlich in sich. Für Eva und Miriam gab es am Folgetag nur ein kleines Zeitfenster, um sich draußen aufzuhalten, denn ab Mittag fegte er dann so richtig los und wirbelte nicht nur Staub und Dreck auf, sondern auch kleine Steine durch die Gegend. So stiegen sie nach einer Stunde Fußmarsch wieder ins Auto und ließen die immer karger werdende Landschaft bei 30 km/h an sich vorbeiziehen.
Bald hatten sie ihr Tagesziel Kagbeni erreicht. Hier quartierten sie sich für zwei Nächte ein und unternahmen einen Tagesausflug ins Mustangtal.

Königreich Mustang

Beim Aufstieg zu einem 800 Jahre alten Kloster nahe dem Dorf Tiri trafen Eva und Miriam rein zufällig auf die Tochter des dortigen Lamas. Diese schloss kurzerhand die Tore für sie auf und gab den staunenden Besucherinnen eine kleine Führung durch die sehr gepflegten Gebäude. Der Zeremonienraum war farbenfroh gestaltet und mit zahlreichen Buddha-Statuen geschmückt. Die Gebetsmühlen, welche alle im Hof angebracht waren, reichten Miriam sogar bis über den Kopf – so groß waren sie. »Schau nur, wie wunderschön sie leuchten, wenn ich sie drehe«, begeisterte sich die Siebenjährige.

Pilgern auf Buddhistisch

Für Buddhisten ist in Muktinath der Dhola-Mebar-Tempel das große Pilgerziel. Durch ein natürliches Erdgasvorkommen brennt hier die »zeitlose Flamme« und vereint alle vier Elemente an einem Ort: Feuer, Wasser, Erde und Luft.

6 Muktinath

Endlich am Ziel: Am siebten Tag trafen sie in Muktinath ein – einer Pilgerstätte sowohl für Hindus als auch für Buddhisten. Der 3000 Jahre alte Wallfahrtsort liegt auf 3790 m Höhe, eingebettet zwischen den Achttausendern des Himalayas. Miriam und ihre neue Freundin schwangen sich begeistert auf die Pferde, mit denen man die letzten 200 m bergauf bis zur Eingangspforte der zentralen Tempelanlage reiten konnte.

Blick in die Ferne

Eva bezeichnet sich selbst als nicht besonders religiös. Aber als sie mit ihrer Tochter Miriam vor den Tempeln saß und die beiden gemeinsam hinab auf die Welt blickten, da spürte sie eine starke Kraft. Das erhabene Gebirge mit seinen imposanten Gesteinsformationen … die Trockenheit der Landschaft, die dennoch so viel Leben in sich trug … der Blick in die Ferne, der eine gänzlich neue Perspektive schenkte. »Dieser Moment hatte für mich etwas Heiliges. Da war irgendetwas …« Da war sie. Mit Miriam. ■

Unsere Reisetipps

STILLE NACHT, HEILIGE NACHT

Red House Lodge

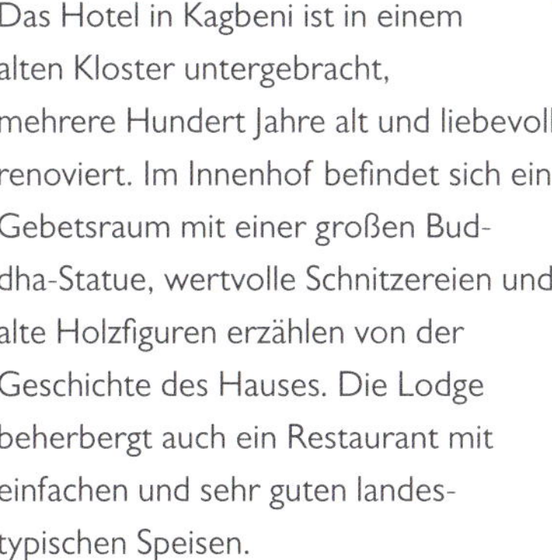

Das Hotel in Kagbeni ist in einem alten Kloster untergebracht, mehrere Hundert Jahre alt und liebevoll renoviert. Im Innenhof befindet sich ein Gebetsraum mit einer großen Buddha-Statue, wertvolle Schnitzereien und alte Holzfiguren erzählen von der Geschichte des Hauses. Die Lodge beherbergt auch ein Restaurant mit einfachen und sehr guten landestypischen Speisen.
www.redhouselodge.com

JENSEITS DES MAINSTREAMS

Hotel Bob Marley

In Muktinath selbst gibt es keine Hotels, die Unterkünfte befinden sich im Dorf Ranipauwa, 1–2 km von den Tempelanlagen entfernt. Das Hotel Bob Marley hat eine entspannte Atmosphäre, saubere Zimmer und gutes Essen zu bieten.
Muktinath Sadak, Ranipauwa 33100, hotel-bob-marley.business.site

GUT ORGANISIERT

Reiseveranstalter

Nepalesische Reiseveranstalter in Pokhara organisieren nach individuellen Wünschen den Transfer, die Unterkünfte sowie Führungen in Muktinath wie beispielsweise Himalayan Expedition, www.himalayan-expedition.com oder aber Adventure Glacier Treks and Expeditions, www.treks2nepal.com

Thailand
BERGE UND MEER

Elefantenritte durch die tropischen Urwälder des bergigen Nordens und Strandmassagen auf den Inseln des Südens – auf ihrer zweimonatigen Backpacking-Tour durch Thailand fand Familie Vaut alles, was das Herz einer abenteuerlustigen Familie begehrt.

Erst Berge, dann Palmen: Familie Vaut lernte in ihrer Elternzeit die Vielfalt Thailands schätzen und lieben.

UTE UND ANSGAR VAUT

Ansgar (41) und Ute Vaut (35) arbeiten in der Unternehmenskommunikation. Sie lieben es, sonntags in ihrer Heimatstadt Hamburg an der Elbe entlangzujoggen – und genießen den quirligen Trubel in der Hafenstadt genauso wie Urlaub in den Bergen. Eine erste Elternzeitreise unternahmen sie mit dem Wohnmobil nach Schweden – und reisten damals kurzerhand nach Italien »weiter«, um dem Regen Skandinaviens zu entkommen. Drei Jahre später waren sie mit ihren Kindern Jacob (3 ½) und Hanno (1) als Backpacker in Südostasien unterwegs. Auf www.ahoikinder.de bloggt die Familie über ihre Erlebnisse.

Ute liegt in der Hängematte, lässt Beine und Seele baumeln, blinzelt in die Sonne und lauscht den Insekten. Sachte rauscht der Wind in den großen Palmenblättern neben ihr. Der Duft von gebratenem Wok-Gemüse bahnt sich seinen Weg über das Gelände. Sie schlüpft in ihre Flipflops, denn das Essen steht bereit.

 Mae Win, Mae Wang

Die Spicy Villa Eco-Lodges in Nordthailand ermöglichten genau das, wovon die zweifache Mutter geträumt hatte: eine Elternzeit als Familie, in der alle vier entspannen konnten. Sie hatten die abgelegene Hüttensiedlung in den Bergen des tropischen Landes für den Einstieg in ihre zweimonatige Backpacker-Reise gebucht. Von Bangkok aus hatten sie den Nachtzug nach Chiang Mai genommen; das war die nächstgelegene Stadt zu ihrer Unterkunft. Nach weiteren etwa 90 Min. Autofahrt kamen sie schließlich am Ziel an.

Bambus-Lodge

Jetzt, zwischen Hängematten und Tropenwald, schien der alltägliche Luxus des gewohnten Lebens weit entfernt: Sobald die Sonne unterging, war Familie Vaut auf ihre Taschenlampen angewiesen, denn nachts gab es keinen Strom. Geduscht wurde 14 Tage lang mit kaltem Wasser. Die vier schliefen in einem kuscheligen Matratzenlager auf dem Boden ihrer Bambushütte. Diese war eine von insgesamt acht Unterkünften in der idyllischen Ferienanlage, etwa 3 m x 3 m groß, aus dichten Blättern geflochten und von einem Wellblechdach geschützt. Nachts kroch die feuchte Kälte der Berge durch die Ritzen und trieb Eltern und Kinder unter die Decken. Die Hütte war mit massiven Stützpfeilern in einen Hang hineingebaut und bot auf der 2 m breiten Veranda einen umwerfenden Weitblick über die angrenzenden Reisterrassen und die bewaldete Bergregion: Grün, soweit das Auge reichte! In kräftigen Farben und voller Leben präsentierte sich hier die Natur, zwischen der üppigen Flora war immer wieder ein hellbrauner, lehmig-sandiger Boden zu erkennen.
In der Hütte befand sich ein voll ausgestattetes Bad – liebevoll dekoriert mit bunten Steinen, Mosaiken und gepinselten Zeichnungen. »Das Bad mussten wir aber mit

einem schleimigen Frosch teilen, der sich einfach nicht vertreiben ließ«, erinnert sich Ansgar mit einem Schmunzeln. So lebten sie Auge in Auge mit der Natur. »Für mich war das Thailand pur – ein authentisches Landleben in wunderbarer Natur und absolut entspannter Atmosphäre«, beschreibt Ute die beiden Wochen mit etwas Fernweh in der Stimme.

Mama Nathalie

Nachdem sich Ute aus der Hängematte geschält hat, kommt sie schließlich im Restaurant an, wo Ansgar und die Jungs schon warten. Jacob zeigt ihr stolz seine frisch geerntete Banane, die er direkt auf der Terrasse ernten konnte, und schiebt sie sich genüsslich in den Mund.

Die Thais, die in dem kleinen Restaurant fantasievolle und schmackhafte Gerichte aus den Produkten des regionalen Anbaus kreieren, stehen mit ihren Reistöpfen, Wasserkesseln und gusseisernen Pfannen oft stundenlang am offenen Feuer. Das Lokal ist ebenfalls eine Bambushütte, die eher einem lauschigen, überdachten Sitzplatz ähnelt. Wer mag, darf sein Slow-Food-Menü auf einem Plastikteppich auf dem Boden sitzend verspeisen. Für Krabbelkind Hanno ist das natürlich das reinste Vergnügen: Zu gern verstreut er seinen klebrigen Reis über den Boden und huscht von einer Ecke in die andere, zieht abgegriffene Bücher aus dem Leseregal für die Gäste oder steuert zielstrebig die Treppenstufen hinunter zum »Erdgeschoss« an.

Zum Glück gibt es Nathalie. »Mama Nathalie«, wie sich die fröhliche Thailänderin mittleren Alters selbst gern nennt, ist auch heute zur Stelle, sobald Hanno auf seine kindliche Entdeckungstouren geht – Ute und Ansgar aber eigentlich in Ruhe essen wollen. Kurzerhand schnappt sie sich den kleinen Ausreißer, packt ihn in ein Tragetuch und spaziert mit ihm durch den Garten. Oft verschwindet sie auch mit dem pausbackigen Blondschopf in der Küche, um sich anschließend mit ihm auf der Treppe niederzulassen – dann hat sie einen Extratopf Reis für ihren kleinen Liebling gekocht und findet großen Spaß daran, ihn zu füttern. Im Nachhinein denkt Ute, die Anwesenheit der Kinder hat es ihnen – auch auf der weiteren Reise durch Thailand – erleichtert, ganz unverfälscht und immer positiv mit den Einheimischen in Kontakt zu kommen.

Wandern durch die Berge

Während der beiden Wochen unternahmen die Vauts zahlreiche Tagesausflüge mit einem Guide der Lodge sowie kleinere Wanderungen auf eigene Faust. »Im Nachhinein unfassbar, wie wir es geschafft haben, Jacob kilometerweit durch den Dschungel zu lotsen«, entsinnt sich Ute herzhaft lachend. Glücklicherweise ist Ansgar ein grandioser Geschichtenerzähler, der die Aufmerksamkeit seines Juniors über weite Strecken fesseln konnte. Wurden die Beine doch einmal schwer, fanden die beiden schnell tolle Stöcke am Wegesrand oder begeisterten sich für die auffälligen Blattzeichnungen und Formen der Pflanzenwelt.

Dschungelkinder

Sein Wandertalent stellte Jacob beispielsweise auf einer vierstündigen Tour unter

Beweis. Es ging über sandige Pfade, durch dichten Buschwald und, von Stein zu Stein hüpfend, über mehrere kleine Bäche. Zur Mittagszeit gelangten sie an einen hohen Wasserfall mitten im Urwald. Rauschend sprudelte das Wasser von den Felsen herab in eine kleine Lagune. Auch Hanno erwachte in der Babytrage aus dem Schlaf. Die beiden Kinder begannen, den Ort neugierig zu erkunden, sammelten Steine und legten Blätter auf den Felsen aus. In der Zwischenzeit bereitete der Wanderführer ein leckeres Mittagessen vor: eine schmackhafte Klebreisvariation, in ausgehöhlten Bambusstäben serviert, dazu saftige Melone. Auf einer anderen Tour kamen die vier in ein nahe gelegenes Dorf mit Schule. Im Handumdrehen waren sie die Sensation des Tages: Ihre bloße Anwesenheit versetzte Kinder wie Lehrerin in großes Staunen. Kurzerhand fanden sie sich im Klassenzimmer wieder – als Teil einer spontanen Englischlektion: »What's your name? Where are you from?«, übten die Grundschüler fleißig. Vor allem wollten sie wissen, was denn das komische, noch nie gesehene Gummiding war, auf dem Hanno da unentwegt herumkaute: sein Schnuller.

Elefantenritt

Für lang anhaltenden Gesprächsstoff in der Familie sorgte der Ausflug zu einem Elefantencamp. Dort wartete eine ganze Herde auf sie, inklusive einem trompetenden und fröhlich umhertollenden Babyelefant. Um sich den Tieren persönlich vorzustellen, durften sie die großen Dickhäuter mit einem Arm voll Bananen füttern. Dann begann das Abenteuer: Utes Elefant ging in die Knie, sie nutzte seinen Fuß als Treppenstufe und schwang sich mit tatkräftiger Unterstützung des Herdenführers, des Mahout, nach oben. Haut an Haut saß sie dem Tier im Nacken, ohne Sitz und ohne Schuhe – wie es auch die echten Mahouts machen. Die großen Schlappohren umschlossen ihre Beine, was sich angenehm sicher anfühlte. Dann war Ansgar an der Reihe. Als sich die Elefantenkuh mit ihren beiden Reitern ruckartig wieder aufrichtete, saßen sie plötzlich in 2 m Höhe auf einem wuchtig-wackeligen Rücken und konnten sich an der dicken und borstigen Haut nur notdürftig festhalten.

Und die beiden Jungs? Nathalie trug Hanno beherzt im Tuch hinter der Herde her, Jacob hatte seinen eigenen Babysitter für die Tour bekommen. »Schau, Mama, schau«, rief der Dreieinhalbjährige immer wieder laut, während er in sicherem Abstand und mit strahlenden Augen das Elefantenbaby fest im Fokus hatte. Der Elefantentreck marschierte in Seelenruhe an einem Tempel vorbei, durchquerte ein Dorf und gelangte schließlich an einen Fluss. Die Tiere sanken sofort in die Knie und legten sich im Wasser ab – nachdem Ute und Ansgar gerade noch rechtzeitig abgesprungen waren. Diese bekamen jetzt eine große Bürste in die Hand gedrückt, mit der sie ihre Reittiere kräftig verwöhnen, schrubben und bespritzen durften. Schon nach ganz kurzer Zeit waren auch alle Menschen von oben bis unten patschnass.

> **Chiang Mai kindgerecht**
>
> Im 3D-Art-Museum stellen sich die Besucher vor plastisch wirkende Gemälde und werden so Teil der Kunstwerke. Jacob hatte einen Riesenspaß dabei, vor einem fiktiven Haifisch zu flüchten. Und Hanno ließ sich knienderweise auf ein Surfbrett unter einer Superwelle drapieren: So entstanden eine ganze Menge lustiger Fotos fürs Urlaubsalbum.
> Art in Paradise, 199/9 Chang Khlan Rd., Chang Khlan, Chiang Mai 50200, Tel. +66 (0) 53 27 41 00, tgl. 9–21 Uhr

Mama Nathalie (links, mit Hanno im Tragetuch) war ganz vernarrt in den kleinen Hamburger Wonneproppen. Sie trug ihn oft spazieren, kochte Extraportionen Reis und fütterte ihn, damit seine Eltern in Ruhe essen konnten.

2 Chiang Mai

Keine Frösche im Bad und endlich wieder Spaghetti Bolognese: Damit ließ sich Jacob gern vom Großstadtleben in Chiang Mai überzeugen. Nach zwei Wochen Outback war es an der Zeit, in die Zivilisation zurückzukehren. Nathalie hatte Tränen in den Augen, als sie ihren Leihsohn Hanno verabschieden musste: »Thilo Su« – was so viel wie »Wasserfall« bedeutet – hatte sie ihn liebevoll getauft.

Die vier Hamburger fühlten sich in Chiang Mai sofort wohl und genossen das dynamische Leben: strahlende Tempelanlagen, eine lebhafte Straßenküche, bunte Märkte, lauter Trubel, neue Düfte, viele Menschen. Mit rund 130 000 Einwohnern ist die Stadt eine sehr angenehme und kinderfreundliche Miniaturausgabe von Bangkok, in der man fast alles zu Fuß bzw. natürlich auch mit dem Buggy ablaufen kann. »Aber das Tollste war unser Hotel mit Pool«, gesteht Ansgar verschmitzt. »Damit konnten wir die Kinder täglich aufs Neue locken: Wer nach dem Frühstück brav durch die Stadt marschierte, durfte am Nachmittag schwimmen gehen.«

Tempelanlagen

Gesagt, getan. An den Tempeln führte kein Weg vorbei – auf Schritt und Tritt luden goldene Türen, meterhohe Statuen und reich dekorierte Altäre zu einem kostenlosen Besuch ein. Wat Chiang Yuen, der frühere Nationaltempel des Königreichs Chiang Mai, und Wat Phra Singh, ein königlicher Tempel direkt in der Altstadt, sind nur zwei der Gebäudekomplexe, die die vier Backpacker verzauberten. Glücklicherweise waren die Böden allesamt immer gut geschrubbt, sodass Hanno sorglos durch die heiligen Räume krabbeln konnte. Jacob war beeindruckt von den Mönchen in orangefarbener Kutte. Einmal kam er mit den jungen Männern ins Gespräch, die ihrerseits von den beiden Kindern sehr fasziniert waren. Jacob fand heraus, dass Mönche freiwillig auf Schokolade verzichteten und noch nie in ihrem Leben Fußball gespielt hatten. Damit war klar: Er blieb doch lieber weiterhin bei Mama und Papa.

Chiang Mai, im Norden Thailands, gilt als Bangkok im Kleinformat und zeigte sich von allen Seiten familienfreundlich. Familie Vaut bewunderte mitunter die zahlreichen Tempel der Stadt.

Nachtmarkt

Abends gönnten sich Ute und Ansgar abwechselnd Ausgang: Der Nachtmarkt von Chiang Mai lockte jeweils einen von ihnen bei Dunkelheit auf die Straßen, während der andere mit Babyfon in der Hotellobby wartete. Ansgar schlug sich an einem Straßenstand den Bauch mit Mango Sticky Rice voll, süßem Klebreis mit Kokosmilch und frischen Mangostücken. Anschließend bahnte er sich seinen Weg durch die lebhaften Gassen aus Händlern und Marktständen. Nach jeder Ecke zog ihm ein neuer Duft um die Nase, überall roch es nach frischem Essen, es wurde gefeilscht, gehandelt, gelacht und diskutiert. Die Stände boten vor allem Kunsthandwerk, Kleider und Souvenirs aller Art an, aus vielen Restaurants und Straßencafés drang laute Musik ins Freie.

Koh Samui und Koh Phangan

Papayasalat am Strand und eine tägliche Massage – das war der Reiz der letzten Sta-

Inselparadies Koh Phangan an der Ostküste Thailands: Nach ihren Abenteuern in den Bergen ließen Ansgar, Ute, Jacob und Hanno im zweiten Teil ihrer Reise am weißen Sandstrand und im türkisblauen Meer die Seele baumeln.

tion ihrer Elternzeit. Von Bangkok aus flogen die vier nach Südthailand und ließen es sich auf den beiden Inseln Koh Samui und Koh Phangan östlich von Thailand noch mal richtig gut gehen. Die Bergurlauber gewöhnten sich schnell an Temperaturen von über 30 °C, hielten täglich eine lange Siesta im Bungalow und verbrachten ansonsten ihre Tage unter den Palmen am Meer bzw. im kristallklaren Wasser.

Ausflüge per Motorboot

Auf Koh Phangan mieteten sie ein Haus mit Ausguck – ihrem »Piratenausguck« –, den man über eine Leiter erklettern konnte. Im Nu hatte Jacob am Strand neue Freunde gefunden und tollte jeden Tag mit einer ganzen Horde deutschsprachiger Jungs zwischen Sandburgen und Piratenscharte umher.

Zusammen mit einer anderen Familie, mit der sich die Vauts angefreundet hatten, unternahmen sie auch hier einige Ausflüge – diesmal nicht auf Elefanten, sondern mit kleinen Motorbooten, die sie samt Bootsführer mieteten.

Morgenstund hat …

Im Norden Thailands hatte sich Ansgar immer wieder einige Minuten gegönnt, um allein die Stille in den Tempeln zu genießen oder aber auch dem Gesang der Mönche zu lauschen. Und hier liebte er die frischen Morgenstunden, an denen er für sich am Strand sitzen und die Welt in aller Ruhe bestaunen konnte, auf die er sich in den letzten Wochen eingelassen hatte. Voller Zufriedenheit, dass er diese Reise mit seiner Familie gewagt und intensiv genossen hatte. ■

Unsere Reisetipps

DSCHUNGEL ODER STRAND?

Spicy Villa Eco-Lodges, Chiang Mai:
Tel. +66 (0) 892 64 37 38,
www.chiangmaiecolodges.com

Longtail Beach Resort, Koh Phangan:
Tel. +66 (0) 77 44 50 18,
www.longtailbeachresort.com

Maenam Resort, Koh Samui:
Tel. +66 (0) 772 47 28 67,
www.maenamresort.com

NEU ODER GEWASCHEN?

Pragmatisch

Erstens findet man in Thailand zahlreiche günstige Waschsalons (Vorsicht: Empfindliche Kleidungsstücke lieber per Hand waschen!). Zweitens kostet auch neue Kleidung nicht die Welt. Wenn man das beherzigt, lässt sich das Gepäck für zwei Monate und vier Personen leicht handhaben.

FUSS ODER NACKEN?

In guten Händen

An den Urlaubsstränden reihen sich die Massage-Angebote aneinander. Ute machte es zu einer fast täglichen Routine, sich dort verwöhnen zu lassen.

JA ODER NEIN?

Buggy im Urlaub

Familie Vaut sagt: Ja! Ob in der Stadt, in den Bergen oder an Meer, er diente für Hanno als praktische, schattige und geschützte Schlafstätte. So konnte die Familie ihr Tagesprogramm flexibel halten.

28 Indonesien MIT BABY

Bali mit Baby eignet sich perfekt als Asien-Einstieg für Anfänger. Thomas und Sylvia sind zwar erfahrene Asien-Reisende, doch die Warmherzigkeit der Menschen und die Offenheit gegenüber ihren Kindern, die sie auf den indonesischen Inseln erfuhren, fanden sie überwältigend.

Tempelfest auf Bali: Das ganze Dorf feiert mit.

SYLVIA POLLEX UND THOMAS RÖTTING

Thomas Rötting (35) ist Sinologe, leitet das Konfuzius-Institut in Leipzig und arbeitet als freiberuflicher Fotograf (www.thomasroetting.com). Sylvia Pollex (42) ist Fotografenrepräsentantin, Bildredakteurin und Autorin (www.sylviapollex.de). Wie Thomas ist auch sie von Asien begeistert. Ihren Kindern Leonard (3 ½) und Flora (5 Monate) möchten die beiden mit den langen Reisen, die sie jedes Jahr zu viert unternehmen, ein Geschenk machen: gemeinsame Zeit. Zehn Wochen dauerte der Familienurlaub auf Bali. Nach dem Motto »lieber länger als teuer« stillen sie so ihre große Neugierde auf die Welt.

Der Duft Hunderter von Räucherstäbchen zog Sylvia in die Nase. Sie hörte ein liebliches Summen und Chanten, dazwischen leises Gebimmel einer Handglocke. Verschlafen blinzelte sie durch die Tür ihres Zimmers in den Innenhof der Unterkunft. Die warme Morgensonne bestrahlte Blüten, Blumengestecke und kleine, liebevoll gefertigte Geschenke, die jeden Winkel des Hofes schmückten.

 Bali

Natürlich waren diese Geschenke nicht für Sylvia gedacht. Sri Wardani, die balinesische Herbergsmutter in Ubud, war bereits auf den Beinen und weihte Dutzende kleine Altäre im bzw. um das Haus. Dabei brachte sie zahlreichen Gottheiten Opfergaben dar. Mit großer Hingabe verteilte sie erst die Rauchschwaden in alle Ecken und spritzte dann Wasser hinterher. Jede Bewegung führte sie mit meditativer Sorgfalt aus. Gleichzeitig wirkte das Ritual wie eine lebenslange Routine, die untrennbar zum Tagesbeginn dazugehörte. Noch am selben Abend würde Sri Wardani alle Blumen, Gestecke und Kränze zusammenfegen und wegwerfen, um – in aller Frische und Reinheit – Raum für das Morgenritual am Folgetag zu schaffen. Von der gelebten Spiritualität auf Bali war Thomas sehr beeindruckt: »Die Götterweihe gehört hier zum Tagesablauf wie bei uns das Zähneputzen und Frisieren«, berichtet er.

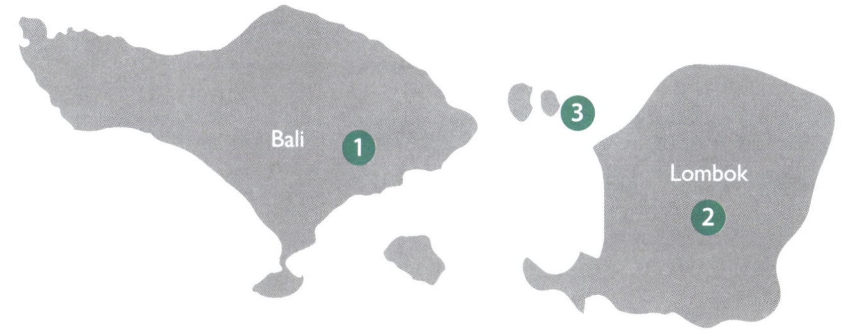

Kinderleichtes Balinesisch

Weil die Familie oft viele Tage am gleichen Ort blieb, hatte Leonard Zeit, Freundschaften zu schließen. In Tetebatu nahmen ihn die Jungs schwuppdiwupp an die Hand und zogen mit ihm durch die Reisfelder. Dabei blieben bei ihm viele Worte hängen, die er noch lange nach seiner Reise verwendete:

Teman = Freund

Selamat hari = Hallo/Guten Tag!

Apakah ada ikan = Gibt es Fisch?

Tempelfest in Sidemen

Nur wenige Tage später fand sich die Familie inmitten eines religiösen Höhepunkts auf Bali wieder: dem prachtvollen Tempelgeburtstag Odalan in Sidemen. »Es war ein Fest fürs Auge, eine Schule des Staunens«, beteuert Sylvia noch immer begeistert. Während jeder Tempel alle 210 Tage ein sogenanntes Odalanfest feiert, wurden die vier Zeugen eines 50-jährigen Tempeljubiläums. Drei Wochen steht die Tempelanlage dabei im Mittelpunkt prunkvoller, farbenfroher und vor allem sehr traditioneller Feierlichkeiten. Die Dorfbewohner zogen mit kunstvollen Kostümen und Gewändern durch die Straßen, die Frauen balancierten teils mehr als 1 m hohe Türme aus Früchten und Opfergaben auf dem Kopf. Alle Tempel waren über und über mit Blumen geschmückt. Eine Gruppe Musiker saß am Rand des Festplatzes und begleitete den Tanz von bunt maskierten Dorfbewohnern, die einen golden glänzenden, langstieligen Schirm im Takt der Trommeln schwangen.

Auf Bali besuchten die Asien-Fans noch zahlreiche andere Orte, wie etwa den Badeort Sanur an der Südküste oder Ubud, eine Stadt im Hochland, welche für ihre Handwerkskunst bekannt ist. Der Ort ist außerdem ein Mekka für Yogis und Veganer aus aller Welt. »Aber um ehrlich zu sein, waren wir von den touristischen Gebieten Balis eher überfordert. Wir suchten die Natur, die Ruhe und eine erholsame Zeit als Familie«, besinnt sich Sylvia, zu dieser Zeit noch stillende Mutter mit einem fünf Monate alten Baby in der Tragehilfe. Ihre Suche wurde mehr als belohnt: Die vier landeten schließlich mit einer Fähre auf der östlich von Bali gelegenen Insel Lombok. Die Entdeckung einer neuen Welt konnte beginnen.

 Lombok

»So stellten wir uns Bali vor 50 Jahren vor«, erinnert sich Thomas. Auf den Straßen schoben sich Pferdekarren und Fahrräder gemächlich aneinander vorbei, das gesamte Leben schien langsamer abzulaufen. Zudem war es mittlerweile Februar – und damit Regenzeit. Die Leipziger störte das nicht im Geringsten. Im Gegenteil: In der Nebensaison ist das Land touristisch wie leer gefegt, das Leben erheblich günstiger als noch einige Wochen zuvor und das Wetter dennoch angenehm warm.

Zwar trommelte täglich ein Regenguss auf die Dächer, doch diese Zeit nutzte Sylvia gern für eine gemütliche Siesta mit Flora. Wenn es mal länger als eine Stunde am Stück regnete, schnappte sich Thomas demonstrativ einen Regenschirm und hüpfte damit johlend in den Hotelpool.

Regen? Na und? Thomas und Leonard trotzen der Regenzeit im warmen Pool.

Leonard war der Regen sowieso egal: Der Vierjährige liebte das Nass – Hauptsache, er durfte mit seinem Papa schwimmen üben. In dem abgelegenen Dorf Tetebatu, direkt am Ausläufer des beeindruckenden Vulkans Gunung Rinjani, lernten Sylvia und Thomas viel über den Anbau von Reis, über die indonesische Küche und die Verwendung der einheimischen Gewürze.

 Inselleben auf Gili Air

Ein Lombok vorgelagertes Archipel sind die Gili-Inseln. »Auf Gili Air, einer der Inseln, waren wir so richtig glücklich«, schwärmt Sylvia: ebenfalls keine Autos, keine streunenden Hunde, keine überfüllten Strandbars, kein Lärm. Wie auch, wenn wenig Platz dafür ist. Mit 5 km Umfang erschien Gili Air anfangs winzig;

am Ende blieben die vier Urlauber aber einen ganzen Monat dort.

Für Leonard gab es irre viel zu entdecken: Er beobachtete die Fischerboote und die Fischer, die täglich ihre Netze auswarfen und viele Stunden später, mit Hummer und bunten Fischen beladen, zurückkehrten. Er suchte Muscheln in allen Größen, sortierte Steine und Palmenblätter, baute Sandburgen und Tunnelsysteme. Flora inspizierte währenddessen die feinen, warmen Sandkörner zwischen ihren Fingerchen oder kullerte zufrieden auf einer der Holzliegen umher, die zu den Strandrestaurants gehörten. Auf den ausgedehnten Inselspaziergängen begegnete die Familie fast täglich den gleichen freundlichen Menschen.

Besuch von den Großeltern

Die Insel bot ein kleines Zuhause – umso mehr noch, als die Großeltern für drei Wochen auf Besuch kamen. Dies war nicht nur für die Kinder eine abwechslungsreiche Zeit, sondern auch ein richtiges Abenteuer für Sylvias Eltern. Die älteren Herrschaften lernten Asien zum ersten Mal kennen – und gleich von seiner besten Seite. Für Thomas und Sylvia bedeutete der Besuch auch Zeit für Zweisamkeit. So richtig Urlaub eben. Neben den eigenen Großeltern waren auch die Indonesier hervorragende Babysitter. Ihre herzallerliebste Art, Kleinkinder zu animieren: Augen groß machen und wieder klein … Mund aufreißen und wieder schließen, brachte Flora oft stundenlang zum Lachen und Staunen. Und was macht eine Familienreise schöner als ein strahlendes Kindergesicht? ■

Mit den Großeltern, die auf Besuch kamen, ging es gemeinsam zum Schnorcheln raus aufs Meer – ein riesiger Spaß für Groß und Klein.

Unsere Reisetipps

ASIEN-ABC

Insidertipps für Indonesien

DOS

Lächeln: Das hilft meist wesentlich mehr, als sich über eine Situation aufzuregen. Und die Balinesen lächeln immer sehr lieb zurück.

DON'TS

Zeigen Sie nicht mit dem Finger auf andere Menschen – schon gar nicht mit der linken Hand, die als unrein gilt.

GILI AIR

Thomas' Trauminsel hat gerade mal 5 km Umfang und ist nur mit dem Boot zu erreichen. Gute Adresse vor Ort: Gili Lumbung Bungalows and Bar, Unnamed Rd, Gili Indah, Kabupaten Utara, Nusa Tenggara Bar., Gili Indah, Pemenang, North Lombok Regency, West Nusa Tenggara 83352, Tel. +62 (0) 878 64 51 75 82, business.google.com/website/gili-lumbung-bungalows-and-bar

REISFELDER

Sylvias schönstes Erlebnis waren die Wanderungen durch die Reisfelder, auf denen sie selbst Reis setzen durfte – beispielsweise in Tetebatu auf Lombok mit einem einheimischen Wanderführer, dessen Frau sich währenddessen reizend um Flora kümmerte. Jaya Trekker, Tetebatu, Sikur, East Lombok Regency, West Nusa Tenggara 83663, Tel. +62 (0) 853 37 92 00 05, www.jayatrekker.com

29 Japan MIT DEM CAMPER

Ein Roadtrip durch Japan? Gibt es für solche Reisen nicht einfachere Länder? Mitnichten! Andreas und Jenny sind nach drei Wochen Sommerurlaub überzeugt: Japan ist ein Geheimtipp für Campingfamilien.

Mit dem gemieteten Camper reisten die vier »Tavelistos« durch Japan – und entdeckten mitunter einsame Landschaften.

JENNY KRÄMER UND ANDREAS ARNOLD

Andreas Arnold (41) leitet eine Kommunikationsagentur in Köln. Seine Frau Jenny Krämer (41) ist Psychologin und arbeitet selbstständig als Trainerin, Beraterin und Coach. Gemeinsam haben sie Japan schon einmal bereist und wussten damals: Das reicht noch nicht. Im vergangenen Sommer kehrten sie mit ihren Kindern Milan (7) und Mato (4) zurück und lernten Japan aus einer neuen Perspektive kennen. Auf www.travelisto.net erzählen Andreas und Jenny von den Reiseerfahrungen, geben hilfreiche, landesspezifische Tipps und schenken Einblicke in Sehenswürdigkeiten und lohnenswerte Reiseziele.

»Hello from the other side … I must have called a thousand times …« Milan drückt die Augenlider voller Emotion zusammen und reißt begeistert die Arme in die Höhe. Sein vierjähriger Bruder Mato blickt gebannt auf den Bildschirm vor ihnen an der Wand, die kleinen Hände können das Mikrofon gerade so umgreifen. Zwei Paar Kinderaugen funkeln vor Freude. Die 4 cbm große Kabine steckt voller Musik, vibriert vor Energie. Die Jungs holen noch einmal kräftig Luft. »To tell you I'm sorry … for everything that I've done …« Andreas und Jenny stimmen lachend in den Gesang mit ein und füllen die Lücken im englischen Liedtext. Adele featuring Familie Arnold-Krämer. Live aus einer Karaoke-Box in Tokio. Die Wände sind schalldicht isoliert.

1 Metropole Tokio

In Shibuya, dem In-Viertel der Neun-Millionen-Metropole Tokio, ist Karaoke weit verbreitet. Auch Milan und Mato haben das Hobby für sich entdeckt. Ihre Besuche in den Boxen mussten die vier Musikfans teilweise auf zwei Stunden verlängern, bis reihum jeder seine Lieblingssongs zum Besten gegeben hatte. Die Benutzung ist oft gratis, aber an einen Mindestkonsum an Getränken gebunden.

Shibuya und Harajuku

In Japans Hauptstadt gab es aber noch so vieles mehr zu entdecken: zum Beispiel die berühmte Kreuzung in Shibuya, an der bei Grün bis zu 15 000 Menschen die Straßen überqueren. Oder das fünfstöckige Spielzeugkaufhaus Kiddy Land im Bezirk Harajuku: »In unseren Augen waren die Massen an Elektro- und Plastikspielsachen einfach nur skurril. Die Jungs sahen das leider anders«, kann Jenny

»Samasamasamasteeeeee …«

… heißt so viel wie »Der Kunde ist König«. Ladenbesitzer und Verkäufer hüllen ihre Besucher gern in diese Höflichkeitsfloskel ein, die man aber nicht erwidern muss.

im Nachhinein darüber lachen. Vor Ort hatte sie aber alle Hände voll zu tun, sich gegen den Kauf mannshoher Roboter zu wehren. Den Rest von Harajuku fand sie bezaubernd: kleine Boutiquen, Designerläden und übersichtliche Wohngebiete. »Auch wenn die Straßen sehr voll waren, blieben die Menschen immer zuvorkommend und aufmerksam«, erinnert sich Andreas. Diese freundliche Offenheit und – allen Leuchtreklamen zum Trotz – ein lebenswertes Großstadtflair kennzeichnen den Gesamteindruck, den Jenny und Andreas nach zwei Tagen Tokio mitnahmen, als sie ihren Roadtrip starteten.

2 Halbinsel Izu

Ziel ihres dreiwöchigen Sommerurlaubs im gemieteten Camper war es, neben ausgesuchten Großstädten und kulturellen Highlights auch ein paar Tage am Meer einzulegen. Andreas hatte in den Reiseführern kaum Hinweise auf Sandstrände gefunden und sich über Google Maps selbst auf die Suche gemacht. 200 km südlich von Tokio wurde er fündig – und für seine Neugierde mehr als belohnt: Die Halbinsel Izu erschien ihm wie ein entrücktes Stück Japan, die weiße Sandküste hatte Südseeflair, das glasklare Wasser Karibikniveau. Einstimmiger Favorit der Familie war der Ohama Beach. Mehrere Meter hohe Felsen, die stellenweise ins Meer stürzten, stellten sich dort gegen eine schäumende Brandung. Unmittelbar daneben schloss sich ein ruhiger Sandstrand an, an dem die beiden Kinder Mato und Milan mit ihrem Bodyboard stundenlang durch die flachen Wellen rannten. Ausgestattet mit 10 cm großen Plastikkäfigen, wie sie fast alle japanischen Kinder um den Hals hängen hatten, gingen die Jungs auf Krebssafari und fingen so manches kleine Getier.

Ryugu Sea Cave

Eine zufällige Entdeckung war die Ryugu Sea Cave am Ende der Küstenstraße. Das Meer bahnte sich seinen Weg durch eine 5 m breite Schleuse, die in den Fels gewaschen war, in die rund 20 m breite Bucht. Diese wirkte wie eine riesige Höhle, die von wuchtigen Wänden eingefasst und nach oben hin offen war. Andreas kam aus dem Staunen nicht mehr heraus: »Wir hatten diesen wunderschönen Höhlenstrand ganz für uns allein!« Auch Mato und Milan waren begeistert – schnurstracks sprangen sie übermütig und voll bekleidet ins Wasser.

3 Fuji und die Berge

Auf dem Fuji, dem mächtigen Dreitausender (3776 m) und höchsten Berg Japans, war es mit der Einsamkeit vorbei. Beim Aufstieg auf den Vulkan fühlten sich die vier wie auf einer Bergautobahn, so überlaufen war es. Daher nutzten sie lieber den Bustransfer zur höchst gelegenen Bergstation und genossen die famose Aussicht über Japan und die Weite des umgebenden Meeres aus 2385 m Höhe. Bis hierher überzieht eine üppige Vegetation den Berg, je höher man aber kommt, desto karger wird der Fuji; dunkles Lavageröll bedeckt die Hänge bis zum Gipfel. Alpincharakter fanden Jenny, Andreas und die Kinder auch bei den sogenannten Gasshō-Häusern in den japanischen Bergen: Die historischen Dörfer von Shirakawa-gō und Gokayama sind UNESCO-Weltkulturerbe. Ihre strohgedeckten, bis zu 60 Grad steilen Dächer sorgen dafür, dass im Winter die Schneemassen von den Häusern abgleiten können.

Weiße Sandstrände, wilde Wellen und viele Krebse – Mato und Milan hatten an der Küste viel zu entdecken.

Showtime

Die Region um die Stadt Iga, südwestlich von Kyoto, gilt als Geburtsstätte der Ninja-Kampfkunst, was auch abseits des tollen Aktivmuseums nicht zu übersehen ist: So mancher Besucher läuft verkleidet durch die Straßen der Stadt. Man kann Ninja-Schwerter kaufen, sich Geheimeingänge in Häusern zeigen lassen oder eine beeindruckende Show ansehen. Aufgepasst: Gern holen die Bühnenkämpfer ausländische Besucher in die Show. Jenny musste auf der Bühne ihr Bestes im lustigen Kampf gegen einen Ninja geben und wurde mit begeistertem Beifall der japanischen Zuschauer belohnt. Iga-ryu Ninja Museum, 117 Ueno Marunochi, Iga 518-0873, Mie-Präfektur, tgl. 9–17 Uhr, letzter Einlass 16.30 Uhr, www.iganinja.jp

4 Kaiserstadt Kyoto

Einen Tag Autofahrt entfernt lag Kyoto. Bis ins 19. Jh. war die Großstadt Kaisersitz und im Zweiten Weltkrieg wurde sie von den Bombardements verschont. So glänzt sie heute als kulturelle Schatzkiste. Die Familie war von der Fülle an Sehenswürdigkeiten fast überfordert, hinzu kam eine sommerliche Schwüle von 40 °C, die sie etwas in die Knie zwang. Die vier besichtigten Kinkaku-ji, den »Goldenen Tempel«, und Kiyomizu-dera, den »Tempel des reinen Wassers«. Danach waren die Kinder ausgelaugt und von den Temperaturen wie erschlagen.

Bambuswald

Abhilfe schaffte dabei der imposante Bambuswald von Arashiyama, der westlich von Kyoto lag: 10 m hohe Bambusstämme mit luftigen Blättern, die ein vollkommen grünes Dach bildeten und die Sonne komplett abschirmten, empfingen die Schattensuchenden. Mato und Milan waren auch recht geschwind wieder auf Sprintmodus und rannten ausgelassen durch den Wald. Ein gleichförmiger Zikadengesang begleitete die Familie auf ihrem einstündigen Rundgang durch das mit Bambuslatten eingesäumte Wegenetz, das man auch sehr gut mit dem Fahrrad abfahren kann. Hier und da spazierten junge Damen in traditionellen Gewändern, vereinzelt huschten Rikschafahrer mit Kundschaft vorbei. Andreas atmete durch … »Hello from the other side … I must have called a thousand times …« ■

Der Bambuswald von Arashiyama bot angenehmen Schatten.

Unsere Reisetipps

IM EIGENEN RHYTHMUS

Reisen in Japan

Ein antizyklischer Reiserhythmus hat Vorteile: Jenny und Andreas gewöhnten sich bald an, die Vormittage entspannt anzugehen und ihr jeweiliges Reiseziel erst am Nachmittag aufzusuchen. Ab 16 Uhr nämlich packen die Japaner ihre Siebensachen wieder zusammen. Man findet dann oft menschenleere Orte vor, die man in Seelenruhe genießen kann.

IM EIGENEN BUS

Campen in Japan

Campingplätze steuerten die vier nicht an. Es gibt nur sehr wenige, und die Alternativen sind sehr gut – und gratis: Michi-no-Ekis. Das sind Rastplätze an Landstraßen, die über Toiletten, Shops und WiFi verfügen. www.michi-no-eki.jp/stations/english Camper zur Miete gibt es z. B. beim englischsprachigen Anbieter. www.japancampers.com

MIT EIGENEN MITTELN

Sparen in Japan

In Städten, an Stränden oder in der Nähe von Sehenswürdigkeiten zahlt man für eine Stunde Parken umgerechnet bis zu 20 Euro. Wer ein paar Ecken weiterfährt, bekommt oft deutlich günstigere Parkplätze. Auch die Frischetheken im Supermarkt sind tagsüber verhältnismäßig teuer. Täglich ab 15 Uhr werden frische Waren in den meisten Supermärkten aber ausverkauft und drastisch reduziert.

30

Australien
DOWN UNDER ZU DRITT

Zwischen Schnorchelparadies und Sydney: Familie Gebhardt bereiste fünf Wochen lang die australische Ostküste mit dem Camper und hangelte sich von einem Höhepunkt zum nächsten. Selbst der kleine Sohn Paul kam aus dem Staunen nicht mehr heraus.

Schnorchelparadies Australien: Familie Gebhardt besuchte auch Whitsunday Islands, die aus 74 Inseln bestehen.

EVA UND DAVID GEBHARDT

David Gebhardt (28) ist IT-Leiter und als leidenschaftlicher Fotograf immer auf der Suche nach dem nächsten guten Moment – sei es auf Hawaii, in Neuseeland, Indien oder Nepal. Das Reisen mit Kind hat ihm den Blick für all die vielen Kleinigkeiten abseits der Touristenströme geöffnet. Eva (28) arbeitet selbstständig als Designerin – am liebsten näht, bastelt und baut sie zusammen mit Sohn Paul (1). Wenn sie Bewegung braucht, schlüpft sie in ihre Inlineskates oder joggt durch die Parks von Potsdam. Auf www.unterwegs-bleiben.de teilt die Familie, inzwischen zu viert, ihre besten Reiseerlebnisse mit.

»Oi na ho, oi na he, oi na he he he. Na na na na naaa, …« Gebannt blickt Paul auf die Lippenbewegungen der Frau, die neben ihm im Flugzeug sitzt. Noch viele Wochen später wird sich der Einjährige an die Zeilen des Maori-Liedes erinnern. Ebenso wie seine Eltern. Denn er bittet sie seither fast täglich, das »Nanana-Lied« für ihn zu singen.

Dass Paul bei dem Abenteuer dabei sein durfte, war, wenn man so will, ein großer Zufall. David und Eva hatten eine halbjährige Weltreise geplant, als Eva schwanger wurde. »Das hielt uns aber nicht davon ab, trotzdem zu verreisen«, erzählt die Potsdamerin. Kurzerhand machten sie eine Familienzeit daraus und hoben an Pauls erstem Geburtstag Anfang Oktober zu dritt ab: für drei Monate nach Singapur, Australien, Neuseeland und Thailand. Auf Südamerika, den ursprünglich letzten geplanten Teil ihrer Reise, verzichteten sie.

»Reisen ist eine Lebenseinstellung«, stellt David fest, »deshalb wollen wir unseren Kindern so früh wie möglich den Kontakt mit anderen Kulturen ermöglichen.« Auch Eva ist überzeugt, dass Familien – selbst mit Babys und Kleinkindern – vom Reisen in andere Länder profitieren und einen großen Koffer voller neuer Lebenserfahrung mit nach Hause bringen.

Das Reisen zur dritt brachte tatsächlich neue Aspekte mit sich: David und Eva, sonst gern als Backpacker unterwegs, mieteten in Cairns zum ersten Mal einen Camper. Das mobile Zuhause war für Paul ein guter Ruhepol und ermöglichte es ihm, seinen gewohnten Tagesrhythmus zu wahren.

1 Daintree-Regenwald

Zwei Stunden nördlich von Cairns tauchten die drei in eine wahrlich einmalige Natur ab: den Daintree-Regenwald. Das grü-

Vorsicht, Vorurteile

Mit Baby in Australien? Ist das nicht viel zu gefährlich? Nein! Wer vor Ort die Hinweisschilder beachtet, ist so gut wie auf der sicheren Seite. Man springt schließlich ohnehin nicht freiwillig in einen Fluss, wenn dort vor Krokodilen gewarnt wird.

ne Paradies ist etwa 135 Mio. Jahre alt und gilt als die Heimat der größten Artenvielfalt der Erde. Während Eva die blühenden Orchideen, Jahrmillionen alte Farnarten und prächtig strahlenden Schmetterlinge bewunderte, lauschte Paul immer wieder konzentriert dem wilden Gezwitscher zahlreicher Vögel.

Tier- und Pflanzenparadies

Die Regenwaldoase beherbergt ungefähr 430 Vogelarten, einige von ihnen findet man nirgendwo sonst auf der ganzen Welt. Kurz erhaschte David auch einen Blick auf langsam dahingleitende Krokodile, die im Daintree River schwammen, dann aber zwischen den dichten Mangroven verschwanden.

Wer Glück hat, kann nicht nur Schildkröten, sondern auch zahlreiche Froscharten entdecken. Auch verschiedene Beuteltiere und Fledermäuse sind hier zu Hause. »… und plötzlich hört der Wald einfach auf, weil das Meer beginnt«, erzählt Eva, von der Vielseitigkeit dieser Region tief beeindruckt. Mehrere Tage lang genoss sie mit ihrer Familie die Wanderungen durch dichtes Grün, eine glitzernde Farbenwelt und einsame Sandbuchten.

2 Great Barrier Reef

Wenig später tauchten die drei wirklich ab – in eine ganz andere Welt, zwei Stunden mit einem Motor-Katamaran von der Küste entfernt: ins Great Barrier Reef. Wer das Farbenspektakel erleben will, kommt um eine organisierte Tour nicht herum und löhnt dabei bis zu 250 Australische Dollar, umgerechnet etwa 160 Euro, pro Person. »Aber das ist es in jedem Fall wert!«, beteuert David.

Einmal am Riff angekommen, durften er und Eva abwechselnd mit Schnorchel und Flossen umherschwimmen. Auf der Plattform ihres Katamarans war ein kleiner Pool eingebaut, der sich mit Meerwasser füllte und wegen seiner durchsichtigen Scheiben einen sicheren Blick in das Riff gewährte. So hatte auch Paul seinen Spaß an der Sache. Das Riff ist noch immer – trotz fortschreitendem Zerfall aufgrund der Klimaveränderung – ein regelrechtes Feuerwerk von Farben und ein Ort quirligen, blühenden Lebens. Hunderte bunter Fische flitzten um die Schnorchelnden herum, als wollten sie Fangen und Verstecken spielen.

Der Daintree-Regenwald ist ein grünes Paradies und beheimatet eine enorme Vielfalt an Tieren und Pflanzen.

3 Magnetic Islands

Die Tierwelt Australiens bildete ohne Zweifel eine der Hauptattraktionen für die Gebhardts. Nach den Vögeln und Fischen waren sie auf den Magnetic Islands nun den Koalas auf der Spur. Sie blieben dort eine Nacht im Bed & Breakfast. Robyn, die Gastmutter, holt sie von der Fähre ab und zeigte ihnen dabei gleich die ganze Umgebung. Über 1000 frei lebende Koalas sollte es auf der Insel geben, und sie seien entlang des Forts Tracks ganz leicht anzutreffen.

Also Kraxe gepackt – und nichts wie los. Als die drei später etwas enttäuscht von ihrer Wanderung zurückkehrten, weil sie kein einziges Exemplar der gemütlichen, graupelzigen Beuteltiere erspäht hatten, brachte Robyn sie kurzerhand an einen kleinen Wald in der Nähe ihres Hauses. Und schon strahlten Pauls Augen: Koalas! Sie hingen da einfach so am Baum wie er in Evas Babytrage.

Weiter geht's

Auf ihrer weiteren Fahrt über Fraser Island – die größte reine Sandinsel der Welt –, Brisbane und die Gold Coast wurde die Liste der Tiere immer länger: Neben den Koalas gab es Kakadus, die sich beim Frühstück am Campingplatz zu ihnen gesellten, und Kängurus, die Eva beim Joggen entdeckte. Mit Paul näherte sie sich den ansonsten eher scheuen Beuteltieren bis auf 1 m Entfernung. »Das war besser als jeder Streichelzoo«, freut sich Eva noch heute über diese besondere und friedliche Begegnung. Die Tiere standen einfach da, frei in der Natur. Und fragten sich vielleicht, warum diese Menschen so interessiert dreinschauten …

 Sydney

Über 1000 km weiter südlich erreichten sie eines von Davids Sehnsuchtszielen: Sidney. David hatte große Erwartungen an die Stadt – die während der kommenden Tage auch alle erfüllt wurden. Die Metropole besaß ein sportliches Küstenflair und ein charmantes, sehr gemütliches Innenleben. Bei 39 °C verlegten sie die ausgedehnten Besichtigungen allerdings auf die Abendstunden.

Als sie dann im Sonnenuntergang bei fröhlicher Straßenmusik und mit Blick auf die Oper durch den Hafen flanierten, war das der perfekte Moment für David, den IT-Spezialisten, eine familiäre Statusabfrage zu starten. Das Resultat: Die Idee eines mentalen Resets – unbeirrt mit Baby nach Australien zu reisen – war die beste des Jahres gewesen. Das System – zu dritt und im Camper – hatte fehlerfrei funktioniert. Und der Familienakku war randvoll mit fantastischen Eindrücken und Erlebnissen. ■

Sydney aus Pauls Perspektive: Groß, sehr groß ist die Stadt mit dem markanten Opernhaus – eines der schönsten Gebäude der Welt.

Unsere Reisetipps

WIE SCHLAFEN?

Übernachtungsmöglichkeiten mit Wohnmobil

BIG4 …

… ist eine Kette von Holidayparks, die in Australien sehr verbreitet und auf Familie ausgerichtet ist. Meist mit Pool, Grillbereichen, Hüpfkissen und Wasserspielplatz. Eher teuer, aber bei heißen Temperaturen wahnsinnig angenehm und sehr erfrischend.
www.big4.com.au

ANDERE HOLIDAYPARKS …

… sind kleinere Urlaubsanlagen, die weniger bieten, aber teilweise schöner und ruhiger gelegen und zudem günstiger sind, beispielsweise:
www.bundabergholidayparks.com.au oder www.islandgateway.com.au

CAMPINGPLÄTZE …

… findet man besonders häufig an den Nationalparks. Diese Plätze sind in der Regel allerdings sehr klein, abgelegen und bieten kaum Komfort. Dafür sind sie aber sehr günstig und liegen mitten in der Natur.
www.nationalparks.nsw.gov.au/camping-and-accommodation

BED & BREAKFAST …

… ist eine oft willkommene Möglichkeit, wenn man auf einer Insel schlafen will, wie zum Beispiel David und Eva auf den Magnetic Islands bei Robyn:
www.magneticislandbedandbreakfast.com

31 Neuseeland ZU ZWEIT

Agnieszka erfüllte sich einen persönlichen Traum: Sie nahm ihren viereinhalbjährigen Sohn, packte zwei handliche Koffer – und reiste drei Wochen durch Neuseeland. Mit viel Neugierde und einer Portion Unbedarftheit ließen sich die beiden auf eine völlig neue Welt ein.

Sandbucht am Abel-Tasman-Nationalpark auf der Südhalbinsel Neuseelands.

AGNIESZKA GOLOSCH

Gemeinsam begaben sich Agnieszka (40) und ihr Sohn Kostja (4 ½) auf eine Reise ans andere Ende der Welt. Agnieszka ist in Polen geboren und lebt seit über zehn Jahren in Berlin. Den Besuch bei einer guten Freundin, die nach Neuseeland ausgewandert war, nahm sie zum Anlass, die Südhalbinsel zu erkunden. Vor Ort einen Kontakt zu haben, gab Agnieszka die nötige Sicherheit, diese lange Reise mit Kind zu unternehmen. Bislang hatten sie gemeinsame Urlaube in Europa verbracht. Nun puzzelten sie einen kindgerechten Roadtrip durch ein Land natürlicher Superlative zusammen.

»Wie cool, Kostja, schau doch, schau!«, Agnieszka kommt aus dem Staunen nicht mehr heraus. Gestern sind sie noch durch die verlassene Canyon-Landschaft in der Inselmitte gefahren, heute türmt sich der Aoraki oder Mount Cook, mit 3724 m der höchste Berg Neuseelands, zu ihrer Linken auf. Rechter Hand säumen kilometerlange weiße Sandstrände das Meer. »Ja, Mama, ist ja gut, ich sehe es«, beruhigt Kostja vom Rücksitz aus seine Mutter.

Der Roadtrip über die Südinsel Neuseelands war für beide ein intensives Erlebnis: Mutter Agnieszka wurde in ihrer Begeisterung für die Naturschönheiten des Landes selbst wieder zum Kind. Kostja hingegen wuchs bei vielen Unternehmungen über sich hinaus. Zusammen formten sie bald ein Dreamteam: »Mein Sohn ist der beste Reisepartner, den ich je hatte«, resümiert Agnieszka nach dem Urlaub. Das lag vor allem daran, dass die Reise kindgerecht geplant war: Agnieszka sah vom falschen Ehrgeiz ab, möglichst viel hineinzupacken, und konzentrierte sich auf vier Hotspots. Drum herum ergaben sich wie von selbst viele weitere wunderbare Erlebnisse.

1 Kaikoura

Sie landeten mit dem Flugzeug in Christchurch und starteten in einem Mietwagen Richtung Norden, um die Südinsel Neuseelands gegen den Uhrzeigersinn zu umrunden. Ihre erste Station war die Hochburg des Whalewatching: Kaikoura. Agnieszka hatte versäumt, eine Tour vorab zu buchen, und bekam glücklicherweise noch zwei Plätze – allerdings morgens

um 6.45 Uhr. In der Nacht zuvor hatte ein leichtes Erdbeben die beiden wach gehalten. Entsprechend war auch das Meer am Morgen noch unruhig und der Wellengang sehr hoch. Das allein reichte schon, um heftiges Bauchgrummeln zu verursachen. Tabletten gegen Seekrankheit hatte Agnieszka in der Eile vergessen. Weil die Anbieter eine Walsichtung garantieren, blieb das Boot zu allem Überfluss auch noch über zwei Stunden auf hoher See – bis sich dann endlich ein Wal »erbarmte« und sich zeigte.

Trotz übler Seekrankheit war Agnieszka am Ende vollkommen begeistert vom Anblick des riesigen Säugetiers. »Das nächste Mal würde ich bei hohem Wellengang aber auf eine Tour verzichten und lieber auf einen etwas ruhigeren Tag warten. Das Warten lohnt sich nämlich doppelt!«, bringt sie diese Erfahrung mit einem Lachen auf den Punkt.

Robbenkolonie Tauranga Bay

Cape Foulwind bei Tauranga Bay nahe Westport ist ein magischer Anziehungsort für Mensch und Tier: Kolonien von Pelzrobben tummeln sich hier, wälzen sich in der Sonne und spielen in den hohen Wellen der Kliffs.

Die Weibchen bleiben immer in der gleichen Kolonie und sind deshalb zu jeder Jahreszeit dort – hier ziehen sie ihre Jungen groß. Die Männchen kommen Ende November zur Paarungszeit. Vom Parkplatz Tauranga Bay, 13 km westlich von Westport, führt ein zehnminütiger Weg zu den Aussichtsplattformen.

GPS: -41.7660197, 171.4588611

GPS: 41°45'57.7"S 171°27'31.9"E

Maori und das Meer

Hatte sie bis dahin noch den Eindruck, Neuseeland sei ein Ableger europäischer Kultur und Gesellschaft, öffnete ihr Kaikoura einen anderen Blick: Sie war hier tatsächlich in einer ganz anderen Welt. Alle Whalewatching-Unternehmen werden von den Maori geführt. »Ihr selbstverständlicher Umgang mit dem Meer hat mich auf besondere Weise fasziniert«, erzählt Agnieszka.

2 Marlborough Sounds

Nach dem Abenteuer auf hoher See wurde es Zeit, auch das Festland zu erkunden. Am besten zu Fuß. Hierfür wählten sie einen Abschnitt des Queen Charlotte Track in den Marlborough Sounds: einer zerklüfteten Küstenlandschaft mit einem ausgedehnten Netzwerk an Wasserwegen und Halbinseln im äußersten Norden der Südinsel. Der Weg bestand aus zwei Teilen, die man einzeln begehen konnte. Für Kostja war das vor allem deshalb reizvoll, weil die beiden für jede Tour von der Hafenstadt Picton aus mit dem Wassertaxi zum Einstiegsort fuhren. Die Wasserlandschaft flog dabei wie ein unwirklicher Traum an ihnen vorbei, ähnlich der Kulisse des Films *Avatar*: Springende Delfine, wild bewucherte Uferstreifen wechseln sich mit meterhohen Palmen auf den Hängen und sanften Hügeln, die sich über die Weite des Meeres verteilen, ab.

Queen Charlotte Track

Für Anfänger ist der Queen Charlotte Track nicht unbedingt der einfachste Wanderweg, dafür vergleichsweise einsam. Für Agnieszka war es deshalb die schönste Tour in Neuseeland. »Krasser wird's nicht mehr«, konnte sie ihren Sohn am Abend des ersten Wandertages trösten. Tapfer stapfte er dann auch den zweiten Wegabschnitt durch die zerklüftete Landschaft aus Meer und Bergen. Dabei unterhielt er seine Mutter am laufenden Band: »Kostja begann plötzlich, einfach drauflos zuplappern und ließ mich in seine Gedankenwelt eintauchen. Für mich als Mutter waren die beiden Tage schon allein deshalb eine bewegende Erfahrung.«

3 Abel-Tasman-Nationalpark

Ihre nächste Station war der Abel-Tasman-Nationalpark bei Marahau. Er ist berühmt für eine üppige Flora und Fauna sowie für zahlreiche kleine Buchten, wilde Klippen und traumhafte Sandstrände. Hier gibt es eine konditionell einfache, viertägige Wanderung, die wegen ihrer Beliebtheit mehrere Monate im Voraus reserviert werden muss. Der Weg weist kaum Höhenunterschiede auf und führt mit durchwegs fantastischem Weitblick über Küste und Meer durch die Landschaft. Vor Ort entschieden sich Agnieszka und Kostja, die Tour in einzelne Tagesetappen aufzuteilen und sich wiederum mit einem Wassertaxi zu den einzelnen Start- und Endpunkten fahren zu lassen. Hierfür wurden sie mit dem Sportboot direkt am Strand abgeholt; sie konnten im Trockenen einsteigen, ein Traktor brachte das Boot auf einem Anhänger dann zum Ufer und ließ es dort ins Wasser.

4 Fox Glacier

Der Besuch am Fox Glacier bot nach den anstrengenden Wanderungen eine willkommene Abkühlung. Die eiskalten Massen des Talgletschers winden sich kilometerlang Richtung Westküste. Die Weite der riesigen Eisflächen beeindruckte die beiden Berliner sehr. Durch die Nähe der Ortschaft Fox Glacier Village ist der Gletscher gut erschlossen. Wer das Areal noch genauer erkunden möchte, kann Eisklettertouren buchen oder einen Sightseeing-Rundflug unternehmen.

Lake Matheson

Agnieszka und ihr Sohn blieben nur eine Nacht am Gletscher und umwanderten den in der Nähe gelegenen Lake Matheson, das vielleicht am häufigsten fotografierte Motiv Neuseelands. Aus gutem Grund: Den See bei Windstille zu erleben, in dessen glasklarer Oberfläche sich Mount Cook und die anderen Dreitausender der Neuseeländischen Alpen spiegeln, ist ein fantastisches Naturschauspiel. Die Umrundung dauert etwa eine Stunde. Agnieszka staunte immer wieder über Neuseeland: »Mir kam es vor, als würden wir die Welt in einem Mikrokosmos erleben.« Die Küsten erinnerten sie an die Karibik, das Bergpanorama an Skandinavien und die Canyon-Landschaft an Nordamerika. Um das alles an einem Fleck zu finden, hatte sich die lange Anreise wahrlich gelohnt. ■

Kostja fühlte sich in Neuseeland sichtlich wohl: Er genoss die Weite und die Freiheit in der Natur wie hier beim Lake Matheson.

Unsere Reisetipps

DAS BESTE CAFÉ

Run76

Das kleine Café im Zentrum der Ortschaft Lake Tekapo bietet leckere warme Gerichte, liebevoll verpackte lokale Produkte, eine fantasievoll dekorierte Kuchentheke und dazu köstlichen Kaffee.
SH8, Main Street, 7999 Lake Tekapo, Mackenzie, tgl. 7.30–16 Uhr, www.run76laketekapo.co.nz

DIE WILDESTE LODGE

Old Slaughterhouse

Die Anlage nahe Westport liegt ab vom Schuss im wilden Grün auf dem Gipfel eines Hügels. Gleichzeitig bietet sie den Komfort eines modernen Ferienhauses und Platz für insgesamt zehn Personen. Das Gepäck wird von den Besitzern mit einem Quad abgeholt, während man den Weg auf den Hügel selbst in circa zehn Gehminuten zurücklegen muss. Das Haus wurde mit recycelten Materialien gebaut und bezieht sein Wasser aus einer eigenen Quelle.
Dean Creek, RD1, Hector, Westport 7891, Tel. +64 (0) 37 82 83 33, www.oldslaughterhouse.co.nz

DIE SCHÖNSTEN STRÄNDE

Sunset oder Südseeflair

Wer Südseeflair bevorzugt, sonnt sich an den Stränden des Abel-Tasman-Nationalparks. Die Strände an der Westküste sind wilder und eignen sich deshalb zum Baden für Kinder weniger. Die atemberaubenden Sonnenuntergänge sollte man sich hier aber ansehen.

32 Uruguay MIT DEM CAMPER

In Uruguay bauten Tina und Daniel einen Campingbus aus und starteten auf eine Reise zum wahren Familienglück: Mit ihren drei Kindern nahmen sie sich eine lange Auszeit, um Südamerika zu bereisen.

Camping in Uruguay, das heißt Leben in der Natur: Hier sagen sich Strauß und Papagei wirklich »Gute Nacht!«.

TINA GÜNTNER UND DANIEL RÖDEL

Kreativität bringen Kommunikationsdesignerin Tina Güntner (39) und Art Director Daniel Rödel (39) von Haus aus mit. Die war notwendig, um den Mercedes-Bus »Bob« mit fünf Schlafplätzen auszustatten. Zusätzlich brauchen sie Mut, Gelassenheit und einen langen Atem. Denn die Bayern, die seit 2011 in der Schweiz wohnen, wagen neue Wege: Mit ihren Töchtern Clara (6), Ella (4) und Selma (1) stellen sie sich dem Familienalltag auf einer gemeinsamen Reise. Insgesamt zwei Jahre lang wollen sie den südamerikanischen Kontinent erkunden. Ihre intensivsten Momente teilen sie auf www.lifeforfive.com mit.

Endlich. Nach einem Jahr Vorbereitungszeit saßen die fünf tatsächlich im Flugzeug. Daniel war fast bis zuletzt am Arbeitsplatz gewesen und hatte erst zwei Tage zuvor sein Designerhemd gegen ein Baumwoll-Shirt getauscht; Tina hatte einen Spießrutenlauf mit der Wohnungsauflösung hinter sich. Im Internet hatten sie einen Camper erstanden, den sie nun in Uruguay abholen würden.

Um herauszufinden, welche Ideen das Leben für sie bereithielt, nahmen die beiden einmal richtig Abstand vom Alltag: Vor ihnen lagen zwei Jahre Familienzeit in Südamerika. Für Daniel vereinte der Kontinent die Sonnenseiten des Lebens: Wärme, Lebensfreude, Offenheit und Herzlichkeit. Auf einer früheren Reise durch Chile hatte ihn die Einfachheit des Lebens und die Fähigkeit der Menschen fasziniert, unter bescheidenen Lebensbedingungen vollkommen zufrieden zu sein. So schwer konnte das doch nicht sein. Oder?

Das Gepäck hatte Tina auf ein Minimum reduziert. Denn ihre Reise stellte sich neben dem Ziel, viel Zeit für die Familie zu haben, auch der Frage nach der Nachhaltigkeit. »Wir wollen möglichst ökologisch, nachhaltig und fair reisen«, erklärt Tina. Das hieß konkret: zertifizierte Naturkleidung statt PFC-Gift in den Jacken, Bio-Bananen vom Baum statt importierter Supermarktware, handgenähte Stoffpüppchen statt Plastikspielsachen. Die Familie achtet im Alltag auf viele Kleinigkeiten. »Das ist in Uruguay recht einfach: Es gibt zahlreiche Wochenmärkte, auf denen wir frische und regionale Produkte bekommen«, fügt Daniel hinzu.

1 Piriápolis

Ihr neues Zuhause war Bob: ein geräumiger, grüner Mercedes 310, den sie auf einem Campingplatz an der Küste nahe Montevideo in Empfang nehmen durften. Ein Glücksgriff, wenn auch noch nicht für eine fünfköpfige Familie optimiert. Kurzerhand suchten sie eine Schreinerei auf, schnappten sich dort selbst den Bohrer und zauberten binnen weniger Wochen ein wohnliches Paradies. Mit Doppelbett und Stockbetten für die Kinder, dazu einer kleinen Küche und ausgeklügeltem Stauraum stand nun auf 10 qm alles bereit, was sie ab sofort fürs Leben brauchten.

Abschalten

Ihr Campingplatz, auf dem sie während des Umbaus wohnten, befand sich direkt an der Atlantikküste. Bei vielen Spaziergängen entlang der weitläufigen weißen Sandstrände mit ausladend geschwungenen Buchten und einer sanften Dünenlandschaft drosselten sie ihr Lebenstempo beinahe gegen null. Während die Kinder jubelnd durch das seichte Wasser rannten, mit den flachen Wellen spielten und aus dem Treibholz ulkige Installationen bauten, schloss Daniel seine Augen und atmete tief durch. Gaaanz tief. Er spürte den warmen Sand, der sich um seine nackten Füße legte und ihm vermittelte: Ihr habt alles richtig gemacht. Er öffnete die Augen und blickte in Tinas strahlende Augen, von einem Lächeln umspielt, die ihm sagten: Wir haben das Leben noch vor uns. Die Familienseele begann, sich fallen zu lassen. Das Leben war wieder genug. Und Uruguay tatsächlich das Land ihrer Träume.

Die Mädchen waren begeistert vom Reiten. Auf ihrer Reise fanden sie tolle Möglichkeiten.

2 Estación Atlántida

Ihr erstes kleines Etappenziel führte sie 10 km weiter ins Landesinnere, zum Erlebnisbauernhof Chacra Holandesa. Clara und Ella waren begeistert von den vielen Tieren. Die Beschäftigung mit Pferden, Hühnern, Hunden und Katzen erfüllte ihre Tage. Die Mädchen durften beim Füttern helfen, putzen und streicheln und fühlten sich pudelwohl. Das freute auch die Gastgeber, ein holländisches Auswanderer-Pärchen – die beiden beschlossen spontan, eine Woche Urlaub zu machen und Daniel und Tina währenddessen den Hof zu übergeben. »Das zeigte uns, wie Uruguay tickt«, erinnert sich Tina, »Die Menschen hießen uns mit offenen Armen willkommen, waren aufgeschlossen und voller Vertrauen.«

Mate-Tee

Die anregende Kräutermischung ist das uruguayische Nationalgetränk. Sie wird in eine Kalebasse, einen ausgehöhlten und getrockneten Kürbis, gegeben, mit heißem Wasser aufgefüllt und durch einen Trinkhalm aus Metall genossen. Uruguayer füllen das Wasser so oft nach, bis sich der bittere Geschmack verliert.

3 Montevideo

Wenn Zeit war, schnappte sich die Familie Leihfahrräder, um die Region und die Küste nahe dem Hof zu erkunden, oder besichtigte Montevideo. Die 1,3-Millionen-Metropole ist eine Hafenstadt voller Schlichtheit, in ihrem Charakter weit entfernt von der argentinischen Schwester Buenos Aires, welche auf der gegenüberliegenden Seite des Río de la Plata liegt, der hier in den Atlantik mündet. In Montevideo erhaschten Daniel und Tina einen weiteren Einblick in die Seele Uruguays: Waren die Fassaden alt und teils zerfallen, schien das Herz der Menschen doch von einer tiefen Zufriedenheit und einer wohltuenden Langsamkeit erfüllt zu sein.

4 Grutas de Salamanca

Sie wurden richtig neugierig auf den Rest des Landes. Die Küstenregion war ein erholsamer und für alle sehr fröhlicher Einstieg in die lange Auszeit gewesen. Nun wollten sie auch das Innenleben Uruguays

Spaß und Spiel mit Sand: Die Küste Uruguays hat ebenso einsame wie schöne Strände zu bieten. Clara und Ella genossen ihre Freiheit in vollen Zügen.

erkunden. Sie tuckerten Richtung Norden, auf staubigen und sandigen Pisten, die von knorrigen Büschen eingefasst waren. Die Landschaft ging vom üppigen Palmenbewuchs in eine schier unendliche Weitläufigkeit über. Bis zum Horizont erstreckten sich riesige Weiden, auf denen Rinder und Schafe in der Einsamkeit grasten.

Nach nur vier Stunden Fahrt von Montevideo aus erreichten sie die imposanten Grutas de Salamanca, die »Grotten von Salamanca«: Hier erhebt sich plötzlich ein Hügel Richtung Himmel, unter dem eine etwa 300 m breite Höhlenwelt von 4 m Höhe verborgen ist. Vor vielen Hundert Jahren tanzte und sang sich darin die indigene Bevölkerung in rituelle Ekstase. Der Ort ist reich an Edelsteinen, der Fels glitzert und funkelt, auch aus dem Boden waschen sich leuchtende Exemplare heraus. Auf ausgedehnten Spaziergängen durch die Wälder erkundeten sie den mystischen Ort, gingen auf Entdeckungstouren, um Fledermäuse zu finden, und spielten Verstecken zwischen den bemoosten Felsblöcken. Auf dem Hochplateau über den Grotten, dem Ziel einer kleinen Tageswanderung, ließen die fünf »Aussteiger auf Zeit« den Blick über die Landschaft schweifen. Lange saßen sie auf den Felsen und staunten: über die Mystik des Ortes, über das Land, über ihr neues Leben. Ihr Weg war noch nicht zu Ende. Nach fünf Monaten in Uruguay warteten zahlreiche Abenteuer in Brasilien und Argentinien auf sie. Zur Einschulung von Clara im übernächsten Sommer wollen sie wieder in der Schweiz sein. Ob das so klappt, sehen sie, wenn es so weit ist. Uruguay jedenfalls hat sie gelehrt, dass jede Planung nur gut ist, solange sie auch wieder über den Haufen geworfen werden kann. ■

Unsere Reisetipps

GUT ZU WISSEN

Dos & Don'ts

Es gibt feste Begrüßungsregeln in Uruguay: Männer geben einander die Hand; wenn sie sich besser kennen, umarmen sie sich. Frauen geben sich ein Küsschen auf die rechte Wange. Pünktlichkeit ist dagegen keine Zier. Wer immer auf die Minute pünktlich ist, muss damit rechnen, als unverschämter »Gringo« zu gelten, und bringt sein Gegenüber – welcher mit Sicherheit später kommt – in Verlegenheit.

GUT ZU FINDEN

Traumstrand

Das kleine Dorf Cabo Polonio lebt jenseits unserer Zeit, ohne Strom- und Wasseranschluss sowie ohne Zufahrtsstraße. Stattdessen herrscht zwischen den riesigen Sanddünen und einem Naturschutzgebiet mit vielen Seelöwen heiteres Aussteiger-Flair. Das Gelände ist nur zu Fuß oder mit einem Geländewagen erreichbar.

GPS: -34.399998, -53.78330
GPS: 34°23'60"S 53°46'60"W

GUT ZU SEHEN

Weitblick

Der Cerro Catedral nahe den Grutas de Salamanca ist mit 513 m der höchste Punkt Uruguays und ermöglicht einen weiten Blick über das flache Land. Eine Straße führt direkt an den Hügel heran, die Kuppe ist zu Fuß sehr gut erreichbar.

GPS: -34.3821, -54.6743
GPS: 34°22'55.898"S 54°40'27.699"W

33 Chile MIT BABY

Ulrike und Wilhelm träumten schon vor der Ankunft ihres Nachwuchses von einer gemeinsamen Reise. Wohin, war eher zweitrangig. Heraus kam eine tiefenentspannte Tour durch das längste Land Südamerikas: Chile.

Bis zur Schneegrenze kommt man mit dem Auto. Von da an kann man auf den Lavafeldern des Volcán Osorno wandern.

ULRIKE ETZOLD UND WILHELM KLEMM

Ulrike Etzold (33) unterrichtet Englisch sowie Sport und Wilhelm Klemm (33) arbeitet als Redakteur in einem Verlag – die beiden leben in München. Mit ihrer Tochter Edith (6 Monate) wollten sie nach Südamerika. Hier warteten atemberaubende Landschaften, Küste und Vulkane … Und dann kamen auch noch die unbekannten Verwandten ins Spiel, die angeblich in Südchile Lamas züchteten. Warum also nicht? Zeit genug für eine fünfwöchige Reise hatten sie. Ihre Bedenken, dass die Reise für Edith zu anstrengend sein könnte, zerstreute ein Freund: »Chile? Das ist doch Lateinamerika für Anfänger …«

 Santiago

Chile ist bekanntlich lang, sehr lang, und sehr schmal. Ganz im Norden, an der Grenze zu Peru die Wüsten und im tiefen, »großen« Süden das eisige Kap Hoorn. Ulrike und Wilhelm stimmten darin überein, dass sie sich beschränken und mit Edith keine aberwitzigen Strecken zurücklegen wollten. Kein Zwischenstopp in Buenos Aires, kein Ausflug zu den 4000 km entfernten Osterinseln. Genau das sollte der Reiz an dieser Reise sein: Edith gab das Tempo vor, forderte Spontaneität ein und sorgte so dafür, dass die Eltern dem Ort, an dem sie sich gerade befanden, viel mehr abgewinnen konnten. Wenn das kein guter Einstand ins Familienleben war!

Die Reise begann in Santiago de Chile. Uber für den Transfer vom Flughafen und Airbnb für die erste Unterkunft funktionierten hervorragend und gestalteten nach dem 18-stündigen Flug den Start in dem neuen Land komfortabel. Für die ersten Nächte war eine Unterkunft im Stadtteil Bellavista gebucht: kleine, bunte Häuser, Geschäfte, viele Restaurants. »Wahrscheinlich der beste Ort, um den Jetlag auszukurieren, sich zu akklimatisieren – und um festzustellen, dass es eine Schnapsidee war, den Kinderwagen mitzuschleppen!«, erinnert sich Ulrike.
Santiago liegt in einem riesigen Kessel, umgeben von bis zu 6000 m hohen Andengipfeln. Bei klarer Sicht ist das atemberaubend, besonders von dem Wolkenkratzer Gran Torre Santiago aus. Das höchste Gebäude Südamerikas, das der deutsch-chilenische Unternehmer Horst Paulmann erbauen ließ, verfügt glücklicherweise über eine Aussichtsplattform.

Pablo Neruda und seine Häuser

Begeistert hat Ulrike und Wilhelm – und wenn sie nicht ganz falsch liegen, auch Edith – das Schmuckstück von Bellavista, »La Chascona«: das Haus des Dichters, Diplomaten und Nobelpreisträgers Pablo Neruda. An dem Hang fügen sich mehrere kleine Häuser ineinander, durch Lauben und Treppchen verbunden. Der Garten ist einerseits Teil des Wohnraums, andererseits eine kunstvoll angelegte Botaniksammlung. Und gesammelt hat Neruda leidenschaftlich: Flaschen, Bilder, Galleonsfiguren, Literatur – einfach alles.

Das ganze Anwesen ist so konzipiert, dass er dort in Ruhe arbeiten, aber auch zu jeder Gelegenheit seine Freunde bewirten konnte. Doch nicht nur dieses Haus besaß Pablo Neruda, sondern auch noch sein Refugium am Meer, »Isla Negra«, sowie »La Sebastiana« in Valparaíso. Beide liegen nicht weit von Santiago entfernt – und damit standen schon die nächsten Ziele der Reise fest. Einhellige Meinung im Rückblick: »Es hat sich gelohnt!«

2 Valparaíso

»Spätestens in Valparaíso wäre das Konzept Kinderwagen an seine Grenzen gekommen«, sagt Ulrike lachend. Die Hafenstadt ist auf steile Hügel gebaut, die zum Meer hin abfallen. So kam für Edith nur noch das Tragetuch zum Einsatz – den Kinderwagen hatten die drei in weiser Voraussicht schon in Santiago beim Vermieter zurückgelassen.

Valparaíso fanden die beiden zum Verlieben: Bunte Holzhäuser schmiegten sich dicht an dicht die Hänge hinauf, an allen Ecken fand man Street-Art, der Blick auf den Pazifik war fantastisch, es gab Musik und Fisch. Und die Menschen? »Das war sowieso auf der gesamten Reise unglaublich. Egal, ob in der überfüllten Metro von Santiago, dem Überlandbus oder in einem hübschen Café in Valparaíso: Überall war man um unsere Kleine bemüht. Fremde Leute haben sich über unser Baby gefreut – einfach so!«

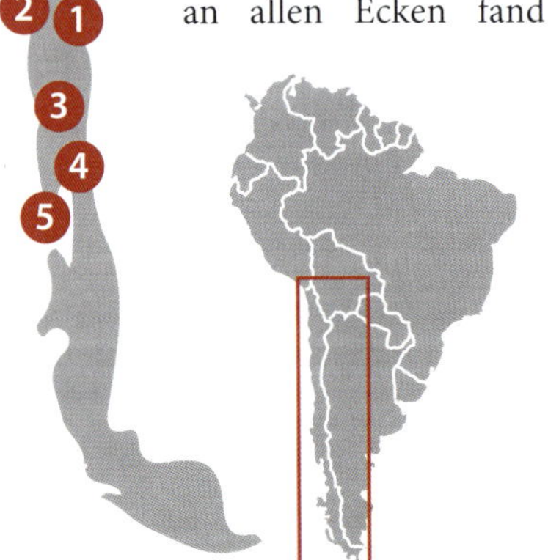

Einfacher geht's nicht: der Aconcagua

Die meisten Flieger aus Europa machen eine Zwischenlandung in Buenos Aires, und danach ist die Maschine ziemlich leer. Es hindert einen also nichts daran, die Fenster auf der rechten Seite in Flugrichtung im Blick zu haben – wenn Sie nicht schon beim Check-in um einen Fensterplatz auf der rechten Seite des Flugzeugs gebeten haben. Denn im Landeanflug auf Santiago fliegt man auf Gipfelhöhe am höchsten Berg des amerikanischen Kontinents vorbei: dem Aconcagua mit 6962 m Höhe. Ein beeindruckender Einstieg in die Reise!

3 Temuco

Von Valparaíso zurück nach Santiago und von dort aus mit einem Nachtbus nach Temuco, das in etwa 700 km südlich liegt. Alles kein Problem, sagen die beiden, wenn das Baby längere Zeit in einer Sitzschale aushält – und Edith gefiel das sogar ausnehmend gut. Also: »Auf jeden Fall eine Babyschale mitnehmen, die hilft im Bus, und für einen Mietwagen braucht man sowieso eine«.

Ein Wort noch zum Reisen innerhalb Chiles: Fliegen ist zwar erschwinglich. Doch auch das Busnetz ist gut ausgebaut, und selbst die luxuriösen Busse kosten wenig Geld, sodass man ohne Zögern sogar für das Baby einen eigenen Sitz reservieren kann. Die Panamericana als Hauptstraße durch das ganze Land ist in einem guten Zustand. Aufgrund dieser schlagkräftigen Argumente – und weil man aus dem Bus mehr vom Land sieht als aus dem Flugzeug – entschieden sich Wilhelm und Ulrike für den Landweg in den Süden.

Ab Temuco war die Landschaft durch Vulkane geprägt. Sie sind den Anden vorgelagert und thronen schneebedeckt inmitten der Seen, Hügel und Wälder. Für diesen Teil der Reise hatten sich Ulrike und Wilhelm einen Mietwagen genommen – die erste Station waren die bislang unbekannten Verwandten. Tatsächlich, es stimmte: Quasi am Fuße des Vulkans Llaima züchten sie vergnügt ihre Lamas und Alpacas. Die Tiere stehen auf den Koppeln und strahlen eine Ruhe aus, die für Eltern und Kind ansteckend ist. Die Farm in Temuco heißt »Gran Llamas del Sur« und ist hervorragend auf Besuche (nicht nur von Verwandten) eingestellt.

4 Lago Todos los Santos

Noch weiter Richtung Süden reihte sich schließlich ein Nationalpark an den nächsten. Die Ziele lagen so dicht beieinander, dass die Autostrecken nie unangenehm

Alpacas und Lamas erschnuppern den Atem ihres Gegenübers. Dann entscheiden sie erst, ob sie näher kommen wollen.

lang wurden. Zum Parque Conguillío mit seinen erkalteten Lavaströmen, vorbei am Volcán Villarrica, dem fast perfekten Vulkankegel, durch den gleichnamigen Nationalpark mit seinen jahrtausendealten Araukarienwäldern und in die Studentenstadt Valdivia. Weiter ging es dann zum Vulkan Osorno – dort konnte die Familie bis zur Schneegrenze problemlos mit dem Auto fahren und sich die weite Seenlandschaft anschauen. Schließlich noch zum Lago Todos los Santos, einem riesigen, glasklaren See, der sich bis in die Anden hineinzieht. Überall auf dem Weg wiesen Schilder auf private Unterkünfte hin, meistens kleine Hütten; so ist wenig Vorausplanung erforderlich und man fühlt sich wie im Urlaub.

 5 Chiloé

Die Insel Chiloé wird von Reisenden auf dem Weg nach Patagonien oft links liegen gelassen – zu Unrecht! Chiloé, 200 km lang, hat eine einsame, wilde Westküste zum offenen Meer hin und eine besiedelte Ostküste mit Fischerdörfern, Buchten und vorgelagerten Inseln. Dazwischen liegen Hügel, Urwälder und Seen – Auenland. Die Hauptstadt Castro ist berühmt für ihre Pfahlbauten, die Insel ist stolz auf ihre farbenfrohen Holzkirchen, von denen die UNESCO 16 im Jahr 2000 zu Weltkulturerbestätten erhob. Um all das zu entdecken, bot sich wieder ein Mietwagen an. Doch auch mit den örtlichen Bussen kommt man gut zurecht.

Ein wenig organisatorischer Aufwand war erforderlich, um in den Parque Tentauco am südlichen Ende der Insel zu gelangen: Ulrike und Wilhelm mussten bei der Verwaltung des Parks in Castro vorbeischauen und fragen, ob man sie dorthin bringen konnte und ob es etwas Passendes zum Übernachten gab. Der Weg lohnte sich jedoch. Die Infrastruktur war hervorragend, kleinere Wanderungen konnten sie dort in einer beeindruckenden, urwüchsigen Vegetation unternehmen, die Wege ließen sich gut mit Tragetuch bewältigen und das Gelände war flach.

Da Castro einen Flughafen hat, wählte Familie Etzold/Klemm für den Weg zurück nach Santiago den Flieger. Und was bleibt? »Im Nachhinein erscheint uns diese Tour fast unwirklich«, resümiert Ulrike. »Das Besondere: Wir konnten uns so viel Zeit lassen, weil wir uns nie unter Druck setzten mit dem Gedanken ›Dies und das müssen wir unbedingt auch noch machen!‹« ■

Unsere Reisetipps

LIEBLINGSRESTAURANT

Juanita in San Antonio

Auf dem Weg von Nerudas Haus in Isla Negra nach Valparaíso passiert man die Hafenstadt San Antonio. Das Restaurant ist sehr einfach, aber der Fisch dort schmeckt so gut, dass die Leute sogar eigens bis von Santiago hierherkommen.
Antofagasta 261, San Antonio,
Tel. +56 (0) 352 21 19 28

BESTES HOSTEL

Palafito Cucao, Chiloé

An der wildromantischen Westseite der Insel liegt zwischen kilometerlangem Sandstrand und einer Lagune das Fischerdörfchen Cucao. Man kann dort den tosenden Wellen zuschauen und spazieren gehen – mehr nicht. Ein Pfahlbau mit ambitionierter Architektur und atemberaubendem Blick über die Lagune und das Ganze sehr kinderfreundlich.
Camino Rural Cucao s/n, Cucao,
Tel. +56 (0) 652 97 11 64,
www.hostelpalafitocucao.cl

SCHÖNSTER NATIONALPARK

Parque Nacional Conguillío

Wenn Chiloé das Auenland ist, dann geht Conguillío eher Richtung Mordor – jedenfalls, wenn das Wetter seinen Teil dazu beiträgt: Vulkanausbrüche haben die Landschaft geformt, Wälder hinweggefegt und Seen geschaffen. Heiße Quellen in der Umgebung zeugen von der andauernden Aktivität.
www.conaf.cl/parques/parque-nacional-conguillio

34 Klettern AUF KUBA

Kuba und Klettern – das war für Moritz und Sonja die perfekte Kombination aus Urlaub, Spaß und Abenteuer. Das Gebiet rund um Viñales gilt nicht nur als Garten Eden der karibischen Insel, sondern auch als Kletterhochburg.

Mit dem Ochsenkarren durch Kuba – auf den abgelegenen Wanderwegen eine willkommene Abwechslung.

SONJA FORSTER UND MORITZ ATTENBERGER

Moritz Attenberger (37) ist Fotograf und bekennender Bergsportler: Vom Alpinklettern bis zum Skitourengehen ist er am liebsten in steilem und anspruchsvollem Gelände unterwegs. Seine Frau Sonja Forster (36) arbeitet als Ärztin und teilt, wann immer möglich, diese Leidenschaft mit ihm. Ihre gemeinsame Reise- und Abenteuerlust führte mit den Kindern Anian (5), Marlis (3) und Paula (10 Monate) sieben Wochen lang durch Kuba. Spielten die drei damals noch am Fuß der Felsen, klettern sie mittlerweile gern selbst die Wände in ihrer bayerischen Heimat hoch. www.moritzattenberger.com

»Oscar«, entfährt es Sonja ganz spontan auf die Frage, was ihren Kindern Anian und Marlis von sieben Wochen Kuba wohl im Gedächtnis geblieben sei, »an den erinnern sich unsere Kinder noch ganz genau!« Dabei steht der liebenswerte, etwas füllige Herbergsvater aus Viñales, der jeden Tag seine freundlichen Späßchen mit den kleinen Urlaubern machte, wohl stellvertretend für viele weitere Kubaner, die die reisende Familie mit offenen Armen auf der Antilleninsel empfingen. Moritz und Sonja hatten nämlich die Empfehlung von Kletterfreunden beherzigt, um Kuba auf sportliche Art zu erkunden – und waren total begeistert. Abseits der Touristenstrände fanden sie eine überwältigend schöne Landschaft in sehr friedlicher Abgeschiedenheit.

1 Havanna

Für den Start buchte die Familie zunächst eine Woche Pauschalurlaub in Varadero an der atlantischen Nordküste. Weißer Sand, so weit das Auge reichte, klares Meer und seichte Strände unter Palmen – zum Akklimatisieren für die Kinder waren diese Tage gut. Dann aber wollten Moritz und Sonja in die Seele der Insel eintauchen.

Der Mythos lebt

»Havanna stellte für mich eine Offenbarung dar: Die Stadt zeigte mir, was Kuba wirklich zu bieten hat«, erzählt der bayerische Abenteurer. Der Mythos Kuba, welcher den internationalen Blick auf die Insel in den 1950er-Jahren prägte, war faszinierenderweise auch jetzt noch im Alltag zu erkennen: farbenfrohe Häuser, prächtiges architektonisches Kolonialerbe und bunt lackierte Chevrolets auf der einen Seite; auf der anderen Seite Kindercliquen, die in den staubigen Gassen der einstöckigen Wohnhausreihen von »La Habana Vieja« (»dem alten Havanna«) – der morbiden und zerfallenen Altstadt – mit Murmeln oder Straßenhunden spielen.
Dazwischen Zigarre paffende Männer, die vor ihrer Haustür in die Sonne blinzeln, sowie bündelweise Strom- und Telefonkabel, entlang grober Holzpfeiler quer über die Straßen gespannt. »Ich hatte das Gefühl, durch ein Prospekt der Fünfzigerjahre zu spazieren«, erinnert

sich Sonja. Besonders auffallend war für sie die Abwesenheit von Werbung: keine strahlenden Supermodels auf XL-Bannern, keine Smartphone-Plakate, kein roter Coca-Cola-Sonnenschirm. Lediglich politische Köpfe des alten und neueren Sozialismus lachten hier und da von den Hauswänden herab.

Für Touristen hat der Sozialismus vor allem eine überaus beruhigende Seite: Das Reisen im Land ist in der Regel sehr sicher, die Kriminalitätsrate fällt daher dementsprechend niedrig aus. Einen kleinen Wermutstropfen gibt es dann doch: Sonja und Moritz fanden kaum Geldautomaten – um Bargeld zu holen, stellten sie sich deshalb oftmals lange in den Schlangen vor einem Bankschalter an.

Hemingway & Co.

Auf den Spuren von Ernest Hemingway spazierten die fünf durch die Straßen und Gassen der 2-Millionen-Metropole. 1932 hatte der US-Schriftsteller beschlossen, seinen Wintersitz auf die Insel zu verlegen, und schrieb dort die populäre Novelle »Der alte Mann und das Meer«. Sein Zimmer in der Nähe des Hafens im Hotel Ambos Mundos, das er anfangs bewohnte, ist heute als kleines Museum gestaltet. Moritz – selbst studierter Literaturwissenschaftler – wollte unbedingt eine der Bars aufsuchen, in denen der Autor regelmäßig anzutreffen war. Nicht um sich, wie der große Literat, mit Mojito und Daiquiri zu betrinken, sondern einfach nur, um den Duft vergangener, großer literarischer Zeiten zu schnuppern. Die Bodeguita del Medio nahe dem Hafen ist angeblich die Geburtsstätte des Mojito; hier philosophierte Hemingway mit den Künstlern und Schriftstellern seiner Zeit. Heute rangeln, vor allem abends, die Touristen um die besten Plätze zwischen deckenhohen Holzregalen mit Rumflaschen, Zigarrenkisten und eingerahmten Zitaten in der nostalgischen Bar.

Moritz und seine Familie wählten eine benachbarte Bar, in der sie in aller Ruhe und bei erfrischender Limonade die anstehenden Reisepläne schmieden konnten. Weiter ins Landesinnere wollten sie, das Leben der Menschen kennenlernen, Abgeschiedenheit erkunden, die tropische Natur erfahren.

2 Viñales

Nach vier Tagen Großstadt packten sie Buggy und Gepäck in den Kofferraum eines Chevrolet-Taxis und saßen zu fünft auf der breiten Rücksitzbank des Oldtimers. Die Taxis sind wahre Raumwunder und dazu ein relativ günstiges Fortbewegungsmittel. Ihr Ziel: Viñales, das El Dorado Kubas für Kletterer. Oder, glaubt man Moritz, sogar eines der allerbesten Klettergebiete der Welt.

Kletterdorado

Zwischen Tabakplantagen und tropischen Wäldern befindet sich, keine drei Stunden westlich von Havanna, das Viñales-Tal. Der Nationalpark präsentiert sich wie

Wandern rund um Viñales wurde für die Kinder ein lustiges Versteckspiel zwischen Felsen und Urwaldgewächsen.

ein paradiesischer Garten: kräftig-grüne Felder und rostrote Erde, blühende Kletterpflanzen und hochgewachsene Palmen. Mystisch ragen wenige Hundert Meter neben der 27 000-Einwohner-Stadt massive Kalkfelsen, die Mogotes, aus dem flachen Tal nach oben und thronen über der Landschaft. Das Innere der Felsen besteht aus einem Netzwerk teils riesiger Felshöhlen. Manche von ihnen sind eingestürzt und bieten der Kletterszene optimale Überhänge mit regensicheren Touren. Auf den Überbleibseln der Höhlen, imposanten Sintersäulen und Stalaktiten, sieht man die Kletterer immer mal wieder im »no-hand-rest« – freihändig – ein Verschnaufpäuschen einlegen.

Hier hatte Moritz auf kleinstem Raum 30 Sektoren und über 350 Kletterrouten zur Auswahl. »Alles Topqualität«, wie der Experte weiß: Die Wände sind noch nicht glatt geklettert, sondern weisen eine anständige Reibung auf, die Sicherungshaken sind einwandfrei in die Wand eingearbeitet, die Einstiege und Sicherungsplätze sind meist offen und übersichtlich. Von Viñales aus lassen sich die Zustiege zu den Klettertouren in maximal einer halben Stunde Marschzeit erreichen.

Familiensport

Kletterschuhe hatten Moritz und Sonja im Gepäck, das restliche Material liehen sie bei einem örtlichen Guide aus. »Wir waren nicht sicher, ob Klettern die richtige Familienaktivität sein würde«, erinnert sich Sonja, »aber was wir hier vorfanden, war perfekt.« Während Moritz in der Sonne schwitzend am Felsen hing, breitete sie nur wenige Meter neben der Wand eine Decke im Gras aus. Hier hatten die Kinder alle Hände voll zu tun: Es gab besondere Steine zu sammeln, schöne Pflanzen zu bestaunen und Insekten zu suchen. Sobald Papa wieder mit beiden Beinen auf dem Boden stand, musste er Anian und Marlis in den Klettergurt einbinden und ließ sie wie auf einer riesigen Schaukel unter den Überhängen am Seil schwingen. Anian versuchte sich am Fuß des Felsen mit ersten Kletterschritten und war fasziniert davon, wie viele Griffmöglichkeiten es dann doch auf 1 qm gab.

Waren Moritz' Unterarme wieder frisch, schnürte er die engen Gummischuhe erneut und zog sich waghalsig nach oben. Marlis klatschte begeistert in die Hände, als Papa nach wenigen Zügen über ein scheinbar glattes Stück Fels auf wundersame Weise oben ankam. Die zehn Monate alte Paula genoss währenddessen ihren Mittagsschlaf im schattigen Buggy; sie wachte erst auf, als für das Picknick gedeckt war und die saftige Melone auf dem Teller lag.

Danach wurde gewechselt: Sonja schlüpfte in ihre Kletterschuhe, schnürte den Gurt fest zu, und während Moritz bei den Kindern blieb, ließ sie sich von Yaro sichern.

Kletter-Wetter

Klettern in Kuba ist ganzjährig möglich. Im Sommer wird es allerdings sehr heiß (bis 40 °C), im Herbst ist Hurrikansaison. Die angenehmsten Temperaturen mit wenig Niederschlag bieten die Monate von Mitte Dezember bis Mitte März.

In der Vertikalen wurde geklettert – in der Horizontalen nutzte die Familie für längere Strecken gerne ein Taxi. In den Chevrolets der 50er-Jahre hatten alle fünf auf einer Rücksitzbank Platz.

Dieser war ein kubanischer Kletterfreak der ersten Stunde und kam aus Viñales. Mittlerweile hat er seine Hütte am Fuß der Felsen gebaut und verdient mit dem Klettersport seinen Lebensunterhalt. Er begleitet Gäste und Urlauber, zeigt ihnen die passenden Routen und verleiht die notwendige Ausrüstung dazu. Im Gespräch mit den Einheimischen erfuhr Moritz von so manchem versteckten Höhleneingang. Für die Kinder wurden die teils kilometerlangen Gänge im Fels zum Gegenstand spannender Expeditionen.

Teamwork

Bis vor wenigen Jahren galt Kuba als internationaler Geheimtipp für Kletterer. Das günstige Leben, kombiniert mit den sonnigen Temperaturen, macht den Inselstaat zur idealen sportlichen Destination im Winter. Dass nach und nach immer mehr Kletterer nach Viñales kommen, ist für die einheimische Szene vor allem von Vorteil. Denn Bohrhaken, Expressen & Co. – also alles, was man braucht, um ein Gebiet zu erschließen – bringen Kletterkollegen aus Übersee ins Land. Weder haben die Einheimischen das Geld noch die Möglichkeit, dieses Material vor Ort zu kaufen.

Der Staat selbst zeigt bislang wenig Begeisterung für eine Sportart, die hier relativ neu ist und bei der sich die Athleten individuelle Wege suchen – sei es auch nur über die Wand. Ursprünglich war die Kletterszene auf Kuba aus der Höhlenforschung im Nationalpark entstanden. Weil aber auch die revolutionären Kräfte vor einigen Jahrzehnten aus den Höhlen und Felsgebieten Kubas ins Land vordrangen, stellte sich die Regierung, wohl aus politischer Angst, gegen die sportliche Bewegung: Einheimische hatten offiziell Kletterverbot.

Dem langen Atem der Sportler, aus Kuba ebenso wie aus dem Ausland, ist es aber zu verdanken, dass der Klettersport zunehmend an Bekanntheit und damit immer mehr auch an Ansehen gewonnen hat. Heute scheint die Sportart geduldet zu sein, der wachsende Zulauf jedenfalls spricht für sich. Als Fotograf hatte Moritz die Ehre, die kubanischen Meisterschaften im Sportklettern zu dokumentieren: eine Zusammenkunft von etwa 40 Sportlern, die auf der internationalen Schwierigkeitsskala ganz oben mitklettern können und allesamt friedlich um die besten Plätze kämpften.

Die Kletterfelsen nahe der Ortschaft Viñales sind heute weltweit bekannt:
Sie sind hoch, griffig, sauber und nicht überlaufen. Auch für die Familie ist dort Platz.

Routen sputen

Rund 350 Routen findet man im Gebiet um Viñales – Tendenz steigend. Maximal 20 Expressen und ein 60-Meter-Seil genügen, um die Felsen zu erobern. Es gibt dabei Touren für jeden Schwierigkeitsgrad und mit unterschiedlicher Länge – von der kurzen Sportklettertour bis zur Fünf-Seillängen-Route.

Casas Particulares

Ganz oben auf der Wohlfühlskala befand sich für Moritz, Sonja und auch für die Kinder die Unterkunft in Viñales – genau: bei Oscar. Grundsätzlich sind Privatunterkünfte, sogenannte Casas Particulares, auf

Strandtage in Playa Larga: Nach unzähligen Kletterrouten in Viñales und langen Spaziergängen durch Havanna streckten Eltern wie Kinder an der Südküste Kubas alle viere faul von sich.

Kuba eine gängige und sehr authentische Art zu wohnen. Die Zimmer lassen sich mit einfachen Frühstückspensionen vergleichen: Man lebt und isst direkt bei der Familie. Oscars Frau Leyda servierte Reis und Eier in allen Variationen, dazu Bohnengerichte, Kochbananen und Pfannkuchen für die Kinder. Auch frische Papayas, Ananas und Kokosnüsse standen auf dem Speiseplan.

3 Playa Larga

Nach drei Wochen hatten Moritz und Sonja genug von Einfingerlöchern, Kalkkanten und eingerollten Zehen. Sie entschieden sich, nach Havanna zurück und von dort aus noch einige Tage an die karibische Südküste zu fahren. Die Schweinebucht (»Bahía de Cochinos«) mit den beiden Stränden Playa Girón und Playa Larga bildet den östlichen Rand der Zapata-Halbinsel. Playa Larga gilt als Paradies für Taucher und Schnorchler, blieb aber bislang vom Massentourismus verschont. Die Bucht selbst wurde durch die Geschichte Kubas bekannt und historisch bedeutsam: Im April 1961 scheiterte hier eine von der CIA gestützte Invasion von Exilkubanern gegen die Regierung von Fidel Castro.
Heute ist die Atmosphäre geruhsam. Playa Larga zeigte sich den fünf großen und kleinen Kletterern als entspanntes Reiseziel zum perfekten Ausklang: Während Anian, Marlis und Paula auf Hochtouren kamen und Höhlenlandschaften in den Sand buddelten, vergruben Moritz und Sonja ihre Zehen im weißen Sand, entspannten die Armmuskulatur unter den Palmen und gaben sich guten Gewissens einem faulen Strandleben hin. ■

Unsere Reisetipps

HEMINGWAY'S HAVANNA

Feiern

Mojito-Bar Floridita,
www.floridita-cuba.com
Mojito-Bar Floridita,
labodeguitarestaurant.restaurantwebx.com

MORITZ' UND SONJAS VIÑALES

Klettern

Die Familie hatte einen lokalen Kletterguide dabei, sodass immer ein Elternteil bei den Kindern sein konnte, während der andere an der Wand war. Als Familie fühlten sie sich im Sektor »Guajiro Ecológico« gut aufgehoben wegen des flachen Wandfußes, der moderaten Routen und des guten Zugangs ab Viñales. Weitere Informationen finden Sie unter
www.cubaclimbing.com

Wandern

Die nähere Umgebung der Mogotes, Felsformationen und Höhlenlandschaft erkundeten die fünf gern zu Fuß auf kleinen Wanderungen. Einmal durften sie spontan auf einen Ochsenkarren aufspringen, der des Weges kam.

Ruhen

Die kubanischen Fremdenzimmer, Casas Particulares, empfangen ihre Gäste im Privathaus und sind meist ein guter Knotenpunkt für weitere Kontakte (z. B. Kletterguides) vor Ort. Bei Oscar Jaime Rodriguez im »Casa Oscar« haben sich schon viele Kletterer sehr wohlgefühlt:
Adela Azcuy # 43, Viñales, Pinar del Río 22400, Tel. +53 (0) 48 69 55 16

35 Arizona HOCH ZU ROSS

Unter der sengenden Sonne Arizonas ritten Antje und Peter mit ihren drei jugendlichen Töchtern eine Woche lang über die Bühne von Winnetou und Old Shatterhand – durch Einsamkeit, Outdoor-Abenteuer und die staubige Wildnis der USA.

Grand Canyon: Die rötlich leuchtenden Steinschichten des Nationalparks waren die bezaubernde Kulisse des Wanderritts.

ANTJE LESER UND PETER STEIN

Peter Stein (45), Antje Leser (43) sowie ihre Töchter Hannah (18), Charlotte (14) und Wiebke (12) sind ein Reiterquintett voller Lebenslust und Leidenschaft. Die Pferdeliebe der Eltern färbte früh ab: Jede freie Minute verbrachten die Mädchen aus dem Odenwald mit ihren beiden Isländern. Mehrere Jahre arbeitete Peter als Betriebsleiter in der Chemiebranche in den USA – die Familie und beide Pferde kamen natürlich mit. Auf einem achttägigen Wanderritt erlebten die fünf das Gebiet um den Grand Canyon in wilder Cowboy-Manier vom Sattel aus: ein Tourenritt mit Begleitfahrzeug und Camping.

1 Phoenix

Dreizehn Pferde donnern in rasendem Galopp über die Steppe. Dichter Staub wirbelt in 2 m hohen Wolken vom Boden auf. Johlende Freudenschreie der Reiter verhallen in der Weite des Wilden Westens und übertönen die rhythmischen Hufschläge der Herde. Bei 45 °C, in der sengenden Hitze Arizonas, fühlt sich der Ritt an wie eine Szene aus der Winnetou-Verfilmung. Tatsächlich ist er die Verwirklichung eines Traums: 150 Meilen durch die Prärie der USA wird Familie Leser-Stein auf dem Rücken der Pferde zurücklegen.

Gute Tierhaltung

Der Treck, eine organisierte Tour, startete am Flughafen in Phoenix (Arizona), wo die Gäste abgeholt und zum Ausgangslager zwei Autostunden nördlich gebracht wurden. Neben der fünfköpfigen Familie nahmen fünf weitere erfahrene Reiter teil. Drei ortskundige Begleiterinnen führten die Gruppe.

Am nächsten Morgen – die Hitze trieb alle Schlafenden in aller Hergottsfrühe, nämlich bereits um 7 Uhr, aus den Zelten – wurden den Teilnehmern die Pferde zugeteilt. Gemeinsam unternahmen sie einen ersten Ritt durch die trockene und steinige Landschaft, um den Charakter ihrer Vierbeiner kennenzulernen. »Die Pferde«, so Antje fachkundig, »waren in einem sehr guten Zustand: Das Fell glänzte, die Hufe waren gepflegt und frisch beschlagen.« Um Bänder und Sehnen zu schonen, trugen die Tiere Bandagen.

Eintopf vom Cowboy

Peter, Antje und die Mädchen verbrachten von nun an bis zu sechs Stunden täglich im Sattel, hatten ein Lunchpaket dabei

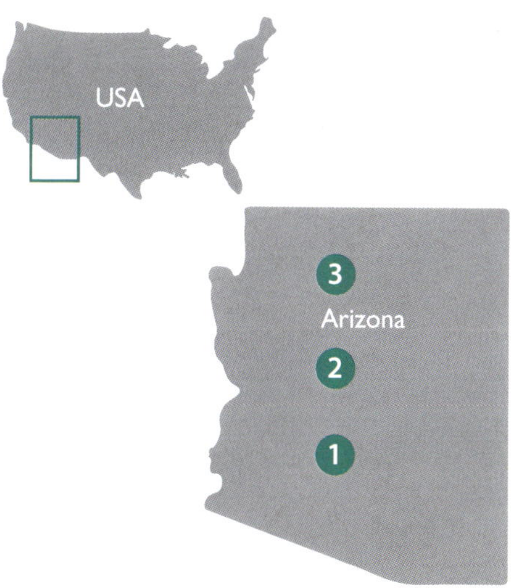

und wurden abends von einem Mitarbeiter des Veranstalters – dem »Cowboy« der Gruppe – am Schlafplatz in Empfang genommen. Dort versorgten sie zuerst ihre Pferde, bauten anschließend ihre Zelte mit Feldbetten auf – und dann ab unter die Outdoor-Dusche. Dafür stand ein Wassertank bereit, der über einen Generator beheizt war; ein Schlauch mit Duschkopf hing im Inneren eines Pferdeanhängers. Dieser umgebaute Transporter diente als mobiles Basecamp, das der »Cowboy« samt Zelten und Gepäck von Schlafplatz zu Schlafplatz fuhr und auch als Küche nutzte. Er bereitete das Abendessen zu und servierte der hungrigen Gruppe bei Anbruch der Dunkelheit leckere Eintöpfe oder Frisches vom Grill.

Blindes Vertrauen

Am zweiten Tag brachen sie die Zelte ab und machten sich auf in Richtung Norden, an mehreren kleinen Canyons vorbei, über Geröllhalden, steile Bergpfade und durch schattigen Nadelwald. Vor langer Zeit hatten Indianer diesen Trail benutzt, um den Felszug zwischen Wüste und Gebirge zu passieren. Antje erinnert sich an einen Serpentinenpfad, der so steil in eine Schlucht hinabführte, dass sie die Augen schloss und ihrem Pferd die Zügel frei ließ: »Absteigen wäre unmöglich gewesen, ich musste blind auf die Trittsicherheit meines Pferdes vertrauen.« Und das konnte sie: Zum einen waren die Pferde des Veranstalters konditionell wirklich top in Form und hatten die Strecke bereits mehrmals zurückgelegt. Zum anderen war sie mit ihrer Stute Black Girl bereits zu einem richtig eingespielten Team zusammengewachsen.

Muskelkater inklusive

»Wenn ich an meine Grenzen kam, konnte ich mich auf mein Pferd wunderbar verlassen«, bestätigt auch Charlotte. Ihre Grenzen erreichte die 14-Jährige am dritten Tag im Sattel, als die ersten 45 Meilen geritten waren: »Ich hatte so einen Muskelkater, dass ich nicht daran glaubte, einen weiteren Tag durchzustehen«, gibt sie ehrlich zu. Auch Wiebke lernte, über ihre körperlichen Grenzen hinauszugehen: »Ich dachte, ich wüsste, was Muskelkater ist. Aber ich wurde eines Besseren belehrt!« Mit ihren zwölf Jahren war sie die Jüngste in der ganzen Truppe, durfte aber wegen ihrer Erfahrung bereits teilnehmen.

Im Sattel zu Hause

Die Leidenschaft für das Reiten, die Schönheit der Landschaft und das wunderbare Gefühl, als Familie ein wildes und einmaliges Abenteuer zu erleben, verdrängten die unangenehmen Nebenwirkungen – wie brennende Oberschenkel, Schmerzen im Rücken oder aufgeriebene Stellen an Knien und Waden – immer wieder schnell. »Einer der schönsten Momente war, als ich plötzlich merkte, wie komisch ich mich auf den Beinen fühlte und wie erleichtert ich war, nach der Mittagspause endlich wieder im Sattel zu sitzen«, beschreibt Hannah ihr persönliches Glücksgefühl.

> **Neue Gangart**
>
> Der Wanderritt endete am regionalen Flughafen Flagstaff (Arizona). Die Familie verlängerte ihren Urlaub, um mit einem Mietauto den Petrified-Forest-Nationalpark und die Wüstenstadt Sedona, das Zentrum der New-Age-Bewegung (110 Meilen östlich bzw. 30 Meilen südlich von Flagstaff), zu besuchen.

 Sycamore-Canyon

Am dritten Tag genossen sie eine grandiose Aussicht auf den Sycamore-Canyon: Während des Ritts entlang der Kante bestaunten sie die unendliche Weite der rotbräunlichen Felslandschaft, die von kräftig-grünem Buschgewächs überzogen war. Zitterpappeln und Wacholderbüsche säumten den Weg, trockener Sand staubte um die Hufe. Im rasenden Galopp kehrte die Gruppe später durch kilometerlangen Fichten- und Kiefernwald zurück. Am Abend, nachdem sich Charlotte und Wiebke über den Muskelkater ihres Lebens erfolgreich hinweggesetzt hatten, gesellte sich eine Gruppe Cowboys zur Runde und gab am Lagerfeuer Countrysongs zum Besten.

Westernstyle

Während des vierten Tagesritts trabte die Gruppe zehn Meilen auf einer Schotterpiste entlang. Das bedeutete eine ganze Stunde Hochleistungsarbeit für Rumpf- und Beinmuskulatur. Antje und die Mädchen schnauften nicht schlecht, Peter sah die Anstrengung hingegen äußerst pragmatisch: »Ich fand es interessant, einen neuen Reitstil auszuprobieren und mit dem Pferd einmal auf eine ganz andere Weise kommunizieren zu können.« Grundsätzlich sind die Sättel beim Westernreiten schwerer und größer, und deshalb auch deutlich bequemer bei langen Ritten. Die Pferde wurden mit einer Hackamore, einer gebisslosen Zäumung mit durchhängendem Zügel, geritten und reagierten erstaunlich sensibel auf Hilfen.

 Grand Canyon

Tags drauf folgten sie dem Great Western Trail Richtung Norden und kamen aus den dicht bewaldeten Gebieten in endlos scheinende Graslandschaften und über Rinderweiden, die in struppige Prärie mit piksenden Büschen überging. Auf der siebten Etappe schließlich erreichten die Cowboy-Urlauber den Grand Canyon – ein gebührendes Finale fürs Auge: »Mitten in der Einsamkeit erschien plötzlich ein Naturwunder!«, schwärmt Antje. Gewaltig und majestätisch fräste sich der Flusslauf durch die aufgeschichteten Felsen bis zu 1600 m in die Tiefe. Im Licht der wandernden Sonne zeigte sich die Schlucht schließlich in zahlreichen verschiedenen Farbnuancen.

Der letzte Tag beinhaltete Ausreiten bei einer gemütlichen Stunde im Sattel, Sightseeing am Grand Canyon und Barbecue. »Wir hätten unsere Pferde am liebsten mit nach Hause genommen!«, sind sich die fünf einig. Sie hatten nicht nur einen Familienurlaub der Superlative erlebt, sondern auch tierisch tolle Freundschaften geschlossen. ■

Auch die besten Cowboys machen Pause – für Pferd und Reiter bei den langen Tagesritten gleichermaßen notwendig.

Unsere Reisetipps

ZUFRIEDEN

Alles hat seinen Wert

Der Wanderritt für die ganze Familie verschlang ein gewaltiges Reisebudget. Peters Resümee ist dennoch: So harmonisch ist sonst kaum ein Urlaub verlaufen, wir bereuen keinen Cent!

MUTIG

Wenden auf Postkartengröße

Wer durch die Wildnis reitet, muss seinem Pferd vollständig vertrauen können. Antjes Lektion bei engen Serpentinen und steilen Schluchten: Augen zu, Zügel los und durch!

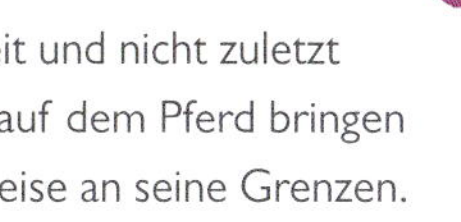

ABENTEUERDURSTIG

Grenzen neu abstecken

Hitze, Trockenheit und nicht zuletzt die Anstrengung auf dem Pferd bringen den Körper teilweise an seine Grenzen. Hannahs Tipp: Einfach aussitzen!

SPORTLICH

Alles wird gut

Charlotte erlebte den Muskelkater ihres Lebens, musste aber trotzdem wieder in den Sattel. Ihre Erfahrung: Irgendwie geht's immer weiter!

KONTAKT:

Hidden Trails, Tel. +1 (0) 60 43 23 11 41, www.hiddentrails.com

Alternative Anbieter z. B.

Pegasus, www.reiterreisen.com, oder Pferd & Reiter, www.pferdreiter.de

36

USA
VON SEATTLE BIS LA

Die USA bereisen wollten Doro und Oli Bürger schon früher. Als dann ihre Tochter Eli mit fast einem Jahr sozusagen aus dem Allergröbsten raus war, packten sie ihre Sachen und starteten den lange ersehnten Roadtrip durch den Westen des Landes.

Der Antelope Canyon ist im Grunde nicht mehr als ein schmaler Spalt im Boden – Antilopen und Babys passen gut hindurch.

DORO UND OLI BÜRGER

Doro (34) und Oli (35) Bürger leben mit Eli (11 Monate) in Stuttgart. Beide waren mit ihren Berufen immer ganz gut ausgelastet: Doro als Zahnärztin, Oli als IT-Projektleiter. Gereist waren sie immer viel und gerne. Schon einmal hatten sie sich eine Auszeit genommen, damals noch ohne Kind, und waren durch Australien und Neuseeland gereist. Nun bekamen sie aber ein Baby und als erfreulichen Nebeneffekt die Möglichkeit, in der Elternzeit wieder mal richtig viel Zeit miteinander zu verbringen. Und wo ginge das besser als in vier Monaten auf Reisen und so buchten sie den Flug in die USA.

 Seattle

In Sachen Babymobilitätsausrüstung setzten sie auf drei Dinge: einen Kindersitz für den Camper, eine Babytrage zum Wandern und einen einteiligen, stabilen Klappbuggy für alle anderen Gelegenheiten. Und so ging es also los. Der Flug war kein großes Problem und die erste Überraschung wartete schon in Seattle beim Verleih. Doro und Oli hatten sehr früh gebucht und deshalb ohnehin schon ein Schnäppchen gelandet; doch jetzt gab es sogar noch ein Upgrade: Der Camper hatte erst ein paar Meilen auf dem Tacho, war ausgestattet mit Schnickschnack wie Außenlautsprecher, Innen- und Außendusche und hatte riesige Ausmaße: 7 m Länge, 4 m Höhe! Ein standesgemäßes Fahrzeug für einen USA-Trip. Seattle schauten sie sich natürlich noch an: den Hafen, die Markthalle … Aber so richtig entspannt waren sie dabei nicht; denn ihr Gefährt wartete, und eigentlich wollten sie so schnell wie möglich in die große Welt aufbrechen.

Zum Eingewöhnen ging es Richtung Kanada, genauer nach Whistler in den Rocky Mountains, und von dort über Vancouver Island wieder zurück in die USA. Schon nach ein paar Tagen fanden sie heraus, wie lang die Autofahrten sein durften, bevor Eli protestierte. Der Jetlag verschob zwar zunächst den Rhythmus, aber schlafen und essen wollte sie schon ziemlich bald wieder zur selben Zeit. Darum herum organisierten Doro und Oli ihre Fahrtzeiten.

2 Olympic Peninsula

Den ersten großen Stopp in den USA machten sie auf der Olympic Peninsula im Bundesstaat Washington, genauer gesagt im Regenwald des Hoh Rainforest Natio-

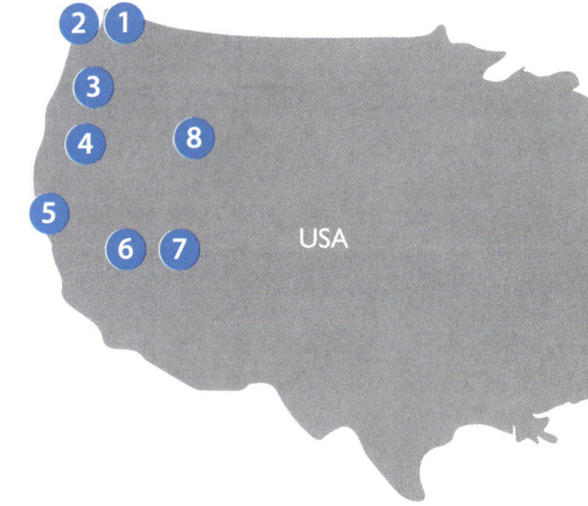

nal Park. Das Wandern mit der Babytrage funktionierte gut: Oliver hatte sich die Kleine um den Bauch geschnallt und war nun doch sehr froh, dass er seinen Stolz überwunden und Stöcke zum Wandern gekauft hatte. So konnte er drei bis vier Stunden problemlos laufen. Im Hoh Rainforest – üppige Vegetation, dichtes Grün, riesige Bäume – erklärte Oli Doro gerade, dass sie so nah an den Wanderwegen sowieso keine Tiere zu Gesicht bekommen würden, als sich vor ihnen erst einer und dann zehn Wapitihirsche durch die Äste schoben. Für die Hirsche war es wohl nicht die erste Begegnung mit Menschen; umgekehrt schon.

3 Mount St. Helens

Weiter ging die Reise Richtung Südosten zum Mount St. Helens. Der letzte große Ausbruch dieses immer noch aktiven Vulkans geschah 1980 – in geologischen Relationen vor ein paar Momenten –, und das sieht man der Gegend an: Der halbe Berg hat sich damals verabschiedet. Die umliegende (Mond-)Landschaft, die sich seitdem langsam regeneriert, wurde zum Naturschutzgebiet erklärt. Hier merkten die beiden zum ersten Mal, dass sie in der Hauptsaison unterwegs waren, denn es dauerte bis 23 Uhr, bis sie einen Campingplatz gefunden hatten. Apropos: Sie zogen Campingplätze eindeutig den alternativen Übernachtungsmöglichkeiten vor. Es ist nämlich in den USA gar nicht so leicht, stressfrei schöne und saubere Stellen zu finden. Eli krabbelte ja noch, daher legten Doro und Oli umso mehr Wert darauf, ihr geeigneten Untergrund zu bieten.

Unbedingt mitnehmen: Thermosbecher

Ein Thermosbecher ist extrem hilfreich, um unterwegs den Babybrei warm zu halten. Doro und Oli machten nämlich die Erfahrung, dass ihnen in Restaurants der Babybrei nicht erwärmt wurde – angeblich waren alle Mikrowellen kaputt. (Dass das mit der Angst vor millionenschweren Schmerzensgeldklagen zu tun hatte, war ihre Mutmaßung.) Wer keinen Thermosbecher dabei hat, kann auch einen in den USA kaufen.

Die Camping-App WikiCamps leistete gute Dienste bei der Suche nach einfachen und günstigen Stellplätzen. Hin und wieder führte die App sie auch zu echten Schmuckstücken wie beispielsweise dem verlassenen und kostenlosen Stellplatz an den Oregon Dunes: endlos lange Strände, kein Mensch in der Nähe und der weite Pazifik – perfekt. Eli fand den Sand super und auch die Seelöwenkolonie nebenan höchst interessant. Tiere waren für die Kleine auf der Reise sowieso ganz toll. Es spielte keine Rolle, ob Hirsch, Seelöwe oder Eichhörnchen – alle lösten bei ihr große Begeisterung aus.

4 Crater Lake, Lake Selmac

Crater Lake und Lake Selmac in Oregon waren die nächsten Stationen: der erste See ideal zum Wandern, der zweite zum Planschen, Spielen und Nichtstun. Eine gute Idee, denn als Nächstes lag der Redwood Forest mit seinen über 2000 Jahre alten Mammutbäumen auf der Route. Besonders beeindruckend waren die Baumriesen, wenn ein Mensch daneben stand – am besten noch ein ganz kleiner, wie Eli.

San Francisco

Und weiter ging es. Vor ihnen lag jetzt der Highway No. 1 Richtung San Francisco. Ihr Camping-Truck lief gut, schluckte imposante 30 l auf 100 km, jedenfalls wenn es bergauf ging, und so gelangten sie immer weiter nach Süden. Über die Golden Gate Bridge fuhren sie bei dichtem Nebel in die Stadt ein – es konnte so schön sein, wenn sich Klischees erfüllten … Der Campingplatz lag etwas außerhalb, doch es gab einen Shuttlebus nach Downtown. Vor ein paar Jahren hätten es sich die beiden nicht träumen lassen, dass sie einmal in San Francisco sein und dann die meiste Zeit auf einem Kinderspielplatz verbringen würden. Eli konnte mittlerweile wackelig laufen, hatte es auf Vögel abgesehen und wollte rutschen. Aber Spaß hatten auch Doro und Oliver – für sie gab es Seafood am Pier, und nach zwei Nächten zog es sie schon wieder hinaus in die Natur. Die Städteausflüge mit Kind entpuppten sich insgesamt als etwas kompliziert – deshalb machten Doro und Oliver nach LA nur einen Abstecher. Auch fanden sie es eher anstrengend, die Küstenregion Kaliforniens zu bereisen: Hauptsaison, die Campingplätze überteuert und/oder ausgebucht und unfassbar viele Menschen unterwegs. Höchste Zeit also, um in die Wüste »abzubiegen«.

6 Las Vegas

Der Plan war klug: Sie wollten sich Zeit lassen, um keinesfalls am Wochenende in Las Vegas anzukommen. Doch leider hatten sie die Rechnung ohne die Wüste gemacht: In der Mojave herrschten morgens noch »milde« 35 °C, mittags 45 °C und abends wieder 35 °C. Spaß machte das nicht, daher mieteten sie sich zügiger als geplant in Las Vegas in einem wohlklimatisierten Hotel ein. Nur gucken, nicht zocken – so war das wohl mit Kind.

 7 Grand Canyon

Der Grand Canyon lag mit 250 Meilen Entfernung für US-Verhältnisse »gleich um die Ecke« – und dorthin zog es Doro und Oli jetzt mit aller Kraft. Im Nachhinein gehörte er für die beiden zum Beeindruckendsten der Reise: Seine Größe, die Felsformationen, das gleißende Licht – diese Landschaft ließ sich mit nichts vergleichen, was sie zuvor gesehen hatten. Überhaupt faszinierte sie die karge, bizarre Natur im Südwesten: etwa die rot leuchtenden Tafelberge im Navajo-Reservat oder der Antelope Canyon, in dem der Sandstein Schicht für Schicht außergewöhnliche Formationen gebildet hat.

Jeder hat viel gehört vom Grand Canyon. Einmal dort gewesen zu sein ist unbeschreiblich.

8 Zion, Yellowstone und Mount Rainier National Park

Langsam machte es sich bemerkbar, dass sie schon über die Hälfte ihrer Zeit unterwegs waren: Je länger man reist, umso stärker hat man den Eindruck, als vergingen die Tage wie im Flug. Im Zion National Park in Utah waren sie mal wieder ausgiebig wandern. Es gab dort eine Tour durch einen Flusslauf, durch Canyons, vorbei an kleinen Wasserfällen, immer mit nassen Füßen. Der Yellowstone Park lag noch auf der Route; jetzt spürten die beiden, dass die Schulferien vorbei sein mussten: Es wurde merklich leerer. Als letzter Höhepunkt wartete der Mount Rainier National Park unweit von Seattle. Der Berg ist 4392 m hoch – an seinen Hängen war bereits der Herbst eingezogen. Doro und Oliver konnten von hier aus den Mount St. Helens sehen, den sie zwei Monate zuvor besucht hatten. Nun lag eine wunderbare Reise hinter ihnen – sie hatten zugesehen, wie Eli wuchs und wie sie laufen lernte. Kurzum, sie hatten das genießen können, was zuvor oft fehlte: Zeit. ■

Unsere Reisetipps

LIEBLINGSSEE

Lake Tahoe

Der See – mit über 500 m der zweittiefste der USA – liegt in ca. 2000 m Höhe in der Sierra Nevada, und trotzdem wird es im Sommer richtig heiß dort. Das Wasser bleibt allerdings angenehm kühl, die Nadelwälder ringsherum spenden Schatten und duften sehr gut im Sommer. Außerdem ist der See so groß, dass man auch im Hochsommer ruhige Ecken findet – ideal, um ein paar Tage zu entspannen.

SCHÖNSTE STRASSE

Scenic Byway 12

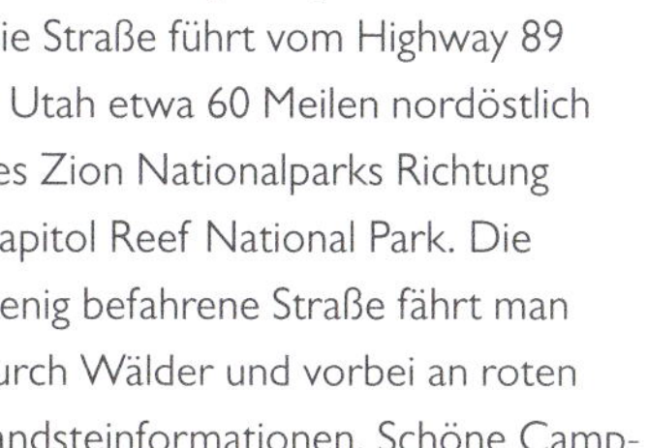

Die Straße führt vom Highway 89 in Utah etwa 60 Meilen nordöstlich des Zion Nationalparks Richtung Capitol Reef National Park. Die wenig befahrene Straße fährt man durch Wälder und vorbei an roten Sandsteinformationen. Schöne Campgrounds gibt es eine ganze Reihe entlang des Wegs.

SCHÖNSTE WANDERUNG

Mount Rainier

Am Mount Rainier gibt es zahlreiche Wanderwege. Einige familientaugliche führen bis zur Baumgrenze – und von dort hat man dann auch freie Sicht bis nach Seattle oder den Mount St. Helens. Die Vegetation am Berg ist vor allem im Herbst berauschend: Selbst die niedrigen Sträucher, die sich dicht am Boden gegen den Wind ducken, ändern ihre Farbe.

37 Kanadas Westen MIT DEM CAMPER

Viel Natur wollten sie erleben, mit einem Camper reisen – und das alles ohne Stress. Im Spätsommer reiste Familie Walter gut drei Wochen im Westen des Landes herum und war begeistert vom Meer, den Bergen und Seen.

Ein unschlagbarer Vorteil von Kanadas Westen: Es ist nie weit bis zum nächsten Bilderbuch-picknickplatz.

SANDRA UND AXEL WALTER

Manche junge Eltern richten ihren gesamten Alltag nach dem Familienzuwachs: um 19 Uhr zu Hause sein, damit das Kleine schlafen kann, essen zu fixen Uhrzeiten und Mittagsschlaf immer Punkt 12. Für Axel (34) und Sandra Walter (36) kam das so nicht in Frage. Bis zum Mutterschutz hatte Sandra als Projektmanagerin bei einer Prüfgesellschaft gearbeitet, Axel ist als Geschäftsführer in der Druckereibranche beschäftigt. Sie waren sich einig: Wir möchten unsere Tochter Paulina (1 ½) von Beginn an daran gewöhnen, dass sie unser Leben mitmacht und damit natürlich auch unsere Reise in den Westen von Kanada.

1 Vancouver

Der Flug lief problemlos. Paulina lag abwechselnd auf dem Schoß von Mama oder Papa, und das funktionierte für alle Beteiligten überraschend harmonisch. Aber Paulina war ja inzwischen daran gewöhnt, dass ihre Eltern ständig irgendwelche Unternehmungen starteten – nun eben einen zehnstündigen Transatlantikflug. Den Camper hatten Axel und Sandra von Deutschland aus reserviert, Anmietung und Rückgabe in Vancouver. Mit dem Vermieter war ihnen ein Glücksgriff gelungen: Er holte sie vom Flughafen ab und übergab das Gefährt noch am gleichen Tag, sodass sie die erste Nacht schon darin verbringen konnten – auf seinem Grundstück. Die grobe Route hatten sie im Kopf: Vancouver und Vancouver Island wollten sie sich erst am Ende ihrer Tour durch Kanadas Westen anschauen. Zuerst sollte es nach Squamish am Ende des Howe Sounds gehen, einer Bucht nördlich von Vancouver. Dann über Whistler, den mondänen Wintersportort, auf der Route 99 bis nach Lillooet am Seton Lake. Von dort aus über Kamloops Richtung Norden nach Mount Robson und über die Nationalparks Jasper und Banff nach Calgary, dem östlichsten Ziel der Reise. Zurück fuhren sie über den Wintersportort Banff und den Okanagan Lake bis nach Vancouver.

Wald, Seen und Berge

Ziemlich schnell hatten sich die Abläufe auf ihrer Tour eingependelt. Kurze Distanzen von Tag zu Tag – die gesamte Route umfasste immerhin 2500 km. Übernachten wollten sie so wenig wie möglich auf offiziellen Campingplätzen, sondern stattdessen an Stellen, wo die Übernachtung

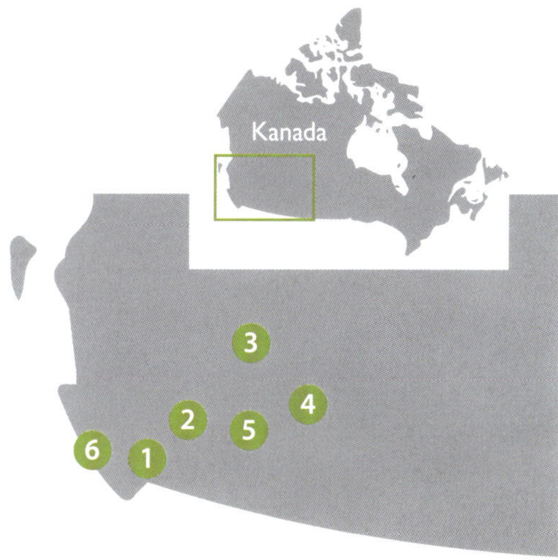

Rückbank im Camper

Es gibt Camper, in denen sich die Rückbank, auf der das Kind Platz nehmen kann, weit hinten befindet, und es gibt solche, deren Rückbank direkt hinter dem Fahrersitz ist. Man sollte unbedingt darauf achten, dass die Bank weit vorn ist, weil sich das Kind dann viel leichter bespaßen lässt und sich nicht so schnell langweilt.

zwar legal war, aber im Idealfall nichts kostete. Dabei half die Camping-App WikiCamps: Sie zeigte Stellplätze und Parkmöglichkeiten, die man sonst nur schwer finden würde – unter anderem auch Supermarktparkplätze, auf denen man über Nacht stehen darf; denn das gilt nämlich nicht für alle. Kleine Ferienrituale stellten sich ziemlich schnell ein: Morgens gab es einen Kaffee und einen Donut bei einer der einschlägigen Kaffeehausketten – von denen erfreulicherweise alle Mitarbeiter die mitgebrachten Mehrwegbecher akzeptierten –, und dann ging es wieder zurück auf die Straße.
In der Regel blieben sie an den meisten Orten nicht länger als ein oder zwei Nächte und steuerten nacheinander die Nationalparks auf der Route an: Wald, Seen und Berge, das hatten alle gemeinsam, genauso eine atemberaubende Schönheit. Gewaltige Natur, schroffe Felsen, glasklares Wasser und herbstliche, riesige Wälder. Neben der strahlenden Färbung der Bäume hatte der Indian Summer in British Columbia noch den Vorteil, dass nicht so viele Menschen da waren wie im Sommer.

2 Joffre Lakes Provincial Park

Viel wandern, das war Sandras und Axels Plan. Zu Hause hatten sie das oft genug mit Paulina in der Kraxe getestet. Es gefiel ihr. Zum Joffre Lakes Provincial Park gelangten sie relativ am Anfang ihrer Rundreise; mit 1500 ha war er einer der kleineren Parks. 30 km vorher passierten sie den Ort Pemberton; hier konnten sie sich mit allem Nötigen für den Ausflug eindecken. Wie in den meisten Parks gibt es auch im Joffre Park keine Mülleimer – es wird von den Besuchern erwartet, dass sie alle ihre Abfälle selbst wieder mitnehmen. Also hieß es schon beim Einkauf Verpackung reduzieren, das machte die Sache einfacher. Durch den Park führte ein zentraler Wanderweg, auf dem überschaubare 370 Höhenmeter zu überwinden waren. Am Fuße der Berge, die hier fast 3000 m hoch sind, kommt man vorbei an Seen mit unwirklich erscheinender Farbe: Gletschersedimente im Wasser reflektieren das Sonnenlicht und lassen ein leuchtendes, fast grelles Türkis entstehen. Vier Stunden brauchten die drei für die Wanderung – und testeten damit auch schon ihr Limit aus: Paulina, was die Kraxenbegeisterung anging, und Axel, was das Paulina-Tragen betraf. Länger hätte es nicht sein dürfen, aber so war es ein wunderbarer Ausflug in die Coast Mountains.

3 Mount Robsen Provincial Park

Im wirklichen Leben ist Axel Geschäftsführer eines schwäbischen Mittelständlers, und dass er im Grunde seines Herzens auch Trucker ist, war ihm schon zuvor klar. Dass Sandra aber ebenfalls eine Ader für das Leben »on the road« hat, stellte sich auf den kanadischen Landstraßen heraus. Zwar zermahlte nur Axel Beef Jerky zwischen den Zähnen, aber es dauerte nicht lange, bis Sandra standardmäßig beim Fahren den linken Fuß auf den Armaturen ablegte. So tingelten sie weiter Richtung Nordosten, Axel Trockenfleisch kauend und Paulina mit großer Begeisterung Weintrauben essend. Über den Wells Gray Provincial Park mit seinen erstarrten Lavaflüssen und Wasserfällen bis zum knapp 4000 m hohen Mount Robson Provincial Park, dem nördlichsten Ziel ihrer Reise. Der Berg ist der höchste der kanadischen Rocky Mountains und an seinem Fuß gibt es zahlreiche gut ausgebaute, kraxenfreundliche Wanderwege. Nun leben in Kanada bekanntlich Bären, und eigentlich hatten die beiden kein gesteigertes Interesse daran gehabt, einem der Tiere zu begegnen. Letztlich war der Biss eines Eichhörnchens aus Lake Louise in Axels Finger der unmittelbarste Kontakt zur kanadischen Fauna.

4 Calgary

Zwischen Jasper und Lake Louise liegt auf dem Weg nach Calgary der Icefields Parkway, ein 230 km langer Abschnitt des Highway 93. Hinter jeder Kurve wartet ein neues Szenario: atemberaubende Ausblicke auf die Seen, die mächtigen Berge und natürlich auf den Athabasca-Gletscher. Nach dieser Tour fühlte es sich für

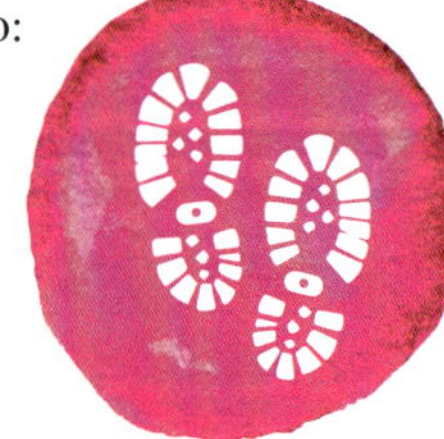

Der Moraine Lake. Glasklares Wasser und schroffe Berge – Postkartenkanada.

die beiden fast wohltuend an, als sie die Berge hinter sich ließen – zur Abwechslung endlich wieder Flachland … In Calgary hatten 1988 die Winterspiele stattgefunden, und wenn man sich wie Axel etwas Mühe gab, konnte man dort durchaus das Gefühl bekommen, man spaziere durch den Set der Filmkomödie *Cool Runnings* über die erste jamaikanische Bobmannschaft, die damals hier an den Start ging. (Natürlich half es, wenn der Film in der eigenen Kindheit eine größere Rolle gespielt hat.) Ansonsten ist Calgary eine wunderbar verschlafene Millionenstadt und war genau das Richtige, um Kanada jenseits der Rockies zu erleben. Für Familie Walter wurde es aber langsam Zeit, den Rückweg Richtung Vancouver anzutreten. Banff – Kanada aus dem Bilderbuch – wartete, und damit schöne Wanderungen, wie etwa die sehr kinderfreundliche auf den Hausberg von Banff mit wunderbarer Aussicht über den Ort und die Umgebung.

5 Okanagan Lake

Von Park zu Park ging es weiter Richtung Okanagan Lake. Sowohl wegen des Klimas als auch wegen der Menschen dort erinnerte der See Sandra und Axel stark an den Gardasee. Es war hier deutlich wärmer – in Jasper hatte es bereits geschneit und die Standheizung ihres Campers war im Dauereinsatz gewesen. Außerdem Weinberge, schicke Wochenendhäuser und dazu passend schicke Menschen. Nach den Parks und Bergen ein willkommener Kontrast und ideal, um Kraft für die letzte Etappe der Reise zu sammeln: Vancouver.

6 Vancouver Island

Paulina erlebte hier eine Premiere: Sie wurde zum ersten Mal mit einem Fahrradsitz durch die Gegend kutschiert und fand es toll. Die asiatischen Einflüsse, die aufregenden Gerüche und das Aquarium mit Ottern und Delfinen – dieses diente als ganz gute Vorbereitung auf den nächsten Tag, denn da sollte Paulina Wale in freier Wildbahn sehen. Für ihren Ausflug nach Vancouver Island ließen die drei ihren Camper am Fähranleger in Tsawwassen zurück. Sie fuhren mit Fähre und Bus bis nach Victoria und von dort zu den Walen. Die waren zwar für die Eltern spannender als für die Tochter, aber in jedem Fall ein einmaliges Erlebnis und ein weiterer Höhepunkt der Kanadatour. 

Unsere Reisetipps

SCHÖNSTER NATIONALPARK

Yoho National Park

Für den perfekten Tag in einem Nationalpark müssen einige Dinge zusammenkommen. Die Laune und das Wetter sind nicht planbar, wenn die großartige Natur wartet. Unweit von Lake Louise passte im Yoho National Park für die drei aber einfach alles: ein gemütlicher Park, der erste Schnee auf den Bergen, ein riesiger Wasserfall. Und grandiose Landschaft – natürlich.

SCHÖNSTER CAMPINGPLATZ

Bear Creek Campground

Am Westufer des Okanagan Lake, etwas außerhalb von Kelowna, der Stadt, die sich diesseits und jenseits des schmalen Sees erstreckt, und mitten im winzigen Bear Creek Provincial Park (178 ha) liegt dieser Campingplatz. Schöne Sicht, ruhig, in der Regel angenehme Temperaturen auch im Herbst.

SCHÖNSTER PUB

The Palomino, Calgary

Hier scheint die Zeit stehen geblieben zu sein – wahrscheinlich Ende der Achtziger. Ein wildes Sammelsurium aus Postern, Hüten, Möbelfragmenten, das Essen herzhaft und fleischlastig. Es gibt Livemusik – und glücklicherweise beschränkt sich die Patina nur auf die Räume, nicht auf das Publikum.

109 7th Ave SW, Calgary, AB T2P 0W5, Tel. +1 40 35 32 19 11, www.thepalomino.ca

Ganz lange weg

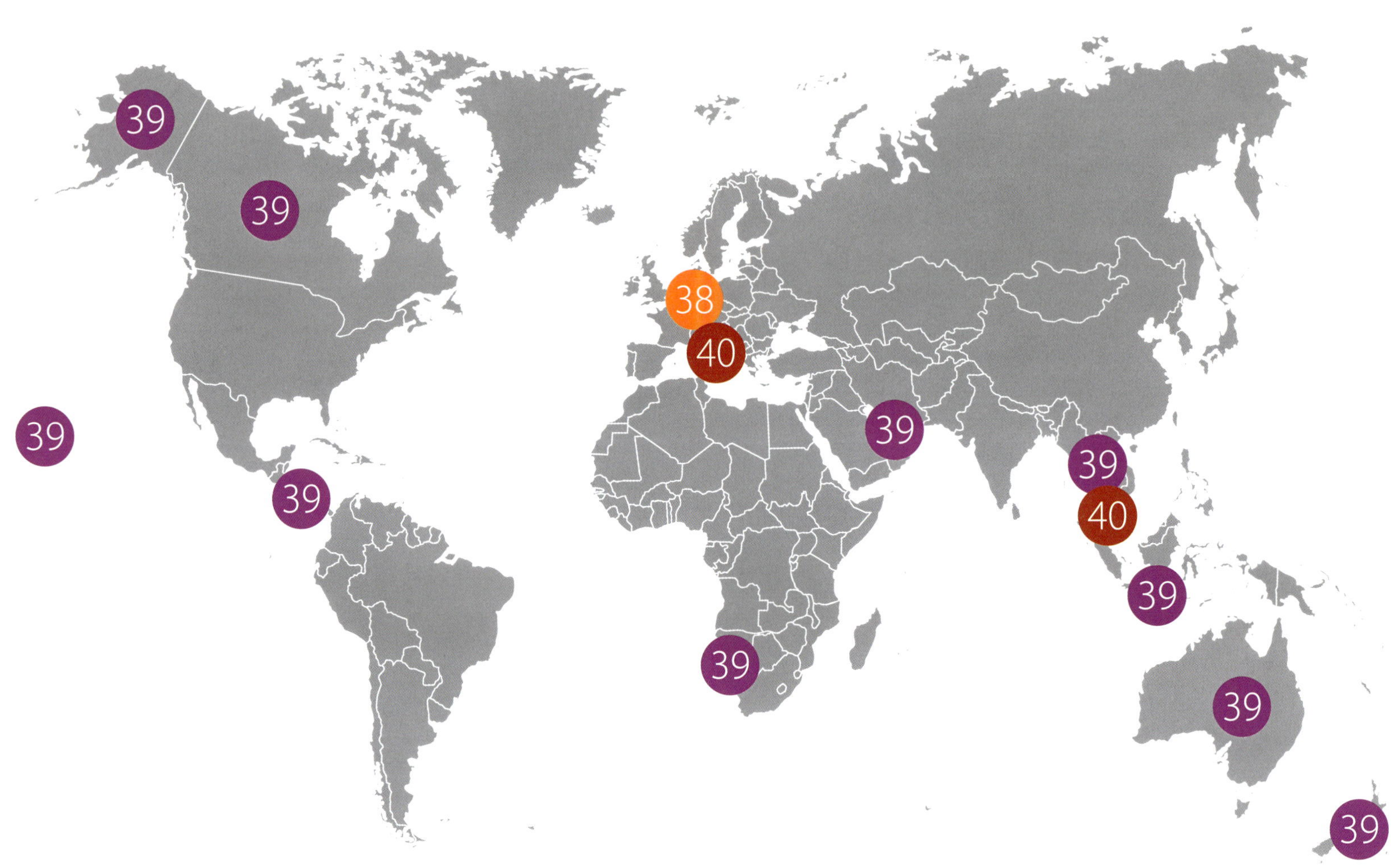

»Der schönste Traum bleibt ein Traum, wenn er nicht gelebt wird!«

Larissa Horlacher
(Langzeitreise)

38 Durch Europa MIT DEM LASTENRAD

Für manche ist Reisen viel mehr. Für manche ist Reisen Lebensinhalt, Passion, Broterwerb – und zu ihnen gehört André Schumacher. Früher einmal Architekt, heute Fotograf und Reisejournalist. Expeditionsleiter und Vortragsreisender. Abenteurer. Energiebündel.

Jede Spitzkehre hatten sich die drei zuvor mühsam erarbeitet. Die Belohnung: die Alpenabfahrt auf der Südseite.

JENNIFER HERNANDEZ ERRO UND ANDRÉ SCHUMACHER

André Schumacher (42) war schon so gut wie überall auf der Welt und berichtete davon auf www.andre-schumacher.de. 2013 durchquerte er die Kanarischen Inseln: sechs Monate Fußmarsch von Lanzarote bis nach El Hierro. Auf der dritten Insel lernte er Jenni Hernandez Erro (34) kennen und auf der siebten war sie schwanger. Und so suchten sie einen geeigneten Ort zum Nestbauen: Zwischen Wismar und Rostock kauften sie ein altes Gut und bauten für sich bzw. Gäste den Kunterbunthof auf. Als ihr Sohn Unai 1 ½ Jahre alt war, meldete sich das wohlbekannte Fernweh zurück …

… und der Plan für die erste Reise zu dritt nahm Gestalt an. Aber was ist die angemessenste Art und Weise mit einem 1½-Jährigen zu reisen? Und wohin? Sie wollten Unai ermöglichen, die Welt zu entdecken: ihre Farben und Gerüche, die Sonne und den Regen, die Menschen. Zeitdruck hatten sie keinen und so kamen sie letztlich auf das Lastenrad als geeignetes Fortbewegungsmittel. Kilometer für Kilometer wollten sie sich immer weiter vortasten – mit dem Ziel, die Heimat von Jenni zu erreichen: Pamplona, die Hauptstadt des ehemaligen Königreichs Navarra.

Langsam und mit einer gehörigen Portion Respekt ging es los. Ein Lastenrad, ein Trekkingrad, Kochutensilien, Zelt, Schlafsäcke, Regenzeug, Windeln – mehr war es eigentlich nicht, was die Drei benötigten. Elb- und dann Moldauaufwärts sollte es gehen, durch den Böhmerwald und das Salzkammergut, dann eine Alpenüberquerung bei den Hohen Tauern und runter zu den Dolomiten. Hier scharf nach Westen abbiegen, Richtung oberitalienische Seen, dann weiter ins Piemont, nach Ligurien und in die Provence. Über die Cevennen und die Pyrenäen nach Pamplona. Ein paar Tausend Kilometer.

1 Deutschland

Genau genommen waren sie anfangs aber eigentlich zu viert: Beltza, ihre Hündin gesetzteren Alters, war ebenfalls mit dabei. Nachdem ihr jedoch bei jeder Gelegenheit schlecht wurde, mussten sie ziemlich schnell die Notbremse ziehen und Beltza bei Freunden einquartierten. Auf der ersten Etappe schafften sie dann ganze acht Kilometer – bis zum Parkplatz eines Supermarktes, in dem sie normalerweise einkauften. Unai wollte nicht mehr … War alles vielleicht doch eine Schnapsidee gewesen? Würden sie überhaupt jemals durch Deutschland kommen? Denn wie es sich für echte Abenteurer gehört, hatten sie vorher nicht geübt, nicht trainiert, sondern waren einfach drauflosgefahren. Am zweiten Tag waren es dann 21 und am dritten Tag immerhin schon 57 km. Peu à peu ging es voran:

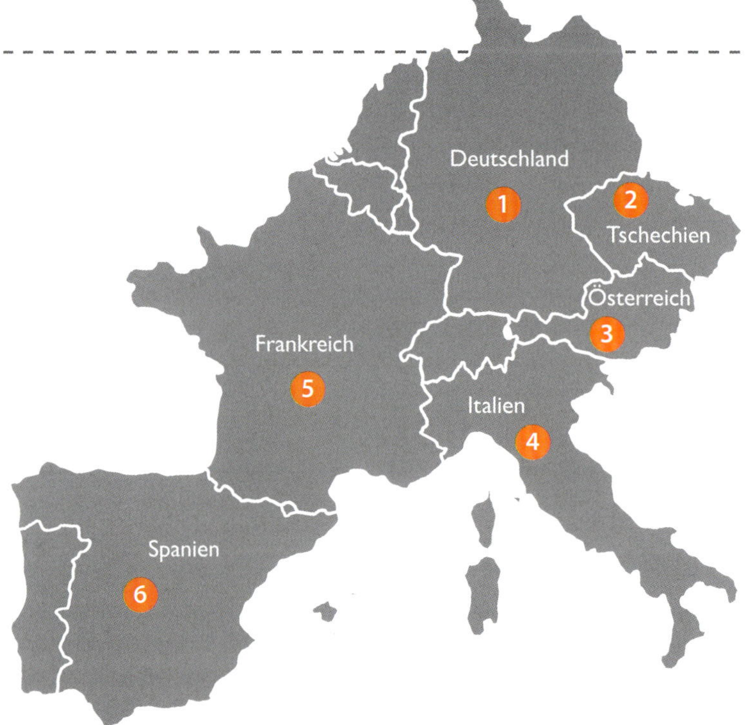

durch die mecklenburgische Landschaft, vorbei an den Seen, Wäldern, Wiesen … Und schlauer wurden sie mit jedem zurückgelegten Kilometer auch: Kopfsteinpflaster musste man meiden, denn das schüttelte Unai zu sehr durch. In Wittenberge erreichten sie dann die Elbe und eines Abends, man weiß nicht genau warum, verlangsamte ein Lastkahn seine Fahrt und nahm die drei kurzerhand mit an Bord Richtung Tschechien. Eine kleine Kajüte hatten sie und Kapitän Ludêk eine Engelsgeduld, also alles, was man braucht, wenn man ein Kleinkind an Bord hat. So tuckerten sie gemächlich die Elbe hinauf, an ihren Ufern erstrecken sich Auen, Moore, sandige Strände und immer wieder Laubwälder – der Elblauf und seine Uferlandschaften sind ein UNESCO-Biosphärenreservat, das die größten zusammenhängenden Auenwälder Mitteleuropas schützt.

 2 Tschechien

Mit dem Rad ging es schließlich weiter flussaufwärts der Elbe und dann an der Moldau entlang. Die Radwege haben Schlaglöcher, vor allem südlich von Prag, aber die Überraschungen, die das bislang unbekannte Nachbarland bereithielt, machten das wett: Děčín, ganz in der Nähe zur deutschen Grenze mit seinem Renaissance-Schloss, die Bischofsstadt Litoměřice oder das geradezu märchenhafte Český Krumlov mit seiner wunderschönen Lage an einer Moldauschleife, seinen verwinkelten Sträßchen und dem Schloss, das sich an den Fels schmiegt. Das hat sich natürlich schon längst herumgesprochen und so besichtigen Tagestouristen aus aller Welt staunend das Städtchen – oftmals als Busladungen. Abends versiegen die Touristenströme wieder und Krumau zeigt sein schönstes Gesicht. Im Mondschein wirken die Gassen und Brücken wie eine kitschige Kulisse, aber es ist alles echt, kein Disney-Film oder Themenpark. Ist man so ungebunden unterwegs wie Jenni, André und Unai, kann man den Orten die Zeit geben, um ihre eigene Schönheit zu entfalten.

Aber auch von den Gegensätzen des Landes waren die drei fasziniert: So haben Fischadler, Störche und Biber entlang des Flusslaufs einen Lebensraum gefunden, während sich schon hinter der nächsten Flussbiegung große Fabrikschlote erheben. Blitzblank renovierte Weltkulturgüter neben Orten, die den Anschluss verloren zu haben scheinen.

Nur das Fahrradfahren wurde immer beschwerlicher. Schlechte oder gar keine Radwege, eine Hitzewelle ungeahnten Ausmaßes und immer Hügel hoch, Hügel runter – alles war auf dieser Strecke mit dabei. Für austrainierte Triathleten wäre das sicherlich kein Problem gewesen, aber von dieser körperlichen Konstitution waren Jenni und André weit entfernt. Allerdings ist das Schöne an einer langen Reise, dass man ja auch immer fitter wird und sich an lange Tage gewöhnt. Und wenn sie nicht mehr konnten, stoppten sie auch mal ein Auto oder die tschechische Bahn.

 3 Österreich

Im Böhmerwald, einem der größten Waldgebiete von ganz Europa, passierten sie die ehemalige Grenze zwischen Ost und West. Tschechien ließen sie trotz der Anstrengungen etwas wehmütig hinter sich und peilten Linz als nächstes Fernziel an. Die Radwege wurden »Schlagloch-ärmer«, und ab Linz sahen sie sich wieder nach einem Flusslauf um, dem sie folgen konnten. Der Vorteil lag auf der Hand: Man muss nicht mühsam nach Wegen suchen, sondern kann sich ganz einfach am Wasser orientieren. Sie fanden ihren Fluss in der Traun, der sie in das innere Salzkammergut führte. Über 70 Seen verteilen sich zwischen schroffen Bergen und sanften Hügeln über die gesamte Region. Mal dicht bevölkert von Sonnenhungrigen, mal recht einsam – und Unai hatte einen Riesenspaß am Chauffiertwerden.

Danach wurde es bergiger. Über die Postalm durch Pongau und Pinzgau ging es dem Hauptkamm der Alpen entgegen. Der Großglockner, mit knapp 3800 m Österreichs höchster Berg, hochalpin mit Gletscher und allem, was dazugehört. Durchquert wurde diese Landschaft über die Hochalpenstraße: Sie führt auf 2500 m Höhe über 27 Spitzkehren gut 30 km ausschließlich bergauf und war damit die in jeder Hinsicht forderndste Etappe der Reise. Eine mentale Quälerei durch Sturm und Regen und ein körperlicher Härtetest für das Gespann. Doch im Gegensatz zu Jenni wusste André, dass sich die irrsinnige Plackerei durch die grandiose Landschaft lohnen würde. Denn auf der anderen Seite des Passes liegt das Mölltal und darin der Hof von Peter, Andrés altem Freund. Peter hatte sich inmitten der Berge sein Paradies aufgebaut. Fern von städtischen Konventionen, Hektik und Konsum. Also genau der richtige Ort, um zu regenerieren und sich eine Woche lang von den Strapazen zu erholen.

Kaum zu glauben: Eine Mitfahrgelegenheit über mehrere Tage auf einem Lastkahn durch das Biosphärenreservat des mittleren Elblaufs – so etwas lässt sich nicht planen, es passiert einfach.

Warum das Ganze?

Damit Unai, auch wenn er sich nicht daran erinnern wird, so früh wie möglich die Schönheit dieser Welt erfährt … und sich vielleicht eines Tages, wenn er Südtiroler Speck isst, auf eine unbestimmte Art zu Hause fühlt. Damit er den Klang fremder Sprachen als etwas Normales kennenlernt und mit dem guten Gefühl in die Welt gehen kann, dass es überall wunderbare Menschen gibt.

4 Italien

Und dann – die Anstrengungen der Alpenüberquerung bei Peter im Mölltal hinter sich gelassen – lagen vor ihnen die Dolomiten und die weiten Täler Südtirols. Auf wunderbar komfortablen Radwegen fuhren sie durchs Pustertal gen Bozen …

Bekanntlich trifft man ja auf Reisen Menschen und mitunter sogar auf sehr großzügige. Eine Einladung in ein komfortables Hotel, südlich von Bozen, flog ihnen quasi zu: Der Bau ist aus den 70er-Jahren, dessen architektonische Substanz sorgsam gepflegt wird. Elegant und gradlinig liegt das Gebäude am Hang, geschwungen wie ein Segel aus weißem Beton – auch im Inneren setzt sich diese minimalistische Klarheit fort. Duschen, weiche Betten, Baden im See und ein Acht-Gänge-Menü für die Eltern (Unai bestand allerdings auf Reiswaffeln).

Von nun an ging es westwärts. Der italienische Sprachraum beginnt und mit ihm die oberitalienischen Seen. Der Comer und Luganer See, der Lago Maggiore – seit jeher Sehnsuchtsziele. Der Tourismus brummt, der Rubel rollt … Doch wenn man nicht viel hat, kommt man hier nicht weit. Das Streben nach Profit hat die Gastfreundschaft überlagert.

Je weiter sie sich aber von diesen Zentren entfernten, desto angenehmer wurde es für sie. Unaufgefordert wurden ihnen Übernachtungen angeboten: in Pfarrheimen, Turnhallen, Badeanstalten und Klöstern. Großfamilien teilten ihre Wohnungen mit den Reisenden. Unai war daran nie ganz unschuldig. Wie soll ein Pfarrer auch anders reagieren, als Obdach anzubieten, wenn der Kleine seine Lauftechnik ausgerechnet auf den Pilgerpfaden der Via Francigena verfeinert und damit zum jüngsten Pilger wird, den man hier je gesehen hat? Hin und wieder schien es ihnen auch moralisch vertretbar, sich selbst einzuladen. Der Wasserschlauch in der menschenleeren Gärtnerei beispielsweise war einfach zu verlockend. Es folgte die beste Dusche der ganzen Reise: Splitterfasernackt spülten sie den Schweiß herunter und bemerkten erst beim Gehen die vielen Überwachungskameras …

5 Frankreich

Seit 2000 Jahren ist Sisteron das Tor zur Provence. Eine wuchtige Zitadelle sicherte einst die strategische Hoheit über Täler und Wälder des Luberons, einem kleinen Teil der Region, der sich locker in drei Tagen durchradeln lässt. Unser Gespann brauchte drei Wochen … sie ließen sich treiben – im Nachhinein die schönsten Wochen ihrer Tour. Aus den Erden dieser Gegend wurden die Pigmente für die Herstellung von Ocker gewonnen, dementsprechend erstrahlt die Bergwelt in den verschiedensten Gelb- bis Brauntönen. Korkeichen spendeten ihnen Schatten. Märkte boten eine kulinarische Vielfalt, wie sie sie auf der Reise noch nicht erlebt hatten: eine unglaubliche Auswahl an Käsesorten, die besten Melonen der Welt, wie die Provenzalen betonen, und eine überbordende Menge an verschiedensten Gewürzen. Weiter durch die Stadt der Päpste, Avignon, zum Pont du Gard, diesem Meisterstück römischer Ingenieurskunst. Das Aquädukt versorgte als Teil eines riesigen Bewässerungssystems das römische Zentrum Nîmes mit Frischwasser. Und das, obwohl zwischen der Wasserquelle und dem 50 km entfernten Bestimmungsort nur 12 m Höhenunterschied lagen.

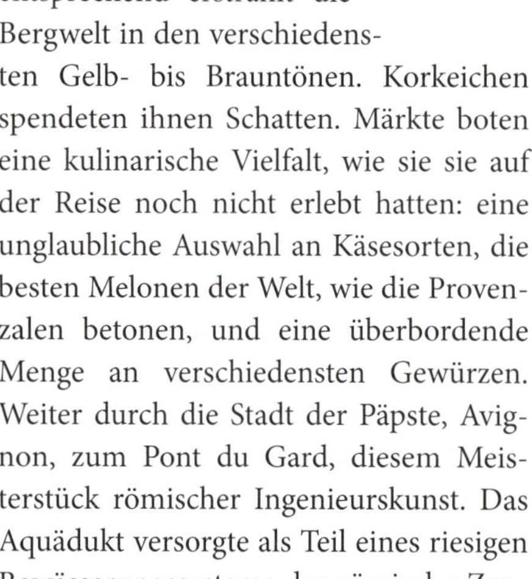

Je länger die Tour, desto schwerer ist sie planbar. Also muss man jeden Tag aufs Neue navigieren und herausfinden, wo man eigentlich gerade steckt – vielleicht doch im Böhmerwald?

Freiheit pur

Sie schliefen immer öfter unter freiem Himmel und Unai gefiel der nächtliche Anblick der Sterne – und wenn ihm die Augen zufielen, schlief er so ruhig und fest wie nie zuvor. Mittlerweile hatte ihre Kleidung den Geruch von Lagerfeuer angenommen, das tägliche Be- und Entladeritual verlief schon fast in Trance und der Blick war geschärft für Obst und Beeren am Wegesrand.

Die dünn besiedelte Landschaft der Cevennen folgte auf den Reichtum der Provence. Die Wasserarmut, der unfruchtbare Boden, die zerklüfteten Felsen – wer die Schönheit der Kargheit zu schätzen

Das Zelt als Zuhause für ein paar Monate: Unai fand das großartig, aber am besten hat er dann doch unter freiem Himmel geschlafen.

weiß, kommt hier auf seine Kosten. Die Kreuzritter hinterließen hier ihre Spuren und seitdem hat sich in Städtchen wie La Couvertoirade wenig getan. Keine Hotels und keine Supermärkte, dafür erlebten die drei eine Zeitreise ins Mittelalter, als sie wie weiland die Tempelritter vor den Toren der Stadt lagerten.

6 Spanien

Jetzt trennten sie nur noch die Pyrenäen von Pamplona, der bedeutendsten Stadt der spanischen Pyrenäen – und Jennis Heimat. Wer die Alpen überwunden hat, der wird diese Hürde auch noch nehmen. Und so lag sie schließlich vor ihnen: die weite Landschaft Navarras. Großzügige Felder ziehen ein Muster durch die Ebene, safrangelb bis eisenrot. Nach fünf Monaten und 4000 km hatten sie es tatsächlich geschafft, fast jedenfalls. Denn am Ortseingang nach Pamplona hielt sie ein Polizist auf: »Ohne Helm geht es hier nicht weiter und schon gar nicht mit einem Baby.« Eine bizarre Situation, Jennis Verwandte warteten nur ein paar Kilometer von hier auf der Plaza de Santa Ana, ein riesiges Empfangskomitee mit Essen, Musik sowie Wein – und der Polizist wollte die Durchfahrt nicht erlauben.

San Fermín Txikito

Es war Fiesta in Pamplona zu Ehren des Schutzheiligen San Fermín. Eigentlich ist das Fest im Frühjahr, und man kennt nur die verstörenden Bilder von Menschen, die sich von Stieren durch die Straßen jagen lassen und um ihr Leben rennen. Ein Touristenmagnet und Massengelage. Den Einwohnern wurde das irgendwann zu bunt, deshalb veranstalten sie im Herbst ihr eigenes Fest: San Fermín Txikito – baskisch für »Der Kleine San Fermín«. Und diese Fiesta war genau am Tag ihrer Ankunft vor den Toren der Stadt.
Pappstiere rollten durch die Stadt, der Klang von Kapellen waberte durch die Gassen und die ganze Stadt war auf den Beinen. Das war der Grund für die verweigerte Durchfahrt. So erzählten sie dem Polizisten eine haarsträubende Geschichte von einer Reise mit dem Lastenrad, beginnend an der Ostsee über Felder und Wiesen, vorbei an Flüssen und durch Gebirge Richtung Mittelmeer, bis vor die Tore Pamplonas. Ob er ihnen glaubte oder nicht, man wird es nie erfahren, jedenfalls organisierte er eine Eskorte, die sie bis zur Plaza de Santa Ana brachte. ■

Unsere Reisetipps

DIE SCHÖNSTE UNTERKUNFT

Ederhof

Peters Refugium hat einige Gästezimmer für Selbstversorger. Das Konzept von ihm und seiner Partnerin hat sich der Permakultur verschrieben: einen gesunden Kreislauf schaffen, der Mensch und Tier gleichermaßen dient, im Einklang mit der Natur.
Pirkachberg 1, 9482 Mörtschach,
Tel. +43 (0) 482 63 19 02,
www.mitdernatur.at

LIEBLINGSESSEN

Knödel in allen Variationen

In Tschechien, Österreich und Südtirol kann man unterwegs immer auf ein Grundnahrungsmittel für Kinder zurückgreifen: Klöße und Knödel in allen erdenklichen Geschmacksrichtungen wie beispielsweise Mehl- und Kartoffelklöße, Rote-Bete- und grüne Spinatknödel, welche mit Speck oder aber auch mit Bärlauch. Unai bevorzugte die Südtiroler Variante.

ALS ZWISCHEN- ODER DAUERSTOPP

Kunterbunthof

Hier kann man Urlaub machen, zur Ruhe kommen, aber auch Pläne schmieden und die drei Radfahrer persönlich kennenlernen. Andrés Hof mit Ferienwohnung, Traumhäuschen und Sternenbeobachtungs-Jurte liegt unweit der Ostsee – umgeben von Apfelbäumen.
Dorfstraße 5, 23992 Züsow,
www.kunterbunthof.de

39 Einmal um die Welt

VIER UNTERWEGS

Irgendwann fiel die Entscheidung: Annette Gref und Klaus Balthes versprachen einander, ein ganzes Jahr lang zusammen mit ihren beiden Söhnen Maik und Philipp um die Welt zu reisen. Nicht aus einer Laune heraus, sondern bewusst, reflektiert – und abenteuerlustig.

Die weite Landschaft der Region Waitaki mit den Elephant Rocks ist natürlich ein Herr-der-Ringe-Drehort.

ANNETTE GREF UND KLAUS BALTHES

Annette Gref (44) und Klaus Balthes leben (48) in Lörrach, im äußersten Südwesten des Landes an der Grenze zur Schweiz. Es ist hügelig dort, der Rhein fließt ganz in der Nähe und das Klima ist für Deutschland ausgesprochen mild. Annette war ihr Job als Lektorin in einem Architekturverlag sehr wichtig und auch Klaus fühlte sich in seinem IT-Umfeld wohl. Aber irgendetwas fehlte ihnen doch. Denn der Alltag hatte eine etwas Furcht einflößende Komponente bekommen: die Routine, der Stress im Job, die Verpflichtungen gegenüber dem Umfeld und die Erkenntnis, dass das Leben viel zu schnell vorbeizog. www.4indiewelt.de

Dabei mochten sie ihr Leben eigentlich sehr gern. Als Klaus gerade für ein paar Tage in Madrid war, versprachen sie einander am Telefon, dass sie einen Schnitt machen und auf Reisen gehen würden. Das war drei Jahre bevor sie tatsächlich zusammen ins Flugzeug stiegen – so lange brauchten sie für die Planung; außerdem wollten sie, dass ihre Kinder alt genug waren, um von der Reise möglichst viel mitzubekommen. Nach dem Entschluss reifte die Idee langsam in ihnen.

Vorbereitungen

Es gab so viele Dinge zu bedenken, und je länger sie recherchierten, desto mehr wurden es – desto klarer wurde ihnen aber auch, dass sie diese Reise tatsächlich machen würden. Natürlich standen die Kinder bei ihren Überlegungen an erster Stelle. Zu starten, bevor beide in die Schule gingen, hätte keinen Sinn: Philipp, der Jüngere, würde dann von der Reise zu wenig mitbekommen. Sie entschieden, dass Maik die erste Klasse abgeschlossen haben sollte – dann wäre er sechs und Philipp bereits vier und somit alt genug, um von der Unternehmung zu profitieren. Aus pädagogischer Sicht sei die zweite Klasse zudem einfacher auszulassen als die dritte, sagte man ihnen, und bei der Rückkehr würde Maik das Prinzip Schule bereits kennen. Von der örtlichen Waldorfschule erhofften sich Annette und Klaus genug Flexibilität für solch unkonventionelle Anfragen – und lagen damit auch richtig, was die mentale Unterstützung anging. Doch faktisch helfen konnte selbst diese Schule nicht, denn für alle in Deutschland gemeldeten Kinder gilt Schulpflicht. Die Lösung dieses Problems bestand darin, sich in Deutschland abzumelden: ein offizieller Wegzug zum ersten Zielort der Reise.

Sowohl Klaus als auch Annette hatten längere Zeit im Ausland gelebt, in Madrid bzw. Vancouver. Aufgrund dieser Erfahrung konnten sie ganz gut einschätzen, wie es sich anfühlen würde, so lange unterwegs zu sein. Auch praktische Vorteile hatten ihre Reiseerfahrungen, nämlich für die Kalkulation. Denn es genügte ja nicht, die Reisekasse durch emsiges Sparen zu füllen, man musste auch wissen, wie viel Geld am Ende darin sein musste. Eine Budget-Reise kam für die beiden nicht in Frage, sie war mit zu großen Anstrengungen verbunden. Klaus mit seiner Affinität zu BWL ermittelte anhand eines teureren Reiselandes (Kanada) einen Tagesmittelwert von 180 Euro. Also verkauften sie alle überflüssigen Dinge und verzichteten während der Vorbereitungsjahre auf jeglichen Luxus. Letztlich ging die Rechnung auf – am Ende der Reise war sogar noch ein gutes Polster übrig.

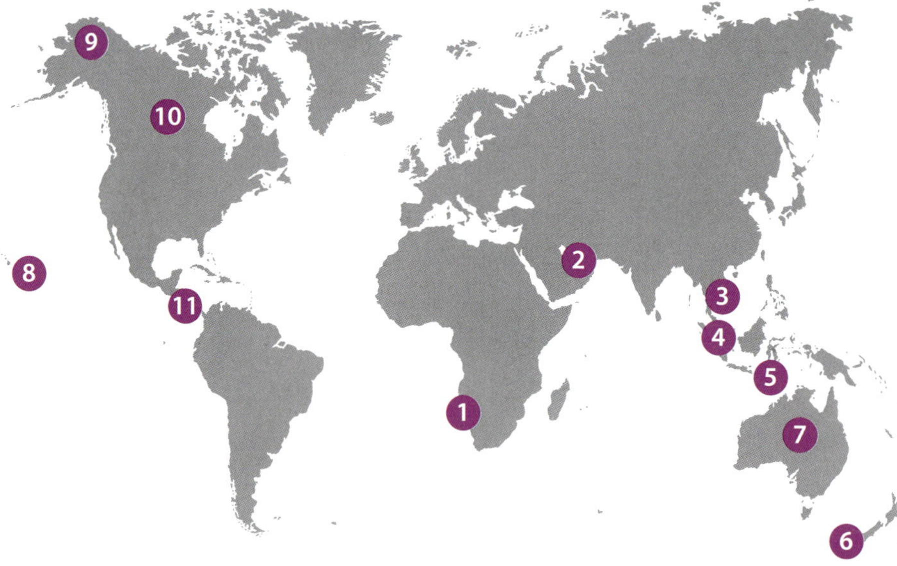

Langsam wird es ernst

Gut sechs Monate vor der Abreise begann die heiße Planungsphase: Reisepässe beantragen, medizinische Beratung, Recherche von Flugverbindungen. Dann die Arbeitgeber einweihen und die Kinder von Schule und Kindergarten abmelden – ab da gab es kein Zurück mehr. Annette musste ihren Job kündigen, obwohl sie lieber unbezahlten Urlaub genommen hätte, bei Klaus war es umgekehrt. Schwierige Entscheidungen, die sie aber alle der Reise unterordneten. Am schwierigsten war es, den Abschied in Kauf zu nehmen: von der kranken Großmutter, um die sich Annette gekümmert hatte, vom Pferd, von Familie und Freunden. Aber wie gesagt: kein Zurück. Sie waren sich vollkommen sicher, das Richtige zu tun, weil sie die Auszeit einfach brauchten – eine Zeit, um wieder zu Kräften zu kommen, in der es nur um sie als Familie ging. Zu begreifen, dass dies nicht nur richtig, sondern auch legitim war, kostete einiges an Zeit und Kraft. Darüber hinaus mussten die Flüge gebucht, der ReiseBlog eingerichtet, Internationale Führerscheine beantragt, Versicherungen geprüft werden. Es war beispielsweise gar nicht so einfach, eine sinnvolle Reiseversicherung für ein ganzes Jahr aufzutun. Dann wohldurchdacht packen, Dokumente scannen, Patientenverfügung, Nachsendeanträge, das Auto an den Händler übergeben. Die Abschiedsparty noch, anschließend das Haus verrammeln. Dann ging es los.

 Namibia

Wer um die Welt reist, muss zunächst die banale Frage klären, ob es rechts oder links herum gehen soll, Richtung Westen oder Osten. Die Gref/Balthes' entschieden sich tendenziell für den Osten, aber mit Namibia im Süden Afrikas als erstem Ziel. Die Tierwelt sollte eine tolle Einstimmung für die Kinder sein. Doch dann gab es dort noch viel mehr: die Wüsten mit ihrer atemberaubenden Landschaft, die Küste am rauen Atlantik, das skurrile deutsch-koloniale Erbe. Maik und Philipp waren begeistert. Ein Guide grub Schlangen in der Wüste aus, auf einer Bootsfahrt bei Walvis Bay sahen sie Seelöwen, Pelikane und Delfine. Sie übernachteten wahlweise über Airbnb, auf Farmen oder auch im Zelt. Sie campten in der Nähe des Etosha-Nationalparks, sahen aus dem Mietauto Elefanten, Giraffen und Nashörner, Löwen und Schakale. Eindrücklicher konnte die erste Station einer Weltreise kaum sein. Was sie aber in ihrer generellen Entscheidung bekräftigte, waren Kleinigkeiten: Die Eltern hatten beispielsweise gewollt, dass Maik schwimmen lernte, bevor die Reise losging, aus Sicherheitsgründen. Den Schwimmunterricht zu Hause fand er aber furchtbar, in der Schwimmhalle mit zu kaltem Wasser, und dementsprechend mühsam und frustrierend verlief das Unterfangen. In Namibia sah die Sache plötzlich ganz anders aus: Maik wollte von sich aus in den Pool, brachte in der neuen Umgebung die nötige Motivation auf, und seine Schwimmkünste verbesserten sich zusehends. Insgesamt blieben sie den gesamten September und Oktober in Namibia – wahrscheinlich genau die richtige Entscheidung, um sich an an den Zustand des Reisens zu gewöhnen.

 Dubai

Für ihre Route hatten sie nur Länder ausgewählt, die keine ernsthaften gesundheitlichen Risiken bargen. So konnten sie ohne spezifische Reiseimpfungen guten Gewissens losziehen. Auch dem Malariarisiko wollten sie nicht durch medizinische Prophylaxe entgegentreten, sondern durch die Wahl der Reiseziele. Nach Thailand sollte es gehen mit einem fünftägigen Zwischenstopp in den Vereinigten Arabischen Emiraten. Der Burj Khalifa, die gigantische Dubai Mall mit Eislaufbahn, Aquarium inklusive Haien, Rochen und Tauchern in einem Becken faszinierten die Jungs. Wichtige Erkenntnis: Weniger war oft mehr und der Tag am Strand, wenn Maik und Philipp sich gerade köstlich amüsierten, war der Moschee von Abu Dhabi vorzuziehen.

3 Thailand

Für Thailand hatten sie einen Monat eingeplant. Im Norden warteten Elefanten und Kochkurse, Tempel und das Lichterfest Loi Krathong in Chiang Mai. Im Süden die Andamanensee mit weißen Stränden, klarem Wasser und vielen bunten Fischen. Eigentlich hatte Annette sich fest vorgenommen, mit Maik den Stoff der zweiten Klasse durchzuarbeiten, aber dieses Vorhaben wurde mehr und mehr zur Belastung – während die anderen am Pool waren, musste Maik lernen –, und so fanden die Lektionen immer unregelmäßiger statt.

Namibia war der gelungene Einstieg für die vier in ihr Reiseabenteuer: Hier pendelten sie sich ein und bekamen Lust auf die nächsten Stationen.

Rückkehr

Wer auf eine sehr lange Reise geht, muss sich darüber klar sein, dass die Rückkehr in das alte Leben nicht einfach ist. Man darf nicht unterschätzen, dass man zwar physisch wieder an der gewohnten Stelle ankommt, dass man aber psychisch gewachsen, vielleicht sogar manchem entwachsen ist. Daher sollte man die Rückkehr sanft planen.

4 Kuala Lumpur

Nächste Station auf dem Weg nach Bali war Kuala Lumpur. Da sich Weihnachten näherte, wollten sie sich hier in die Malls stürzen. Weihnachtseinkäufe bei 35 °C und einer Luftfeuchtigkeit von gefühlten 80 Prozent waren schon ungewohnt. Absurd machte das Ganze aber die Weihnachtsdeko und -beschallung in dem Labyrinth aus hypermodernen Malls.

5 Bali

Hervorragend ausgerüstet ging es schließlich in den Weihnachtsurlaub nach Bali. Ihr Ressort lag an der ruhigeren Nordküste der Insel, direkt am Strand. Ein schöner Bungalow und gutes Essen. Hier verbrachten sie das entspannteste Weihnachtsfest seit Jahren – keine Spur von Vorweihnachtsstress und Perfektionsdrang. Sie dekorierten den Bungalow mit dem, was sie hatten, bastelten zusammen Sterne und feierten ihr Tropenweihnachten.

6 Neuseeland

Für Neuseeland nahmen sie sich fast vier Monate Zeit. Zunächst bereisten sie natürlich die Nord- und die Südinsel: ganz oben im Norden in der Bay of Islands ein kleiner Segeltörn, den Annettes Kollegen ihnen zum Abschied geschenkt hatten, dann mit dem Camper von Auckland bis Christchurch, Reiten an den Stränden der Südinsel … Anschließend wollten sie aber dafür sorgen, dass die Kinder nach den vielen neuen Eindrücken wieder einmal so etwas wie einen Alltag erlebten. Die meiste Zeit blieb die Familie in Wellington, mietete dort ein Haus und meldete Maik in der Waldorfschule an – woraufhin Philipp darauf bestand, in den Kindergarten zu gehen. Annette und Klaus war es wichtig, dass die Jungs mehr mit Gleichaltrigen in Kontakt kamen, Freunde fanden und ein bisschen Normalität hatten. Philipp war dabei vollkommen schmerzfrei: Er beherrschte drei Wörter auf Englisch – »No«, »Look« und »Come« – und sah sich damit bestens gerüstet für den Kindergartenalltag. Maik fand sich ebenfalls in der Schule zurecht, wenn auch nicht mit der gleichen Selbstverständlichkeit wie sein Bruder. Den Vormittag hatten die Eltern jetzt für sich allein. Annette machte wieder regelmäßig Yoga, und es blieb genug Zeit, die sie zu zweit verbringen konnten. An den Wochenenden unternahmen sie Ausflüge in die Umgebung – wie eben eine ganz normale Familie in Wellington auch.

7 Australien

Nach dem ausgedehnten Neuseelandaufenthalt inklusive Alltagssimulation ging es für drei Wochen nach Australien, genauer nach Brisbane. Das Great Barrier Reef wollten sie erschnorcheln und wählten Cairns als Ausgangspunkt für ihre Exkursionen. Queensland machte es den vieren sehr leicht, sich wohlzufühlen – der Lebensstil dort, das Klima und ihr Riesenglück mit wunderschönen Airbnb-Unterkünften ließen den knappen Monat wahnsinnig schnell vergehen.

8 Hawaii

Nächste Stationen waren Maui und Big Island, gute zwei Wochen auf Hawaii – einem Sehnsuchtsort. Zwar dann doch keine Liebe auf den ersten Blick, denn die schwer nachvollziehbaren Einreisebestimmungen der USA hatten den Abflug aus Australien verzögert, die Einreise selbst erwies sich nach einem langen Flug als kräftezehrend und die erste Unterkunft war auch nicht das Wahre. Aber der Aufenthalt auf Big Island gestaltete sich wunderbar – die üppige Vegetation, die Vulkane, die schroffen Küsten und die Brandung. Klaus und sein Sohn Maik erfüllten sich einen lang gehegten Wunsch: In einem Helikopter flogen sie über glühende Lavaströme.

Das Schnorcheln entwickelte sich zu einer ausgeprägten Leidenschaft. Egal ob in Thailand, auf Bali oder am Great Barrier Reef.

9 Alaska

Der Kontrast danach hätte größer nicht sein können. Von Hawaii ging es weiter nach Anchorage, Alaska. Mittlerweile hatten sie schon Juni und die Berge waren immer noch schneebedeckt. Während ihrer Tour durch den Denali National Park, benannt nach dem höchsten Berg Nordamerikas, dem früheren Mount McKinley (6190 m), und über die Kenai-Halbinsel spürten sie zum ersten Mal seit Langem die Heimat näher rücken: An einem einsamen See mitten in der Wildnis telefonierte Annette mit ihrem alten Arbeitgeber, um die Wiedereinstellung zu verhandeln. Wegen des Zeitunterschieds fand das Gespräch mitten in der Nacht statt – absurder konnte nach ihrem Gefühl der Kontakt zum neuen, alten Leben kaum sein.

10 Kanada

Den Juli verbrachten sie in Kanada: Alte Freunde von Annette und Verwandtschaft warteten in Vancouver. Zehn Jahre war es her, dass sie dort gelebt hatte. Dementsprechend wurde die Stadt zur Homebase für Ausflüge an die Sunshine Coast, für Wanderungen und Bootsfahrten; es ergab sich sogar die Gelegenheit, mit dem Wasserflugzeug die Küste von oben zu bewundern – eine tolle Erfahrung.

11 Costa Rica

Zum Abschluss der Reise gelangten die vier noch einmal in eine vollkommen andere Welt: Costa Rica. In der Hauptstadt San José überlegten sie sich, wie sie die letzten drei Wochen verleben wollten: Meer? Berge? Urwald? Sie entschlossen sich für eine Hacienda mit vielen Tieren am Golf von Nicoya und lagen damit goldrichtig. Die Chemie mit den Besitzern stimmte, diese erklärten ihnen die Gegend und zeigten ihnen Kleinigkeiten, an denen sie sonst achtlos vorbeigegangen wären.

Geschäftspläne

Außerdem besuchten Annette und Klaus Kaffeebauern, denn bereits in Wellington hatten sie ihre Begeisterung für kleine private Röstereien entdeckt. Auf Hawaii lernten sie mehr über den Anbau und spannen die Idee weiter, in Deutschland eine Rösterei aufzuziehen. In Costa Rica vertieften sie nun ihr Wissen und stellten einen Businessplan auf – dessen Berechnungen sie jedoch leider von der Umsetzung abhielt. Aber für Annette und Klaus war die Erkenntnis wertvoll, dass sie sich – nach der Bereicherung durch das gemeinsame Projekt Weltreise – auch ein gemeinsames Projekt für ihren Lebensunterhalt vorstellen konnten.

Heimkehr

Das Ende der Reise kam zu schnell, die Rückkehr war abrupt: Nachtflug nach Basel, am Flughafen wurden sie von Annettes Vater und einer Freundin abgeholt, und schon waren sie physisch wieder zu Hause. Unnötig zu sagen, dass sie die Reise seitdem keine Sekunde bereut haben. Die Eingewöhnung war umso schwieriger. Doch seither zehrt die ganze Familie von den unermesslichen Erfahrungen, und noch immer beginnen viele Sätze der Jungs mit: »Bei unserer nächsten Weltreise …«. ■

Unsere Reisetipps

DAS HABEN WIR GELERNT:

Motivieren

Verantwortung gegenüber den Kindern findet auf sehr vielen unterschiedlichen Ebenen statt, die man zu Hause oft aus dem Blick verliert. Es ist wichtig, die Kinder gut auf das Leben vorzubereiten – und dazu gehört weniger die Sorge um das erfolgreiche Absolvieren eines Schwimmkurses als vielmehr das Ziel, die Begeisterung für eines der wichtigsten Fähigkeiten, nämlich das Schwimmen, zu wecken.

SCHULE

Anders lernen

Das System Schule ist wichtig und hat seine Berechtigung. Das heißt aber nicht, dass es keine anderen Möglichkeiten gibt, Kindern die wichtigen Dinge des Lebens beizubringen. Auf Reisen hat man sie immer um sich und lernt sehr gut zu beurteilen, wann der Zeitpunkt gekommen ist, etwas Neues anzugehen.

LOSLASSEN

Im Hier und Jetzt

Meistens fällt es schwer, sich von etwas zu trennen: bei der Abreise von der Familie, auf Reisen von Orten, die einem ans Herz gewachsen sind, um zu Orten zu reisen, die einem wieder ans Herz wachsen werden. Die einzige Möglichkeit, aus diesem Dilemma herauszukommen, besteht darin, so viel wie möglich im Hier und Jetzt zu leben.

40 *Langzeitreise*

IMMER DER SONNE NACH

Ein bisschen klingt das Leben der Horlachers nach Pippi Langstrumpf: Auch sie machen sich die Welt, wie sie ihnen gefällt. Oliver, Larissa und ihre drei Kinder verbringen als digitale Nomaden den Winter im sonnigen Thailand, den Sommer in Europa.

Oliver und Katharina in Thailand: Alles was zählt, ist, als Familie glücklich zu sein.

LARISSA UND OLIVER HORLACHER

Oliver (43) und Larissa (31) Horlacher sind in der Welt zu Hause. Nachdem Oliver seinen gut bezahlten Job gekündigt hatte, verkauften die beiden ihr Haus in der Nähe von Aalen und tauschten zwei Autos gegen ein Wohnmobil. Sie legten gesellschaftliche Ideale ab, befreiten sich von sozialen Erwartungen und sprangen ins eiskalte Wasser: Sie begannen eine Weltreise mit offenem Ende. Sohn Giulio (7) lernt ohne Schulpflicht, Susanna (5) träumt davon, Akrobatiktänzerin zu werden und 2016 kam ihre Schwester Katharina (2) im warmen Meerwasser von Thailand zur Welt. www.diehorlachers.com

Raus aus dem Alltag, rein ins Abenteuer. Familie Horlacher lebt als moderne Nomadenfamilie: ungebunden, staatenlos, weltweit zu Hause. Die Langzeitreise ist hier zu einem Lebensmodell geworden.
Oli und Larissa hatten vor wenigen Jahren mit den Kindern Giulio und Susanna ihr Traumhaus bezogen. Oli verdiente ordentlich Geld – war deshalb aber selten zu Hause. Unweigerlich schlitterte das Paar einer Krise entgegen, die essenzielle Lebensfragen aufbrachte: Warum leben wir so, wie wir leben? Und: Warum machen wir es nicht einfach anders? Heute, drei Jahre später, unterscheiden sich ihre Fragen deutlich: Gehen wir zum Schnorcheln oder Kitesurfen? Schlafen wir auf der Hängematte in der Hütte oder am Strand unter dem Sternenhimmel? Mixen wir uns einen frischen Smoothie oder holen uns lieber eine Kokosnuss vom Baum? Sie brauchen morgens keinen Kaffee mehr, um wach zu werden, und müssen die Kinder nicht in eine Betreuungseinrichtung hetzen. Sie lernen beim Muschelnsammeln spielend Rechnen und sitzen abends zu fünft ums Lagerfeuer. Ihre Kinder wachsen mit dem Privileg auf, beide Eltern 24 Stunden um sich zu wissen.

1 Sardinien

Mit dem Verkauf ihres Hauses lösten sich Oli und Larissa gleichzeitig auch vom Zwang gesellschaftlicher Normen und sozialer Erwartungen. Sie entschieden sich stattdessen für ein Lebensmodell, das nicht nur bei Familie und Freunden viele Fragen aufwarf, sondern auch für sie selbst Neuland war: ein Leben ohne festen Wohnsitz. Hinzu kam, dass sie die Welt bis dahin kaum kannten. Sie waren zuvor selten gemeinsam gereist, sondern hatten jedes Jahr den gleichen Campingplatz auf Sardinien aufgesucht.
Genau den steuerten sie nun als erstes Ziel ihrer Langzeitreise an. Ihr neues Zuhause war ein Platzwunder von 9 m Länge, mit zwei Doppelmatratzen, Kochzeile und Sitzecke: ein Wohnmobil. Vier Monate lang campten sie auf der Mittelmeerinsel, überquerten das gebirgige Inland, genossen zahlreiche

Badebuchten, bestaunten die wilden Küstenstreifen und das türkisfarbene Meer. Giulio und Susanna flitzten jeden Tag mit Schnorchel und Schwimmbrille durch die flachen Wellen und fühlten sich einfach pudelwohl. Sie planschten und paddelten mit ihren Eltern um die Wette und tauchten von früh bis spät nach schönen Muscheln und bunten Fischen.

Familienmenschen

Erschienen die ersten Wochen wie Urlaub pur, wurde ihr Aufenthalt bald außerdem zu einer persönlichen Reifezeit. »Ich lernte, ein anderer Papa zu sein«, beschreibt Oli die Monate auf Sardinien, in der für ihn die Umgewöhnung vom Businessmenschen zum Familienvater im Mittelpunkt stand. »So viel Zeit mit der Familie zu verbringen, war etwas völlig Neues für mich. Es wurde mit jedem Tag schöner.« Larissa genoss diese Art des Reisens und Lebens sehr: Im Wohnmobil fühlte sie sich frei und flexibel.

Und dann geschah noch etwas, was Larissa begeisterte: Sie wurde wieder schwanger. Nachdem sie in Sardinien angekommen waren, fielen erstmals die Anstrengungen der vorangegangenen Wochen von ihr ab. Endlich konnte sie ihrer Schwangerschaft den gebührenden Raum einräumen. In vielen Hängemattengesprächen und romantischen Abenden unter dem klaren Sternenhimmel formulierte sie mit ihrem Mann das Ziel ihrer Reise von Tag zu Tag klarer: Sie wollten ein harmonisches Familienleben zu fünft aufbauen und ihren Kindern ermöglichen, in unbeschwerter Freiheit aufzuwachsen.

2 Thailand

Der Winter nahte. Er war zwar auf Sardinien nicht besonders kalt, aber schließlich gab es ja auch noch andere Länder auf der Welt, in denen man die Jahreszeit überbrücken konnte. Kurzerhand parkten sie im November ihr Wohnmobil am Flughafen Frankfurt und hoben ab: one-way nach Thailand.

Blendend weiße Sandstrände, so weit das Auge reichte. Warmes, kristallklares Meer. Eine üppige Flora mit blühenden Sträuchern und ausladenden Palmen in saftigen Grüntönen, Blumen und Blüten auf Schritt und Tritt. Asien war für Larissa eine völlig neue Welt. Die feuchtwarme Tropenluft tanzte ihr schon am Flughafen von Phuket wie eine Verheißung um die Nase. Sie fuhren an die Ostküste Thailands und setzten auf die Insel Koh Phangan über. Die gebirgige, von Regenwald bedeckte Insel, 60 km vom Festland entfernt, ist ein Urlaubsparadies für Sonnenanbeter und für die monatlich stattfindenden Vollmondpartys bekannt. Neben den Partymeilen hat sie sich aber auch einsame Regionen und idyllische Buchten bewahrt – und dort ließ sich Familie Horlacher in einem Bungalow direkt am feinen Sandstrand nieder.

Geburt in Freiheit

Die mittlerweile hochschwangere Larissa erinnert sich noch genau an den befreienden Moment, als sie nach einem warmen Bad im Meer unter der Dusche stand, die Kinder spielten im Sand, Oli blickte in völliger Zufriedenheit Richtung Horizont: »Wie eine Welle spülte das Wasser meine Sorgen als Mutter weg. Ich wusste – wir haben alles richtig gemacht. Ich würde mein drittes Kind in Thailand bekommen.«

Sie wollte es allein und in einer Wassergeburt zur Welt bringen. Als gelernte Hebamme hatte Larissa genügend Selbstsicherheit und Wissen, um sich dies zuzutrauen. Eine Freundin aus Deutschland war außerdem auf Besuch gekommen, um mental zu unterstützen und auf die beiden größeren Kinder zu schauen. Vier Tage nach dem errechneten Termin war es so weit: Unter der wärmenden Sonne Thailands gebar Larissa ihre Tochter Katharina im Meer. Oliver war nah bei ihr, Giulio beobachte gespannt und aus einigen Metern Entfernung, was passierte. Susanna spielte derweilen mit Freunden am Strand. Plötzlich – alles ging gut – waren die Horlachers zu fünft.

1 Sardinien

Es wurde Frühling und damit wieder einmal Zeit für einen Kontinentwechsel. Zehn Tage nach Katharinas Geburt kehrte die Familie im April 2016 zu ihrem Wohnmobil zurück. Freudig war das Wiedersehen mit der ganzen Familie und den Großeltern in Deutschland. Diese konnten die Langzeitreise inzwischen besser verstehen, denn den Kindern ging es sichtlich gut: Sie erzählten begeistert von den bunten Korallenriffen in Thailand, die sie auf ihren täglichen, aufregenden Schnorchelexpeditionen erforscht hatten; sie berichteten freudestrahlend von neuen Freunden, von frischen Wassermelonen und tropischen Früchten.

3 Chiemgau

Eine weitere Station führte die Horlachers ins oberbayerische Chiemgau. Zum einen, weil sie dort einen Lagerraum in Dauermiete hatten, in dem sich auf 7 qm ihr restliches Hab und Gut stapelte, das sie nach dem Hausverkauf noch behalten hatten. Larissa holte lange Hosen, warme Pullover und Schlechtwetterkleidung aus den Kisten und tauschte ein paar Spielsachen für die Kinder. Zum anderen fühlen sich Oliver und Larissa der Region sehr verbunden. Sie lieben den Chiemsee, sein klares Wasser, die saubere Luft und den weiten Blick in das Voralpenland und auf die Gipfel des Kaisergebirges. Anschließend durchreisten sie Sardinien, Korsika, Italien, die Schweiz, Österreich, Frankreich und Spanien.

In der ganzen Welt zu Hause – Familie Horlacher hat Vertrauen in die Zukunft und lässt sich gerne überraschen, was das Leben noch alles zu bieten hat.

Lernen mit Links

Die Horlachers sind vom Freilernen überzeugt: »Kinder, die die Möglichkeit haben, nach ihren Interessen zu lernen, haben ein sehr breites Wissensspektrum. Die Hirnforschung belegt, dass der Mensch nur wirklich im Gedächtnis abspeichert, was er persönlich erlebt und mit Begeisterung gelernt hat.«

2 Thailand

Im Dezember kehrten die Horlachers zurück auf ihre geliebte Insel Koh Phangan. Im Mittelpunkt stand diesmal das selbstinitiierte Projekt »Wintercamp«: ein Netzwerk-Event für Reisende, das drei Monate dauert und ein zwangloses Leben in Gemeinschaft ermöglicht. Rund 40 Bungalows bilden an der Nordküste von Koh Phangan ein größeres Resort. Oliver und Larissa laden Familien wiederholt dazu ein, von Januar bis März dort mit ihnen zu wohnen und sich selbst mit verschiedenen Angeboten einzubringen. Diese Angebote reichen von Yogastunden über eine tägliche Talkrunde, bei der politische oder gesellschaftliche Themen diskutiert werden, bis hin zu Workshops, etwa über Ernährung oder Online-Marketing.

Vor allem digitale Nomaden, denen zum Arbeiten ein Laptop genügt und die den Winter in der Sonne verbringen wollen, fühlen sich hier wohl: Die Erwachsenen finden den Austausch mit Gleichgesinnten und neue Impulse für ihr privates und berufliches Leben. Die Kinder haben gleichaltrige Spielkameraden, die tropische Natur und das Meer als Spielplatz vor der Tür und können wechselnd betreut werden. Susanna fand sofort Anschluss an eine nette Mädels-Clique, Giulio kletterte mit seinen Kumpels am liebsten auf Bäume und Palmen, über die Steine und Felsen am Strand und richtete sich dort gemeinsam mit seinen Freunden ein Ninja-Hauptquartier ein.

»Wir sind wie eine kleine Dorfgemeinschaft. Das macht das Leben um vieles einfacher, weil man sich ergänzen und gegenseitig unterstützen kann«, erklärt Oliver die Idee hinter dem Wintercamp. Natürlich: Menschliche Konflikte kennen keinen Urlaub … So muss sich zum Beispiel die Gruppendynamik bei den Kindern meist einige Tage wieder harmonisieren, wenn eine neue Familie hinzukommt. »Das ist soziales Lernen«, fügt der Projektleiter augenzwinkernd hinzu.

Oliver und Katharina beim Nickerchen. Die Kinder wachsen im Wissen auf, dass ihre Eltern Tag und Nacht für sie da sind.

Auch ein Jahr später führte er mit Larissa das Camp wieder am gleichen Ort durch, mit rund 80 Erwachsenen und 100 Kindern. In Zukunft wollen sie ihr Netzwerkprojekt weiter ausbauen. Oliver ist vom wachsenden Interesse der Familien, die überwiegend aus Europa kommen, geradezu überwältigt: »Es freut mich, dass immer mehr Familien in diese Richtung denken.«

 Chiemgau

Pünktlich zu Beginn der Regenzeit in Thailand kam Familie Horlacher im April 2017 wieder für fünf Monate nach Europa. Es dauerte nicht lang, bis Oliver, Larissa und die Kinder mit ihrem Wohnmobil glücklich nach Sardinien zurückkehrten, wo sie enge Freunde zum gemeinsamen Reisen trafen. Anschließend erkundeten sie erneut Italien und Österreich, ebenso wie Dänemark und Schweden.

In Deutschland sollte für den sechsjährigen Giulio bald die Schulpflicht beginnen. Doch Familie Horlacher entschied sich dafür, ihren Wohnsitz auch offiziell aufzugeben und fortan staatenlos zu reisen. »Giulio lernt aus eigenem Interesse. Er gibt die Themen vor, wir Eltern sind Lernbegleiter«, erklärt Larissa ihr didaktisches Verständnis. Immer wieder rechnet der Kleine die Kassenzettel durch, zählt Kokosnüsse oder Steine, sucht sich selbst mathematische Herausforderungen im Alltag. »Uns ist es wichtig, dass die Kinder nach ihrem eigenen Entwicklungsrhythmus, aus ihrer eigenen Motivation und ihrem individuellen Interesse heraus lernen dürfen«, ergänzt sie. Denn so könnten

Kinder das Wissen am besten abspeichern. Susanna etwa sang schon als Dreijährige das Abc auf Deutsch und Englisch auswendig von einer Lieder-CD nach. Und brachte sich selbst das Schwimmen bei – weil Wasser eben auf Thailand und Sardinien zu ihrem Leben dazugehört.

Digitale Nomaden

Die Frage, die sich bei einer Langzeitreise früher oder später aufdrängt, müssen die Horlachers häufig beantworten: Wie können sie diese Reise finanzieren? Die Antwort ist ebenso flexibel wie das Lebensmodell: »Wir haben immer wieder neue Ideen und brauchen die nötige Portion Selbstdisziplin«, fasst es Oli zusammen. Denn eines ist klar: Auch wenn sie für die kommenden Jahre frei und unabhängig leben wollen, sind sie auf ein regelmäßiges Einkommen angewiesen. Das heißt, tägliche Arbeitszeiten von bis zu zehn Stunden einzuplanen, in denen jeweils der Partner für die Kinder zuständig ist.

Je nach Terminen und Bedürfnissen der Kinder können sie diese Zeiten aber flexibel handhaben. Anfangs baute Oli ein Online-Business auf und arbeitete als Digitalcoach. Seit 2017 arbeitet Larissa wieder als Hebamme – ebenfalls digital. Sie hat eine deutschsprachige Plattform ins Leben gerufen und bietet Intensivkurse für angstfreies Gebären an. Zudem haben sie gemeinsame Pläne für einen weiteren Online-Kurs, den sie nächstes Jahr lancieren wollen. »Wir sind schließlich nicht im Urlaub«, lacht Oliver, »sondern arbeiten einfach an den schönsten Orten der Welt!«

Mit einem gemütlichen Wohnmobil fühlt man sich an jedem Fleck der Erde zu Hause.

Blick in die Zukunft

Nach dem Wintercamp steht auch die nächste Europareise auf dem Programm: Von Österreich übers Nordkap bis Portugal soll es diesmal gehen. Giulio kann es kaum erwarten, in den Flieger zu steigen, denn der Trip ist mit einer befreundeten Familie geplant. Diesmal möchten Oli und Larissa in Europa auch neue Weichen stellen. Larissa wünscht sich, eine kleine Wohnung zu finden: »Einfach einen Ort, der nur uns gehört, an den wir jederzeit zurückgehen können.« Wo das sein wird, ist noch nicht endgültig entschieden. Aber sicherlich an einem sonnigen Plätzchen, wo die Kinder schnorcheln und schwimmen können, wenn sie aus Thailand zurückkommen. »Der schönste Traum bleibt ein Traum, wenn er nicht gelebt wird!« Larissa lächelt. Dieses Lebensgefühl hat sie nirgends auf der Welt gefunden. Sondern ganz tief in sich selbst entdeckt. ■

Unsere Reisetipps

LANGZEITREISEN

Es gibt viele Fragen. Und auf alles eine Antwort!

KOH PHANGAN WINTERCAMP

Facebook-Gruppe »Alternative Familien weltweit« und »Die Horlachers«

WELTREISE LIVE

Auf podcast.familieaufweltreise.de stellen sich verschiedene Familien und Alleinreisende mit ihren aktuellen Projekten, Ideen und Überzeugungen vor.

DIGITALE NOMADEN I

Die Community schenkt Inspiration, Austausch und Ideen rund um die Themen ortsunabhängiges Leben und Arbeiten:
www.facebook.com/groups/dnxberlin

DIGITALE NOMADEN II

Reiseblog für Backpacker & digitale Nomaden:
www.planetbackpack.de

ELTERNZEIT BEWUSST UND FREI

Plattform von Familien für Familien:
www.familieaufkurs.de

ONLINE-KONGRESS

Interviews und Dokumentationen:
www.familienreise-kongress.de

SCHULFREI-FESTIVAL

Jährliches Event zum Thema alternative Bildung:
www.schulfrei-festival.de

BILDNACHWEIS

Cover: Getty Images: Picture Press RM

003_1 Stefan Rosenboom; 003_3 Thomas Roetting / Sylvia Pollex; 003_4 André Schumacher; 003_5 Familie Arnu; 003_6 Moritz Attenberger; 005 Getty Images: Peter Cade RM; 008-009 Familie Rubner; 010 Shutterstock.com: javarman; 011 Familie Rubner; 012–015 Familie Arnu; 016–019 Familie Holzer; 020–022 Familie Prasch; 023 Shutterstock.com: auphoto; 024–027 Cornel Pfister und Kristin Flückiger; 028 Shutterstock.com: jackbolla; 029–031 Familie Kotissek; 032–037 Familie Schön; 038–041 Bruno Maul; 042–045 Familie Bolland / Winkelmann; 046–049 Familie Kanpp / Gogel; 050–051 Familie Hofer-Schatz; 052 Shutterstock.com: Littleaom; 053 Shutterstock.com: emperorcosar; 054 Laif: Naftali Hilger; 055–057 Familie Kondschak / Kaye; 058 Laif: Sylvain Sonnet/hemis; 059–060 Familie von Oppeln / Menacher; 061 Shutterstock.com: EGUCHI NAOHIRO; 062–065 Tobias Schärtl; 066–069 Familie Kriese; 070 Klaus Einwanger; 071–072 Klaus Einwanger; 073 Shutterstock.com: evenfh; 074 mauritius images: Günter Grüner; 075–076 Familie Suhre; 077 Shutterstock.com: Filip Jedraszak; 078–080 Sissi Richter; 082–085 Familie De Monte; 086–091 Stefan Rosenboom; 094–096 Familie Rumpfinger; 097 Shutterstock.com: James Harrison; 098–101 Thomas Alboth; 102 Jahreszeiten Verlag: Maria Schiffer; 103–107 Familie Rewel; 108–110 Familie Heil; 112 Shutterstock.com: ijasper; 113–115 Familie Wilson-Kamm; 116–118 Eva Wieners; 120 Huber Images: Reinhard Schmid; 121–123 Familie Vaut; 124 Shutterstock.com: wasanajai; 125 Shutterstock.com: Matej Kastelic; 126–129 Thomas Roetting / Sylvia Pollex; 130–133 Familie Krämer / Arnold; 134–137 Familie Gebhardt; 138 Laif: Michael Runkel/robertharding; 139–141 Agnieszka Golosch; 142–145 Daniel Rödel; 146–149 Familie Etzold / Klemm; 150–155 Moritz Attenberger; 156 Shutterstock.com: Patrick Tr,157–159 Familie Leser / Stein; 160–163 Familie Bürger; 164–165 Familie Walter; 167 Familie Walter; 169_3 Shutterstock.com: ronnybas; 169_4 Familie Horlacher; 170–175 André Schumacher; 176–180 Familie Gref / Balthes;182 Familie Horlacher; 183 Familie Horlacher; 185 Familie Horlacher; 186 Familie Horlacher

Noch mehr HOLIDAY Reisebücher zum Schmökern, Lachen, Entdecken …

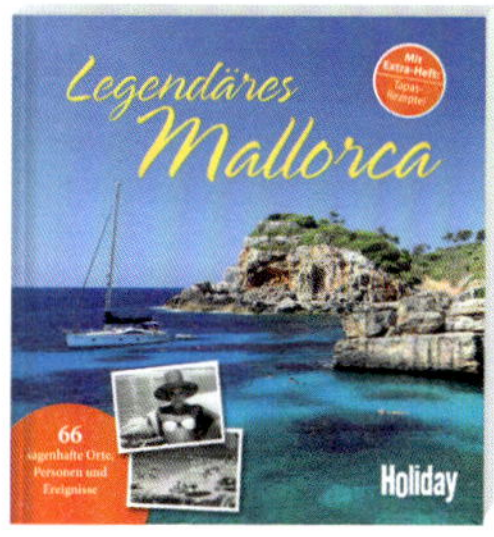

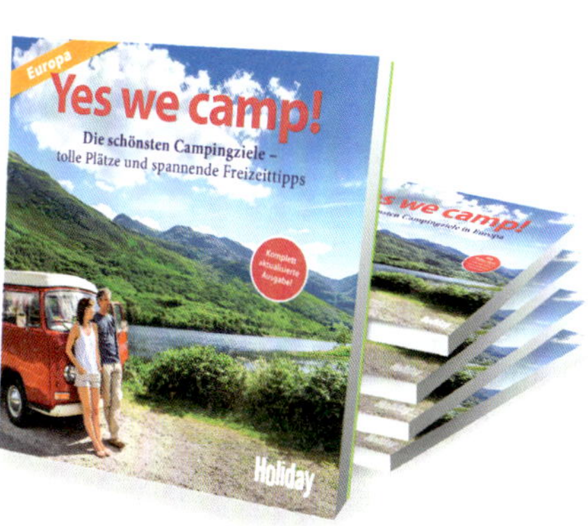

Diese und weitere unserer Bücher erhalten Sie beim Buchhändler Ihres Vertrauens und unter www.holiday-reisebuecher.de

1. Auflage 2018
ISBN: 978-3-8342-2851-2

GRÄFE UND UNZER VERLAG
Postfach 86 03 66
81630 München
Tel. 0 89/41 98 19 00
holiday@graefe-und-unzer.de
www.holiday-reisebuecher.de

Ein Unternehmen der
GANSKE VERLAGSGRUPPE

Reihenidee/-konzept
Verónica Reisenegger

Idee/Konzept dieses Buchs
Barbara Prasch

Redaktion und Projektmanagement
Barbara Prasch, Eva Stadler, Tanja Benkert

Lektorat
Alexandra Bauer (textwerk, München), Christiane Manz für textwerk, München

Layout
Eva Stadler

Satz
Barbara Prasch

Bildredaktion
Dr. Nafsika Mylona, Tobias Schärtl

Schlussredaktion
Dr. Anita Meschendörfer

Produktion
Anna Bäumner

Repro
Repro Ludwig, Zell am See

Druck und Bindung
Printer Trento, Italien

Autoren
Uta De Monte ist in Deutschland geboren und lebt heute als Reisejournalistin, Texterin und Buchautorin mit ihrer Familie in der Schweiz. Weil sie die Berge dort direkt vor der Haustür hat und für ihr Leben gerne draußen unterwegs ist – mit Wanderstiefeln, in Kletterschuhen, auf Skiern oder mit dem Bike.
Mal mit, mal ohne Kinder.
www.kommunikation-demonte.ch

Wilhelm Klemm ist in Leonberg bei Stuttgart geboren und lebt mittlerweile mit seiner Familie in München. Für dieses Projekt wechselte der erfahrene Reiseredakteur die Perspektive und schlüpfte in die Rolle des Autors.

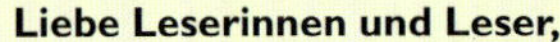

Liebe Leserinnen und Leser,

hat Ihnen unser Buch gefallen? Falls ja, freuen wir uns, wenn Sie es weiterempfehlen – Ihren Freunden, Verwandten, Kollegen, Nachbarn, dem Buchhändler Ihres Vertrauens und allen, die auf der Suche nach einem Reisebuch-Tipp sind, z. B. bei Online-Händlern.

Wenn Sie Kritik oder Korrekturen haben, schreiben Sie uns gerne an holiday@graefe-und-unzer.de – und natürlich auch, wenn Sie uns Ihr Lob auf direktem Weg zukommen lassen möchten. Sie erreichen uns auch telefonisch unter Tel. 0 800 / 72 37 33 33 (gebührenfrei in D, A, CH), Mo–Do 9–17 Uhr, Fr 9–16 Uhr.

Ihre HOLIDAY-Redaktion